WEBSTER'S NEW WORLD™

French Vocabulary and Verbs

Compiled by
LEXUS
with
Sabine Citron
and
Heather Lloyd
Raymond Perrez
Pascale Spühler

Macmillan ■ USA

First published in Great Britain

as French Vocabulary 1987 and French Verbs 1987

by HARRAP BOOKS Ltd

Hopetown Crescent, Edinburgh EH7 4AY

ISBN 0-02-861721-5

Library of Congress No: 97-80036

Macmillan General Reference
A Simon & Schuster Macmillan Company
1633 Broadway
New York, NY 10019-6785

INTRODUCTION

This French vocabulary and verb book has been compiled to meet the needs of those who are learning French.

A total of over 6,000 vocabulary items divided into 64 subject areas gives a wealth of material for vocabulary building, with the words and phrases listed being totally relevant to modern French. The majority of vocabulary items are listed in thematic groupings within each section, thus enabling the user to develop a good mastery of the relevant topic.

An index of approximately 2,000 words has been built up with specific reference to school exam requirements. This index is given in English with cross-references to the section of the book where the French vocabulary item is given.

The verb section conjugates over 200 model French verbs. It then provides an index of 2400 related verbs with similar conjugations.

Abbreviations used in the text:

m	masculine
f	feminine
pl	plural
R	registered trade mark

CONTENTS

Part I

Vocabulary

1. LA DESCRIPTION DES GENS
DESCRIBING PEOPLE

être	to be
avoir	to have
avoir l'air	to look
sembler	to seem
paraître	to seem, to appear
peser	to weigh
décrire	to describe
assez	fairly
plutôt	rather
très	very
trop	too
la description	description
l'apparence *(f)*	appearance
l'allure *(f)*	look, bearing
la taille	height, size
le poids	weight
les cheveux (*m*)	hair
une barbe	beard
une moustache	mustache
les yeux (*m*)	eyes
la peau	skin
le teint	complexion
un bouton	pimple
un grain de beauté	mole, beauty mark
des taches de rousseur *(f)*	freckles
des rides *(f)*	wrinkles
des fossettes *(f)*	dimples
des lunettes *(f)*	glasses
jeune	young
vieux (vieille)	old
grand	tall
petit	short, petite
de taille moyenne	of average height
gros(se)	fat

obèse	obese
maigre	thin, skinny
mince	thin, slim
musclé	muscular
chétif (chétive)	frail-looking
beau (belle)	beautiful, good-looking, handsome
joli	pretty
mignon(ne)	cute
laid	ugly
boutonneux (boutonneuse)	pimply
bronzé	sun-tanned
basané	tanned
pâle	pale
ridé	wrinkled
avoir les yeux ...	to have ... eyes
bleus	blue
verts	green
gris	gray
marron	brown
noisette	hazel
noirs	black
gris-bleu	gray-blue
gris-vert	gray-green

comment est-il/elle?
what's he/she like?

pouvez-vous le/la décrire?
can you describe him/her?

je mesure/fais 1 mètre 75
I'm 1.75 meters (5 feet 9 inches) tall

je pèse 70 kilos
I weight 70 kilos (154 pounds)

l'homme à la barbe blanche
the man with the white beard

une femme aux yeux bleus
a woman with blue eyes

il a de beaux yeux
he's got beautiful eyes

il a une drôle d'allure
he looks a little strange

See also Sections **2 CLOTHES, 3 HAIR AND MAKEUP, 4 BODY, 6 HEALTH** *and* **61 DESCRIBING THINGS**

2. LES VETEMENTS ET LA MODE
CLOTHES AND FASHION

s'habiller	to dress
se déshabiller	to undress
mettre	to put on
enlever	to take off
essayer	to try on
porter	to wear
aller	to suit, to fit

les vêtements — clothes

un manteau	coat
un pardessus	overcoat
un imperméable	raincoat
un anorak	parka
un K-way	windbreaker, anorak
un blouson	bomber jacket
une veste	jacket
un complet veston	suit
un costume	suit
un ensemble	(lady's) suit
un tailleur	lady's suit
un smoking	dinner jacket
un uniforme	uniform
un pantalon	trousers
un pantalon de ski	ski pants
un blue-jean	jeans
un jean	jeans
une salopette	overalls
un survêtement	track suit
un short	shorts
une robe	dress
une robe du soir	evening gown
une jupe	skirt
une mini-jupe	mini-skirt
une jupe-culotte	culottes

un pull(over)	pullover, sweater
un chandail	(heavy) sweater
un tricot	sweater
un col roulé	turtleneck (sweater)
un gilet	vest, cardigan
une chemise	shirt
un chemisier	blouse
une chemise de nuit	nightgown
un pyjama	pajamas
une robe de chambre	(bath)robe
un bikini	bikini
un maillot de bain	swimsuit/swim trunks
un slip	underpants
un soutien-gorge	bra
un gilet de corps	undershirt
un T-shirt	T-shirt
une combinaison	slip
un jupon	half-slip
un porte-jarretelles	suspenders
des bas (*m*)	stockings
des collants (*m*)	tights
des chaussettes (*f*)	socks
des jambières (*f*)	leggings
un béret	beret
une casquette	cap
un chapeau	hat

les chaussures — shoes

des chaussures (*f*)	shoes
des souliers (*m*)	shoes
des bottes (*f*)	boots
des bottes en caoutchouc (*f*)	rubber boots
des chaussures montantes	ankle boots
des baskets (*m*)	gym shoes, hightops
des (chaussures de) tennis (*f*)	sneakers
des chaussures de ski (*f*)	ski boots
des sandales (*f*)	sandals
des espadrilles (*f*)	espadrilles
des nu-pieds (*m*)	flip-flops
des pantoufles (*f*)	slippers

une paire de	a pair of
la semelle	sole
le talon	heel
des talons plats	flat heels
des talons aiguilles	high heels

les accessoires — accessories

un chapeau	hat
un chapeau de paille	straw hat
un chapeau de soleil	sun hat
un bonnet	bonnet
une casquette	cap
une écharpe	scarf
un foulard	(head)scarf
des gants (*m*)	gloves
des moufles (*f*)	mittens
une cravate	tie
un nœud papillon	bow tie
des bretelles (*f*)	suspenders
une ceinture	belt
le col	collar
une poche	pocket
un bouton	button
des boutons de manchette (*m*)	cufflinks
une fermeture éclair	zipper
des lacets (*m*)	shoelaces
un ruban	ribbon
un mouchoir	handkerchief
un parapluie	umbrella
un sac à main	handbag, purse

les bijoux — jewelry

un bijou	jewel, piece of jewelry
l'argent (*m*)	silver
l'or (*m*)	gold
une pierre précieuse	precious stone
une perle	pearl
un diamant	diamond
une émeraude	emerald

un rubis	ruby
un saphir	sapphire
une bague	ring
des boucles d'oreille *(f)*	earrings
un bracelet	bracelet
une broche	brooch
un collier	necklace
une chaîne	chain
une gourmette	chain bracelet
un pendentif	pendant
une montre	watch
des bijoux de pacotille	cheap jewelry
une bague en or	gold ring
un collier de perles	pearl necklace

la taille — size

petit	small
moyen	medium
grand	large
court	short
long(ue)	long
large	wide
ample	loose-fitting
étroit	tight (narrow)
juste	(too) tight
moulant	close-fitting, clingy
la taille	size, waist
la pointure	shoe size
l'encolure *(f)*	collar size
le tour de hanches	hip measurement
le tour de poitrine	bust/chest measurement
le tour de taille	waist measurement
l'entrejambe	inseam

les styles — style

le modèle	model, design, style
la couleur	color
la teinte	color, shade
le motif	pattern

uni	plain, solid
imprimé	printed
brodé	embroidered
à carreaux	check(ed)
à dessins géométriques	with geometric patterns
à fleurs	flowered
à plis/plissé	with pleats/pleated
à pois	with polka-dots, dotted
à rayures	striped
chic (*same f*)	elegant, stylish
élégant	elegant
habillé	formal
décontracté	casual
négligé	sloppy
simple	simple, plain
sobre	sober
voyant	loud, gaudy
à la mode	fashionable
démodé	old-fashioned, outdated
fait sur mesure	custom-made
décolleté	low-cut, low-necked

la mode — fashion

une collection (d'hiver)	(winter) collection
la confection	clothing industry
la couture	dressmaking
le prêt-à-porter	ready-to-wear clothes
la haute couture	haute couture, high fashion
un couturier	fashion designer
une couturière	dressmaker
un mannequin	fashion model
un défilé de mode	fashion show

des chaussettes en coton/laine
cotton/wool socks

c'est en cuir
it's (made of) leather

je voudrais quelque chose de moins cher
I'd like something cheaper

une jupe assortie à cette chemise
a skirt to match this shirt

quelle est votre taille?
what is your size?

quelle taille/pointure faites-vous?
what size shoes do you take?

vous chaussez du combien?
what is your shoe size?

le rouge me va mal
red doesn't suit me

ce pantalon vous va bien
these pants suit you

See also Sections **14 LIKES AND DISLIKES, 18 SHOPPING, 62 COLORS** *and* **63 MATERIALS**.

3. LES CHEVEUX ET LE MAQUILLAGE
HAIR AND MAKEUP

coiffer	to comb
brosser	to brush
couper	to cut
égaliser	to trim
se coiffer	to do one's hair
se peigner	to comb one's hair
se brosser les cheveux	to brush one's hair
se teindre les cheveux	to dye one's hair
se teindre en blond	to dye one's hair blond
se faire couper les cheveux	to get a haircut
se faire teindre les cheveux	to have one's hair dyed
se faire friser les cheveux	to have one's hair curled
se faire faire un brushing	to get a blow-dry
se maquiller	to put one's makeup on
se démaquiller	to remove one's makeup
se parfumer	to put on perfume
se vernir les ongles	to polish one's nails
se raser	to shave

la longueur des cheveux — hair length

avoir les cheveux . . .	to have . . . hair
courts	short
longs	long
mi-longs	medium-length
ras	close-cropped
être chauve	to be bald

la couleur des cheveux — hair color

avoir les cheveux . . .	to have . . . hair
blonds	blond/fair
bruns	brown

châtain	chestnut
noirs	black
roux	red/auburn
gris	gray
grisonnants	graying
blancs	white
être ...	to be ...
blond	blond/fair-haired
brun	dark-haired
roux (rousse)	redheaded

les coiffures — hairstyles

avoir les cheveux ...	to have ... hair
bouclés	curly
frisés	very curly
ondulés	wavy
raides	straight
fins	fine
épais	thick
teints	dyed
gras	greasy
secs	dry
avoir les cheveux en brosse	to have a crew-cut
la coupe	(hair)cut
une permanente	perm
un brushing	blow-dry
une boucle	curl
une mèche (de cheveux)	lock (of hair)
des mèches	highlights
une frange	bangs
une queue de cheval	pony tail
un chignon	bun, chignon
une tresse	braid, plait
une natte	plait, pigtail
des pellicules *(f)*	dandruff
un peigne	comb
une brosse à cheveux	hairbrush
une barrette	barrette
une épingle à cheveux	hairpin
un bigoudi	roller, curler

un fer à friser	curling iron
une perruque	wig
le shampoing	shampoo
le gel	gel
la mousse	mousse
la laque	hair spray

le maquillage — makeup

la beauté	beauty
la crème de beauté	face cream
la crème hydratante	moisturizer
le masque de beauté	facial mask
la poudre	powder
le poudrier	compact
le fond de teint	foundation
le rouge à lèvres	lipstick
le mascara	mascara
le rimmel	mascara
le fard à paupières	eye shadow
l'ombre à paupières *(f)*	eye shadow
le vernis à ongles	nail polish
le (produit) démaquillant	makeup remover
le dissolvant	nail polish remover
le parfum	perfume
l'eau de toilette *(f)*	toilet water
l'eau de Cologne *(f)*	cologne
le déodorant	deodorant

le rasage — shaving

la barbe	beard
la moustache	mustache
le rasoir	razor
le rasoir électrique	electric shaver
la lame de rasoir	razor blade
le blaireau	shaving brush
la mousse à raser	shaving cream
la lotion après-rasage	after-shave
l'after-shave (*m*)	after-shave
le baume	skin cream

4. LE CORPS HUMAIN
THE HUMAN BODY

les parties du corps / parts of the body

les parties du corps	parts of the body
la tête	head
le cou	neck
la gorge	throat
la nuque	nape of the neck
une épaule	shoulder
la poitrine	chest, bust
les seins (*m*)	breasts
le ventre	stomach
le dos	back
le bras	arm
le coude	elbow
la main	hand
le poignet	wrist
le poing	fist
un doigt	finger
le petit doigt	little finger, pinkie
l'index (*m*)	index finger
le pouce	thumb
un ongle	nail
la taille	waist
la hanche	hip
le derrière	behind, bottom
les fesses (*f*)	buttocks
la jambe	leg
la cuisse	thigh
le genou	knee
le mollet	calf
la cheville	ankle
le pied	foot
le talon	heel
un orteil	toe
un organe	organ
un membre	limb
un muscle	muscle

un os	bone
le squelette	skeleton
la colonne vertébrale	spine
une côte	rib
la chair	flesh
la peau	skin
le cœur	heart
les poumons (*m*)	lungs
le tube digestif	digestive tract
l'estomac (*m*)	stomach
le foie	liver
les reins (*m*)	kidneys
la vessie	bladder
le sang	blood
une veine	vein
une artère	artery

la tête — the head

le crâne	skull
le cerveau	brain
les cheveux (*m*)	hair
le visage	face
les traits (*m*)	features
le front	forehead
les sourcils (*m*)	eyebrows
les cils (*m*)	eyelashes
un œil (*pl* les yeux)	eye
les paupières *(f)*	eyelids
la pupille	pupil
le nez	nose
la narine	nostril
la joue	cheek
la pommette	cheekbone
la mâchoire	jaw
la bouche	mouth
les lèvres *(f)*	lips
la langue	tongue
une dent	tooth
une dent de lait	baby tooth
une dent de sagesse	wisdom tooth

le menton	chin
une fossette	dimple
une oreille	ear

See also Sections **6 HEALTH** *and* **7 MOVEMENTS AND GESTURES.**

5. COMMENT VOUS SENTEZ-VOUS?
HOW ARE YOU FEELING?

se sentir	to feel
devenir	to become
avoir . . .	to be . . .
chaud	warm/hot
froid	cold
faim	hungry
une faim de loup	ravenous
soif	thirsty
sommeil	sleeply
en avoir marre	to be fed up
affamé	starving, ravenous
en forme	fit, in shape
en pleine forme	very fit, in very good shape
fort	strong
fatigué	tired
épuisé	exhausted
léthargique	lethargic
faible	weak
fragile	frail
bien portant	in good health
en bonne santé	healthy, in good health
malade	sick, ill
éveillé	awake, alert
agité	agitated
mal réveillé	half asleep
endormi	asleep
trempé	soaked
gelé	frozen
trop	too
complètement	totally

il a l'air fatigué
he looks tired

je me sens faible

I feel weak

j'ai trop chaud
I'm too hot

je suis mort de faim!
I'm starving!

je tombe de fatigue
I'm exhausted

je n'en peux plus
I've had enough

je suis à bout de forces
I'm worn out

See also Section **6 HEALTH**.

6. LA SANTE, LES MALADIES ET LES INFIRMITES
HEALTH, ILLNESSES AND DISABILITIES

aller . . .	to be . . .
bien	well
mal	unwell, ill
mieux	better
tomber malade	to get sick
attraper	to catch
avoir . . .	to have . . .
mal à l'estomac	a stomachache, stomach pain
mal à la tête	a headache
mal à la gorge	a sore throat
mal au dos	backache
mal aux oreilles	earache
des maux de dents	toothache
avoir mal au cœur	to feel sick
avoir le mal de mer	to be/feel seasick
souffrir	to be in pain
souffrir de	to suffer from
être enrhumé	to have a cold
être cardiaque	to have a heart condition
se casser la jambe/le bras	to break one's leg/arm
se fouler/tordre la cheville	to sprain one's ankle
se faire mal à la main	to hurt one's hand
se faire mal au dos	to hurt one's back
faire mal	to hurt
saigner	to bleed
vomir	to vomit
tousser	to cough
éternuer	to sneeze
transpirer	to sweat
trembler	to shake
frissonner	to shiver
avoir de la fièvre	to have a temperature

s'évanouir	to faint
être dans le coma	to be in a coma
faire une rechute	to have a relapse
soigner	to treat, to nurse, to tend
s'occuper de	to take care of
appeler	to call
faire venir	to send for
prendre rendez-vous	to make an appointment
examiner	to examine
conseiller	to advise
prescrire	to prescribe
opérer	to operate
se faire opérer	to have an operation
être opéré des amygdales	to have one's tonsils taken out
radiographier	to X-ray
panser	to dress (*wound*)
avoir besoin de	to need
prendre	to take
se reposer	to rest
être en convalescence	to be convalescing
guérir	to heal, to cure, to recover
se remettre	to recover
être au régime	to be on a diet
maigrir	to lose weight
enfler	to swell
s'infecter	to become infected
empirer	to get worse
mourir	to die
malade	ill, sick
souffrant	unwell
faible	weak
guéri	cured
en bonne santé	in good health
vivant	alive
enceinte	pregnant
allergique à	allergic to
anémique	anemic
épileptique	epileptic
diabétique	diabetic
constipé	constipated

doulouroux (douloureuse)	painful, sore
contagieux (contagieuse)	contagious
grave	serious
infecté	infected
enflé	swollen
cassé	broken
foulé	sprained

les maladies — illnesses

une maladie	disease
la douleur	pain
une épidémie	epidemic
une crise	fit, attack
une blessure	wound
une plaie	wound
une entorse	sprain
une fracture	fracture
le saignement	bleeding
la fièvre	fever, temperature
le hoquet	hiccups
un renvoi	burp
la toux	cough, coughing
le pouls	pulse
la température	temperature
la respiration	respiration, breathing
le sang	blood
le groupe sanguin	blood group
la pression	blood pressure
les règles *(f)*	period
un abcès	abscess
une angine	throat infection
une angine de poitrine	angina
l'appendicite *(f)*	appendicitis
l'arthrite *(f)*	arthritis
l'asthme (*m*)	asthma
une attaque	heart attack
un avortement	abortion
la bronchite	bronchitis
le cancer	cancer
une commotion cérébrale	concussion

la constipation	constipation
la coqueluche	whooping cough
une crise cardiaque	heart attack
une crise d'épilepsie	epileptic fit
une crise de foie	upset stomach
une cystite	cystitis
une dépression nerveuse	nervous breakdown
la diarrhée	diarrhea
l'épilepsie *(f)*	epilepsy
une fausse couche	miscarriage
la grippe	flu
une hernie	hernia
une indigestion	indigestion
une infection	infection
une insolation	sunstroke
la leucémie	leukemia
un mal de tête	headache
des maux de tête (*m*)	headaches
la migraine	migraine
les oreillons (*m*)	mumps
une pneumonie	pneumonia
la rage	rabies
les rhumatismes (*m*)	rheumatism
le rhume	cold
le rhume de cerveau	head cold
le rhume des foins	hay fever
la rougeole	measles
la rubéole	German measles
le SIDA	AIDS
la tuberculose	TB
la typhoïde	typhoid
un ulcère	ulcer
la varicelle	chickenpox
la variole	smallpox

la peau — skin complaints

une brûlure	burn
une coupure	cut
une égratignure	scratch
une morsure	bite

une piqûre d'insecte	insect bite
les démangeaisons *(f)*	itch
une éruption	rash
l'acné (*m*)	acne
des boutons (*m*)	pimples
des varices *(f)*	varicose veins
une verrue	wart
un cor au pied	corn
une ampoule	blister
un bleu	bruise
une cicatrice	scar
un coup de soleil	sunburn

les soins — treatment

la médecine	medicine (*science*)
l'hygiène *(f)*	hygiene
la santé	health
la contraception	contraception
le traitement	(course of) treatment
les soins (*m*)	healthcare, treatment
les premiers soins (*m*)	first aid
un hôpital	hospital
une clinique	clinic
un cabinet médical	(doctor's) office
une urgence	emergency
une ambulance	ambulance
un brancard	stretcher
un fauteuil roulant	wheelchair
un plâtre	cast
des béquilles *(f)*	crutches
une opération	operation
une anesthésie	anesthetic
une transfusion sanguine	blood transfusion
une radio(graphie)	X-ray
un régime	diet
une consultation	consultation
un rendez-vous	appointment
une ordonnance	prescription
la convalescence	convalescence

une rechute	relapse
la guérison	recovery
la mort	death
un médecin	doctor
un docteur	doctor
le médecin de service	doctor on call
un spécialiste	specialist
une infirmière	nurse
un infirmier	male nurse
un(e) malade	patient

les médicaments — medicines

un médicament	medicine (*remedy*)
un remède	medicine (*remedy*)
une pharmacie	pharmacy, drugstore
les antibiotiques *(m)*	antibiotics
un analgésique	pain killer
une aspirine	aspirin
un calmant	tranquillizer
un somnifère	sleeping pill
un laxatif	laxative
un fortifiant	tonic
les vitamines *(f)*	vitamins
un sirop pour la toux	cough syrup
un cachet	tablet
un comprimé	tablet
une pastille	lozenge
une pilule	pill
des gouttes *(f)*	drops
le désinfectant	antiseptic
la pommade	ointment
le coton hydrophile	(sterile) cotton
un pansement	plaster, bandage, dressing
le sparadrap	Band-Aid®
une serviette hygiénique	sanitary napkin/pad
un tampon	tampon
une piqûre	injection
un vaccin	vaccination

chez le dentiste	at the dentist's
un dentiste	dentist
un plombage	filling
un dentier	dentures
une carie	tooth decay, cavity
la plaque dentaire	plaque

les infirmités	disabilities
handicapé	disabled
handicapé mental	mentally handicapped
mongolien	Down's syndrome
aveugle	blind
borgne	one-eyed
daltonien(ne)	color-blind
myope	nearsighted
presbyte	farsighted
dur d'oreille	hard of hearing
sourd	deaf
sourd(e)-muet(te)	deaf and dumb
infirme	disabled
boiteux (boiteuse)	lame
un(e) handicapé(e)	handicapped person
un handicapé mental	mentally handicapped person
un(e) aveugle	blind person
un(e) infirme	disabled person
une canne	cane
un fauteuil roulant	wheelchair
un appareil acoustique	hearing aid
des lunettes *(f)*	glasses
des lentilles de contact *(f)*	contact lenses

comment vous sentez-vous?
how are you feeling?

je ne me sens pas très bien
I don't feel very well

j'ai envie de vomir
I feel sick

j'ai la tête qui tourne
I feel dizzy

où avez-vous mal?
where does it hurt?

ce n'est rien de grave
it's nothing serious

j'ai pris ma température
I took my temperature

il a 38 de fièvre
he's got a temperature of 101

elle s'est fait opérer de l'œil
she had an eye operation

avez-vous quelque chose contre . . .?
have you got anything for . . .?

See also Section **4 BODY**.

7. LES MOUVEMENTS ET LES GESTES
MOVEMENTS AND GESTURES

les allées et venues — comings and goings

aller	to go
aller voir	to go and see
aller chercher	to go and get
apparaître	to appear
arriver	to arrive
boiter	to limp
continuer	to continue, to go on
courir	to run
dépasser	to pass
descendre	to go/come down(stairs)
descendre de	to get off (*train, bus etc*)
disparaître	to disappear
entrer dans	to go/come in(to)
être figé sur place	to be rooted to the spot
faire les cent pas	to pace up and down
faire une promenade	to go for a walk
foncer	to charge along, dash
glisser	to slide (along)
marcher	to walk
marcher à reculons	to walk backwards
monter	to go up(stairs)
monter dans	to get on (*train, bus etc*)
partir	to go away
partir en hâte/vitesse	to rush off
passer (devant)	to go past
passer par	to go through
reculer	to move back, back up
redescendre	to go back down
remonter	to go back up
repartir	to set off again
rentrer	to go/come back (in/home)

ressortir	to go/come back out
rester	to stay, to remain
retourner	to return
revenir	to come back
sautiller	to hop
sauter	to jump
s'approcher (de)	to go/come near
s'arrêter	to stop
se balader	to go for a stroll
se cacher	to hide
se coucher	to lie down
se dépêcher	to hurry
s'en aller	to go away
se mettre en route	to set off
se promener	to take/go for a walk
sortir (de)	to come/go out (of)
suivre	to follow
surgir	to appear suddenly
tituber	to stagger
traîner	to dawdle, to hang around
traverser	to cross, to go through
trébucher	to trip
venir	to come
l'arrivée *(f)*	arrival
le départ	departure
le début	beginning
la fin	end
l'entrée *(f)*	entrance
la sortie	exit
le retour	return
la traversée	crossing
une promenade	walk
une balade	walk, stroll
la marche	walking
la démarche	gait, way of walking
un pas	step
le repos	rest
le saut	jump, jumping
le sursaut	start, jump
pas à pas	step by step

à pas feutrés/de loup	stealthily
au pas de course	at a trot, at a run

les actions — actions

attraper	to catch
baisser	to lower, to pull down
bouger	to move
cacher	to hide (*something*)
commencer	to start
enlever	to remove
fermer	to close
finir	to finish
frapper	to hit, to knock
garder	to keep
jeter	to throw (away)
lancer	to throw
lever	to lift, to raise
mettre	to put
ouvrir	to open
poser	to put down, to place
pousser	to push
prendre	to take
recommencer	to start again
s'accouder à	to lean on (*with elbows*)
s'accroupir	to squat down
s'agenouiller	to kneel down
s'allonger	to lie down, to stretch out
s'appuyer (contre/sur)	to lean (against/on)
s'asseoir	to sit down
se baisser	to stoop
se lever	to get/stand up
se pencher (sur)	to lean (over)
se reposer	to (take a) rest
se retourner	to turn around
serrer	to squeeze, to hold tightly
sursauter	to give a start, to jump
tenir	to hold
tenir bon	to hold on tight, to hang on
tirer	to pull

toucher	to touch
traîner	to drag

les positions — postures

accroupi	squatting
accoudé	leaning on one's elbows
agenouillé	kneeling
à genoux	on one's knees
allongé	lying down
à plat ventre	lying facedown
appuyé (sur/contre)	leaning (on/against)
à quatre pattes	on all fours
assis	sitting, seated
couché	lying down, in bed
debout	standing
étendu	lying stretched out
penché	leaning
suspendu	hanging
immobile	still, motionless

les gestes — gestures

baisser les yeux	to look down, to lower one's eyes
cligner des yeux	to blink
donner un coup de pied	to kick
donner un coup de poing	to punch
donner une gifle	to slap
faire un clin d'œil	to wink
faire un geste (de)	to gesture (with)
faire une grimace	to make a face
faire un signe	to make a sign
faire un signe de la main	to signal with one's hand
faire un signe de tête	to signal with one's head
froncer les sourcils	to frown
hausser les épaules	to shrug (one's shoulders)
hocher la tête	to nod/shake one's head
jeter un coup d'œil	to (cast a) glance
lever les yeux	to look up, to raise one's eyes
montrer du doigt	to point at

rire	to laugh
secouer la tête	to shake one's head
sourire	to smile
un bâillement	yawn
un clin d'œil	wink
un coup d'œil	glance
un coup de pied	kick
un coup de poing	punch
un geste	gesture
une gifle	slap
une grimace	grimace
un mouvement	movement
un rire	laugh
un signe	sign, signal, gesture
un sourire	smile

on y est allé en voiture
we went there by car

je vais au collège à pied
I walk to school

il est descendu en courant
he ran downstairs

je suis sorti en courant
I ran out

elle a traversé la rue en courant
she ran across the street

il sera de retour demain
he'll be back tomorrow

8. L'IDENTITE
IDENTITY

le nom	**name**
nommer	to name
baptiser	to christen, to call
s'appeler	to be called
se nommer	to be called
surnommer	to give a nickname to
signer	to sign
épeler	to spell
l'identité *(f)*	identity
la signature	signature
le nom	name
le nom de famille	surname, last name
le prénom	first name
le nom de jeune fille	maiden name
le surnom	nickname
le petit nom	pet name
les initiales *(f)*	initials
Monsieur (M) Martin	Mister (Mr) Martin
Madame (Mme) Lavigne	Mrs Lavigne
Mademoiselle (Mlle) Pot	Miss Pot
Messieurs	gentlemen
Mesdames	ladies
Mesdemoiselles	young ladies

le sexe	**sex**
une femme	woman
une dame	lady
une fille	girl
un homme	man
un monsieur	gentleman
un garçon	boy
masculin	masculine
féminin	feminine
mâle	male
femelle	female

l'état civil	**marital status**
naître	to be born
vivre	to live
exister	to exist
mourir	to die
épouser	to marry
se marier (avec)	to get married, to marry
se fiancer	to get engaged
divorcer	to get a divorce
rompre ses fiançailles	to break off one's engagement
célibataire	single
marié	married
fiancé	engaged
divorcé	divorced
séparé	separated
veuf (veuve)	widowed
orphelin	orphaned
un célibataire	bachelor
une vieille fille	old maid, spinster
un vieux garçon	old bachelor
l'époux (*m*)	husband
l'épouse *(f)*	wife
la femme	wife
le mari	husband
l'ex-mari	ex-husband
l'ex-femme	ex-wife
le fiancé	fiancé
la fiancée	fiancée
le marié	bridegroom
la mariée	bride
les jeunes mariés (*m*)	newlyweds
un couple	couple
un veuf	widower
une veuve	widow
un orphelin	orphan (*male*)
une orpheline	orphan (*female*)
une cérémonie	ceremony

la naissance	birth
un baptême	christening
la mort	death
un enterrement	funeral
un mariage	wedding
les fiançailles *(f)*	engagement
un divorce	divorce

l'adresse — address

habiter	to live (*in a place*)
loger	to live (*in a house etc*)
louer	to rent, to let
partager	to share
l'adresse *(f)*	address
le domicile	place of residence
le lieu	place
l'étage (*m*)	floor, story
le code postal	zip code
le numéro	number
un annuaire	telephone book
un propriétaire	owner, landlord
un locataire	tenant
un voisin	neighbor
chez	at/to the house of, at/to somebody's
en ville	in/to town
en banlieue	on the outskirts
à la campagne	in the country

la religion — religion

catholique	Catholic
protestant	Protestant
anglican	Anglican
musulman	Muslim
juïf (juïve)	Jewish
athée	atheist

comment t'appelles-tu/vous appelez-vous?
what is your name?

je m'appelle Claude Lavigne
my name is Claude Lavigne

il s'appelle Raymond
his name is Raymond

où habites-tu/habitez-vous?
where do you live?

j'habite à Paris/en France
I live in Paris/in France

c'est au troisième étage
it's on the third floor

j'habite rue Pasteur/au 27, rue de la Paix
I live on rue Pasteur/at 27, rue de la Paix

j'habite ici depuis un an
I've been living here for a year

je vis chez Claude
I'm living at Claude's

See also Section **29 FAMILY AND FRIENDS**.

9. L'AGE
AGE

jeune	young
vieux (vieille)	old
l'âge (*m*)	age
la naissance	birth
la vie	life
la jeunesse	youth
l'adolescence *(f)*	adolescence
la vieillesse	old age
le troisième âge	old age
la date de naissance	date of birth
un anniversaire	birthday
un bébé	baby
un(e) enfant	child
un(e) adolescent(e)	teenager
un adulte	adult
les grandes personnes *(f)*	grown-ups
un jeune	young person
les jeunes (*m*)	young people
une jeune femme	young woman
une jeune fille	girl
un jeune homme	young man
une personne âgée	old person
une vieille femme	old woman
un vieil homme	old man
les vieillards (*m*)	old people

quel âge as-tu?
how old are you?

j'ai vingt ans
I'm 20 years old

quelle est ta date de naissance?
when were you born?

le premier mars 1960
on the first of March 1960

en quelle année êtes-vous né(e)?
what year were you born in?

je suis né(e) à Marseille en 1968
I was born in Marseilles in 1968

un bébé d'un mois
a one-month-old baby

un enfant de huit ans
an eight-year-old child

une fille de seize ans
a sixteen-year-old girl

une femme d'une trentaine d'années
a woman of about thirty

un homme d'un certain âge
a middle-aged man

une personne du troisième âge
an elderly person

10. LES METIERS ET LE TRAVAIL
JOBS AND WORK

travailler	to work
avoir l'intention de	to intend to
devenir	to become
s'intéresser à	to be interested in
faire des études	to study
faire/suivre une formation	to take a training course
avoir de l'ambition	to be ambitious
avoir de l'expérience	to have experience
manquer d'expérience	to have no experience
être sans emploi	to be unemployed
être chômeur/chômeuse	to be unemployed
être au/en chômage	to be unemployed
chercher un emploi	to look for work
faire une demande d'emploi	to apply for a job
refuser	to reject
accepter	to accept
engager	to hire
embaucher	to hire
trouver un emploi/du travail	to find a job
réussir	to be successful
gagner	to earn
gagner sa vie	to earn a living
toucher	to earn, to get
payer	to pay
prendre des vacances	to take a vacation
prendre un jour de congé	to take a day off
licencier	to lay off
renvoyer	to fire
démissionner	to resign
quitter	to leave
prendre sa retraite	to retire
être en grève	to be on strike
se mettre en grève	to go on strike, to strike
difficile	difficult

facile	easy
intéressant	interesting
passionnant	exciting
ennuyeux (ennuyeuse)	boring
dangereux (dangereuse)	dangerous
important	important
utile	useful
social	social

les travailleurs — people at work

un acteur, une actrice	actor/actress
un agent de police, une femme agent (de police)	policeman/woman
un agriculteur	farmer
un ambulancier	ambulance man
un architecte	architect (*male and female*)
un(e) artiste	artist
un(e) assistant(e) social(e)	social worker
un(e) astronaute	astronaut
un astronome	astronomer (*male and female*)
un(e) avocat(e)	lawyer
un berger, une bergère	shepherd(ess)
un bijoutier, une bijoutière	jeweler
une bonne	maid
un boucher, une bouchère	butcher
un boulanger, une boulangère	baker
un cadre, une femme cadre	executive/woman executive
un cadre supérieur	senior executive (*male and female*)
un camionneur	truck driver
un chanteur, une chanteuse	singer
un charpentier	carpenter
un chauffeur de taxi	taxi driver (*male and female*
un chauffeur d'autobus	bus driver (*male and female*)
un chirurgien	surgeon (*male and female*)
un coiffeur, une coiffeuse	hairdresser, hairstylist
un(e) comédien(ne)	actor/actress, comedian
un(e) commerçant(e)	shopkeeper

un(e) comptable	accountant
un(e) concierge	caretaker, janitor
un conducteur	driver
un conseiller, une conseillère	counselor, adviser
un conseiller d'orientation	career adviser
un contremaître, une contremaîtresse	foreman/woman
un contrôleur, une contrôleuse	conductor
un cordonnier, une cordonnière	cobbler, shoemaker
un couturier, une couturière	dressmaker, fashion designer
un cuisinier, une cuisinière	cook
un curé	priest
une (sténo-)dactylo	(shorthand-)typist
un décorateur, une décoratrice	(interior) decorator
un déménageur	mover
un dentiste	dentist (*male and female*)
un dessinateur, une dessinatrice	graphic artist, cartoonist
un directeur, une directrice	manager, director, principal
un docteur	doctor (*male and female*)
un douanier, une douanière	customs officer
un éboueur	garbage collector
un écrivain	writer (*male and female*)
un(e) électricien(ne)	electrician
un(e) employé(e)	employee
un(e) employé(e) de banque	bank employee
un(e) employé(e) de bureau	office worker
un(e) enseignant(e)	teacher
un épicier, une épicière	grocer
un(e) étudiant(e)	student
un facteur, une femme facteur	mailman/woman, letter carrier
une femme d'affaires	businesswoman
une femme de chambre	maid
une femme de ménage	cleaning lady
un fermier, une fermière	farmer
un(e) fleuriste	florist
un(e) fonctionnaire	civil servant

un(e) garagiste	auto repair shop owner, auto mechanic
un garçon de café	waiter
un gendarme	policeman (*in countryside or small town*)
un(e) guide de tourisme	tourist guide
un homme d'affaires	businessman
un homme politique	politician
un horloger, une horlogère	watchmaker
une hôtesse de l'air	flight attendant (*female*), stewardess
un infirmier, une infirmière	nurse
un ingénieur	engineer (*male and female*)
un(e) interprète	interpreter
un jardinier, une jardinière	gardener
une jardinière d'enfants	kindergarten teacher
un(e) journaliste	journalist
un juge	judge (*male and female*)
un(e) libraire	bookseller
un livreur	delivery man
un maçon	builder, bricklayer
un(e) maître(sse) d'école	grade school teacher
un mannequin	model (*male and female*)
un manœuvre	laborer, unskilled worker
un(e) marchand(e)	shopkeeper, merchant, dealer
un(e) marchand(e) de journaux	news dealer
un(e) marchand(e) de meubles	furniture dealer
un marin	sailor
un matelot	sailor
un(e) mécanicien(ne)	mechanic
un médecin	doctor (*male and female*)
un militaire	(military) serviceman
un mineur	miner
un moine	monk
un moniteur, une monitrice	instructor
une nurse	nanny
un officier	(army) officer
une ouvreuse	usherette
un ouvrier, une ouvrière	(factory) worker
un ouvrier spécialisé (OS)	semi-skilled worker

un pasteur	minister
un pâtissier, une pâtissière	confectioner, pastrycook
un(e) patron(ne)	owner, manager, boss
un pêcheur, une pêcheuse	fisherman/woman
un peintre	painter (*male and female*)
un peintre en bâtiment	painter and decorator (*male and female*)
un(e) pharmacien(ne)	pharmacist
un(e) photographe	photographer
un(e) physicien(ne)	physicist
un pilote	pilot
un plombier	plumber
un poissonnier, une poissonnière	fishmonger
un pompier	fireman
un présentateur, une présentatrice	news anchorman/woman
un prêtre	priest
un professeur	teacher, professor (*male and female*)
un psychiatre	psychiatrist (*male and female*)
un(e) psychologue	psychologist
un(e) réceptionniste	receptionist
une religieuse	nun
un reporter	reporter (*male and female*)
un(e) représentant(e) (de commerce)	sales representative
un savant	scientist, scholar (*male and female*)
un(e) secrétaire	secretary
un serveur, une serveuse	waiter/waitress
un serviteur	servant
un soldat	soldier
un(e) standardiste	switchboard operator
une sténodactylo	shorthand-typist
un steward	steward
un tailleur	tailor
un(e) technicien(ne)	technician

un traducteur, une traductrice	translator
une vedette	star (*male and female*)
un vendeur, une vendeuse	shop assistant, salesperson, salesclerk
un vétérinaire	veterinarian (*male and female*)

le monde du travail — the world of work

un travailleur, une travailleuse	worker
un chômeur, une chômeuse	unemployed person
un demandeur/une demandeuse d'emploi	person seeking work
un employeur	employer
un(e) patron(ne)	boss
le patronat	employers
la direction	management
le personnel	staff, personnel
un(e) collègue	colleague, co-worker
un(e) apprenti(e)	trainee, apprentice
un(e) stagiaire	trainee, intern
un(e) gréviste	striker
un(e) retraité(e)	retired person, retiree
un(e) syndicaliste	trade unionist, labor activist
l'avenir (*m*)	the future
une carrière	career
une profession	profession, occupation
un métier	job, trade (*learnt*)
un métier d'avenir	job with good prospects
les débouchés (*m*)	openings
une situation	position, job
un poste	position, job
un stage (de formation)	training course
un apprentissage	apprenticeship
la formation	training
la formation permanente	continuing education
un diplôme	qualification, degree, diploma
un certificat	certificate, diploma
une licence	degree
un emploi	job, employment
un emploi temporaire	temporary job

un emploi à mi-temps	part-time job
un emploi à plein temps	full-time job
le secteur	sector
la recherche	research
l'informatique *(f)*	computer science
les affaires *(f)*	business
le commerce	trade
l'industrie *(f)*	industry
une entreprise	company
une société	company
un bureau	office
une usine	factory
un atelier	workshop
un magasin	shop, store
un laboratoire	laboratory
le travail	work, job
les vacances *(f)*	vacation
les congés (*m*)	vacation, leave
un congé-maladie	sick-leave
les congés payés (*m*)	paid vacation
un contrat (de travail)	employment contract
une demande d'emploi	job application
un formulaire	form
une annonce	ad
les offres d'emploi *(f)*	want ads
une entrevue	interview
le salaire	salary, wages
la paye	pay, wages
le traitement	salary
la sécurité sociale	social security
l'horaire à la carte (*m*)	flextime
la semaine de 40 heures	forty-hour week
les impôts (*m*)	taxes
une augmentation	pay raise
un voyage d'affaires	business trip
une réunion	meeting
le licenciement (économique)	layoff
la retraite	pension, retirement
un syndicat	labor union
une grève	strike

que fait-il/elle dans la vie?
what does he/she do for a living?

il est médecin
he's a doctor

elle est architecte
she's an architect

qu'aimeriez-vous faire plus tard?
what would you like to do for a living?

quels sont vos projets d'avenir?
what are your plans for the future?

j'aimerais être artiste
I'd like to be an artist

j'ai l'intention de faire des études de médecine
I intend to study medicine

ce qui compte le plus pour moi, c'est le salaire/le temps libre
what matters most for me is the pay/free time

ce qui m'intéresse le plus, c'est le théâtre
what I'm most interested in is the theater

11. LE CARACTERE ET LE COMPORTEMENT
CHARACTER AND BEHAVIOR

se comporter	to behave
se conduire	to behave
se dominer	to control oneself
obéir à	to obey
désobéir à	to disobey
permettre	to allow
laisser	to let
empêcher	to prevent
interdire	to forbid
désapprouver	to disapprove
gronder	to scold
se faire gronder	to get a scolding
se fâcher	to get angry
s'excuser	to apologize
pardonner	to forgive
punir	to punish
récompenser	to reward
oser	to dare
insulter	to insult
l'arrogance (*f*)	arrogance
la bonté	goodness, kindness
le caractère	character
le charme	charm
le comportement	behavior
la conduite	behavior
la cruauté	cruelty
l'embarras (*m*)	embarrassment
l'envie (*f*)	envy
l'étourderie (*f*)	heedlessness
une excuse	excuse
des excuses	apology, apologies
la fierté	pride
la folie	folly, insanity
la gaieté	cheerfulness

la gentillesse	kindness
la grossièreté	coarseness
l'habileté (*f*)	skillfulness
l'honnêteté (*f*)	honesty
l'humanité (*f*)	humanity
l'humeur (*f*)	mood
l'humour (*m*)	humor
l'impatience (*f*)	impatience
l'impolitesse (*f*)	rudeness
l'insolence (*f*)	insolence
l'instinct (*m*)	instinct
l'intelligence (*f*)	intelligence
l'intolérance (*f*)	intolerance
la jalousie	jealousy
la joie	joy, delight
la malice	mischief, spite
la méchanceté	nastiness, meanness
l'obéissance (*f*)	obedience
l'orgueil (*m*)	pride
la paresse	laziness
la patience	patience
la permission	permission
la politesse	politeness
la possessivité	possessiveness
la prudence	caution
une punition	punishment
une récompense	reward
une réprimande	reprimand, rebuke
la ruse	craftiness, trick
la sagesse	good behavior, wisdom
la timidité	shyness, timidity
la tristesse	sadness
la vanité	vanity
la vantardise	boastfulness
actif (active)	active
affectueux (affectueuse)	affectionate
agréable	nice, pleasant
aimable	kind, nice
amical	friendly
amusant	amusing

appliqué	industrious
arrogant	arrogant
astucieux (astucieuse)	astute
avisé	shrewd
bavard	talkative
bête	silly, stupid
bizarre	strange
bon(ne)	good
brave	good, decent
calme	quiet, calm
charmant	charming
content	glad, pleased
coquin	mischievous, naughty
courageux (courageuse)	courageous, brave
cruel(le)	cruel
curieux (curieuse)	curious
désobéissant	disobedient
désolé	sorry
désordonné	untidy
discret (discrète)	discreet
distrait	absentminded
drôle	funny
effronté	impudent
embarrassé	embarrassed
ennuyeux (ennuyeuse)	troublesome, boring
envieux (envieuse)	envious
espiègle	mischievous
étourdi	scatterbrained
étrange	strange
fâché	angry
fier (fière)	proud
formidable	terrific
fou (folle)	crazy, insane
gai	cheerful
gêné	embarrassed
gentil(le)	kind, nice
grossier (grossière)	rude, coarse
habile	skillful
heureux (heureuse)	happy
honnête	honest

idiot	stupid
impatient	impatient
impoli	rude
impulsif (impulsive)	impulsive
inadmissible	intolerable, unacceptable
indifférent	indifferent
insolent	insolent
instinctif (instinctive)	instinctive
intelligent	intelligent
intolérant	intolerant
jaloux (jalouse)	jealous
joyeux (joyeuse)	joyful, cheerful
maladroit	clumsy
malheureux (malheureuse)	unhappy
malicieux (malicieuse)	mischievous
mauvais	bad
méchant	nasty, mean
modeste	modest
naïf (naïve)	naïve
naturel(le)	natural
obéissant	obedient
obstiné	stubborn
optimiste	optimistic
orgueilleux (orgueilleuse)	proud
paresseux (paresseuse)	lazy
patient	patient
pauvre	poor
pessimiste	pessimistic
poli	polite
possessif (possessive)	possessive
prudent	cautious, careful
raisonnable	sensible, reasonable
respectable	respectable
respectueux (respectueuse)	respectful
rusé	wily
sauvage	unsociable
sage	good (*child*), wise
sensationnel(le)	terrific
sensible	sensitive
sérieux (sérieuse)	serious
spirituel(le)	witty

stupide	stupid
sûr	sure
surprenant	surprising
sympathique	nice, likeable
timide	shy, timid
tolérant	tolerant
triste	sad
vaniteux (vaniteuse)	vain
vantard	boastful

je la trouve très sympathique
I think she's very nice

il est de (très) bonne/mauvaise humeur
he's in a (very) good/bad mood

il a bon/mauvais caractère
he is good/ill-natured

elle a eu l'amabilité de me prêter sa voiture
she was kind enough to lend me her car

excusez-moi de vous déranger
I'm sorry to disturb you

je suis (absolument) désolé
I'm (really) sorry

je vous présente toutes mes excuses
Please accept my apologies

il s'est excusé de son insolence auprès du professeur
he apologized to the teacher for being impudent

12. LES EMOTIONS
EMOTIONS

la colère — anger

se fâcher	to get angry
se mettre en colère	to get angry
être en colère	to be angry
être fou de rage	to be fuming
s'indigner	to become indignant
s'exciter	to get excited/worked up
crier	to shout
frapper	to hit
gifler	to slap (on the face)
la colère	anger
l'indignation (*f*)	indignation
la tension	tension
le stress	stress
le cri	cry, shout
le coup	blow
la gifle	slap (on the face)
fâché	annoyed, angry
furieux (furieuse)	furious
maussade	sullen
ennuyeux (ennuyeuse)	annoying, boring

la tristesse — sadness

pleurer	to weep, to cry
fondre en larmes	to burst into tears
sangloter	to sob
soupirer	to sigh
bouleverser	to distress, to shatter
choquer	to shock
consterner	to dismay
décevoir	to disappoint
déconcerter	to disconcert
déprimer	to depress

désoler	to distress
émouvoir	to move, to affect
toucher	to affect, to touch
troubler	to disturb, to trouble
avoir pitié de	to take pity on, feel sorry for
consoler	to comfort, to console
le chagrin	grief, sorrow
la tristesse	sadness
la déception	disappointment
la dépression	depression
le mal du pays	homesickness
la mélancolie	melancholy
la nostalgie	nostalgia, homesickness
la souffrance	suffering
une larme	tear
un sanglot	sob
un soupir	sigh
l'échec (*m*)	failure
la malchance	bad luck
le malheur	misfortune, bad luck
triste	sad
bouleversé	shattered
déçu	disappointed
déprimé	depressed
désabusé	disenchanted
désolé	sorry
ému	moved, touched
mélancolique	gloomy
morose	morose
navré	heartbroken

la peur et le souci — fear and worry

avoir peur (de)	to be frightened (of)
craindre	to fear
effrayer	to frighten
faire peur à	to frighten
se faire du souci	to worry
s'inquiéter de	to worry about
trembler	to tremble
la peur	fear

la crainte	fear
l'effroi (*m*)	terror, dread
la frayeur	fright
un frisson	shiver
le choc	shock
la consternation	consternation
des ennuis (*m*)	trouble
des inquiétudes (*f*)	anxieties
un problème	problem
un souci	worry
craintif (craintive)	fearful
effrayé	afraid
effrayant	frightening
mort de peur	petrified
inquiet (inquiète)	worried, anxious
nerveux (nerveuse)	nervous

la joie et le bonheur — joy and happiness

s'amuser	to enjoy oneself
se réjouir de	to be delighted about
rire (de)	to laugh (at)
éclater de rire	to burst out laughing
avoir le fou rire	to have the giggles
sourire	to smile
le bonheur	happiness
la joie	joy
la satisfaction	satisfaction
le rire	laugh
un éclat de rire	burst of laughter
des rires (*m*)	laughter
un sourire	smile
l'amour (*m*)	love
la chance	luck
le coup de foudre	love at first sight
la réussite	success
la surprise	surprise
ravi	delighted
content	pleased

heureux (heureuse) happy
radieux (radieuse) radiant
amoureux (amoureuse) in love

il leur a fait peur
he frightened them

il a peur des chiens
he's frightened of dogs

je suis désolé d'apprendre cette nouvelle
I'm very sorry to hear this news

son frère lui manque
he/she misses his/her brother

j'aile mal du pays
I'm homesick

sa réussite l'a rendu très heureux
his success made him very happy

elle a de la chance
she is lucky

il est amoureux de Marie-Agnès
he's in love with Marie-Agnès

13. LES SENS
THE SENSES

la vue	**sight**
voir	to see
regarder	to look at, to watch
observer	to observe, to watch
examiner	to examine, to study closely
remarquer	to notice
revoir	to see again
entrevoir	to catch a glimpse of
loucher (sur)	to squint (at)
jeter un coup d'œil à	to glance at
regarder fixement	to stare at
regarder furtivement	to peek at
allumer	to switch on (the light)
éteindre	to switch off (the light)
éblouir	to dazzle
aveugler	to blind
éclairer	to light up
apparaître	to appear
disparaître	to disappear
réapparaître	to reappear
regarder la télé	to watch TV
observer au microscope	to observe under the microscope
la vue	sight (*sense*), view
le spectacle	sight (*seen*), show
la vision	vision
la couleur	color
la lumière	light
la clarté	brightness
l'obscurité (*f*)	darkness
l'œil (*pl* yeux)	eye
les lunettes (*f*)	glasses
les lunettes de soleil (*f*)	sunglasses
les lentilles de contact (*f*)	contact lenses

la loupe	magnifying glass
les jumelles (*f*)	binoculars
le microscope	microscope
le téléscope	telescope
le braille	Braille
brillant	bright
clair	light
éblouissant	dazzling
obscur	dark
sombre	dark

l'ouïe — hearing

entendre	to hear
écouter	to listen to
chuchoter	to whisper
chanter	to sing
fredonner	to hum
siffler	to whistle
bourdonner	to buzz
bruire	to rustle
grincer	to creak
sonner	to ring
tonner	to thunder
vrombir	to hum (*engine*)
assourdir	to deafen
se taire	to be silent
tendre/dresser l'oreille	to prick up one's ears
claquer la porte	to slam the door
franchir le mur du son	to break the sound barrier
l'ouïe (*f*)	hearing
le bruit	noise, sound
le son	sound
le vacarme	racket
la voix	voice
l'écho (*m*)	echo
le chuchotement	whisper
la chanson	song
le bourdonnement	buzzing

le crépitement	crackling
l'explosion (*f*)	explosion
le grincement	creaking
la sonnerie	ringing
le tonnerre	thunder
l'oreille (*f*)	ear
le haut-parleur	loudspeaker
la sonorisation	public address system
un interphone	intercom
les écouteurs (*m*)	earphones
le casque	headset
un walkman (*R*)	personal stereo
la radio	radio
la sirène	siren
le morse	Morse code
les boules Quiès (*f*)(*R*)	earplugs
un appareil acoustique (*m*)	hearing aid
bruyant	noisy
silencieux (silencieuse)	silent
mélodieux (mélodieuse)	melodious
fort	loud
faible	faint
assourdissant	deafening
sourd	deaf
dur d'oreille	hard of hearing

le toucher — touch

toucher	to touch
caresser	to stroke
chatouiller	to tickle
frotter	to rub
frapper	to knock, to hit
gratter	to scratch
le toucher	touch
le froid	cold
le chaud	warm
la caresse	stroke
le coup	blow
la poignée de main	handshake

le bout des doigts	fingertips
lisse	smooth
rugueux (rugueuse)	rough
doux (douce)	soft
dur	hard
chaud	hot
froid	cold

le goût — taste

goûter	to taste
boire	to drink
manger	to eat
lécher	to lick
siroter	to sip
engloutir	to gobble up
savourer	to savor
avaler	to swallow
mâcher	to chew
saliver	to salivate
saler	to salt
sucrer	to sweeten
épicer	to spice
le goût	taste
la bouche	mouth
la langue	tongue
la salive	saliva
les papilles gustatives (*f*)	taste buds
l'appétit (*m*)	appetite
appétissant	appetizing
alléchant	mouth-watering
délicieux (délicieuse)	delicious
dégoûtant	horrible
doux (douce)	sweet
sucré	sweet
salé	salted, salty
acide	tart
aigre	sour
amer (amère)	bitter
rance	rancid

épicé	spicy, hot
fort	strong, hot
fade	tasteless

l'odorat — smell

sentir	to smell, to smell like
flairer	to scent, to detect
renifler	to sniff
puer	to stink
parfumer	to perfume
sentir bon/mauvais	to smell good/bad
l'odorat (*m*)	(sense of) smell
l'odeur (*f*)	smell
la senteur	scent
le parfum	perfume
l'arôme (*m*)	aroma, fragrance
la puanteur	stench
la fumée	smoke
le nez	nose
les narines (*f*)	nostrils
parfumé	fragrant, scented
puant	stinking
enfumé	smoky
inodore	odorless
nasal	nasal

il fait noir dans la cave
it's dark in the cellar

j'ai entendu l'enfant qui chantait
I heard the child singing

c'est lisse au toucher
it feels soft

cela me fait venir l'eau à la bouche
it makes my mouth water

ce café a un goût de savon
this coffee tastes like soap

ce chocolat a un drôle de goût
this chocolate tastes funny

ça sent bon/mauvais
it smells good/bad

cette pièce sent la fumée
this room smells like smoke

ça sent le renfermé ici
it's stuffy in here

See also Sections **4 BODY, 6 HEALTH, 16 FOOD** *and* **62 COLORS**.

14. LES GOUTS ET LES PREFERENCES
LIKES AND DISLIKES

aimer	to like, to love
adorer	to adore
apprécier	to appreciate
chérir	to cherish
idolâtrer	to idolize
ne pas aimer	to dislike
détester	to hate
haïr	to hate
avoir horreur de	to hate
mépriser	to despise
rejeter	to reject
aimer mieux	to prefer
préférer	to prefer
choisir	to choose
hésiter	to hesitate
décider	to decide
comparer	to compare
avoir besoin de	to need
avoir envie de	to feel like (*doing*)
désirer	to want, to wish for
vouloir	to want
souhaiter	to wish for
l'amour (*m*)	love
le goût	taste
le penchant	liking
une aversion	strong dislike
la haine	hate
le mépris	scorn
le choix	choice
la comparaison	comparison
la préférence	preference
le contraire	contrary, opposite
le contraste	contrast

la différence	difference
la similitude	similarity
le besoin	need
le désir	wish, desire
l'intention (*f*)	intention
le souhait	desire
préféré	favorite
favori(te)	favorite
comparable (à)	comparable (to)
différent (de)	different (from)
égal	equal
identique (à)	identical (to)
pareil(le) (à)	the same (as)
semblable à	similar to, like
similaire	similar
comme	like
en comparaison de	in comparison with
par rapport à	in relation to
plus	more
moins	less
beaucoup	a lot
énormément	enormously, a great deal
beaucoup plus/moins	a lot more/less
bien plus/moins	a great deal more/less
mieux	better

ce livre me/leur plaît
I/they like this book

le rouge est ma couleur préférée
red is my favorite color

je préfère le café au thé
I prefer coffee to tea

j'aime mieux rester à la maison
I'd rather stay at home

ça me fait plaisir de vous voir
I'm pleased to see you

j'ai envie de sortir
I'd like to go out

15. LA JOURNEE ET LE SOMMEIL
DAILY ROUTINE AND SLEEP

se réveiller	to wake up
se lever	to get up
s'étirer	to stretch
bâiller	to yawn
être mal réveillé	to be half asleep
faire la grasse matinée	to sleep in, sleep late
dormir trop tard	to oversleep
ouvrir les rideaux	to open the curtains
ouvrir les volets	to open the shutters
se laver	to wash
faire sa toilette	to wash up, get cleaned up
se débarbouiller	to wash one's face
se laver les mains	to wash one's hands
se laver/brosser les dents	to brush one's teeth
se laver les cheveux	to wash one's hair
prendre une douche	to take a shower
prendre un bain	to take a bath
se savonner	to soap oneself down
se sécher	to dry oneself
s'essuyer les mains	to dry one's hands
se raser	to shave
aller aux toilettes	to go to the toilet/bathroom
s'habiller	to get dressed
se coiffer	to comb one's hair
se brosser les cheveux	to brush one's hair
se maquiller	to put on makeup
mettre ses lentilles de contact	to put in one's contact lenses
mettre son dentier	to put in one's false teeth
faire son lit	to make the bed
allumer la radio/télévision	to switch the radio/ television on
éteindre la radio/télévision	to switch the radio/ television off
prendre son petit déjeuner	to have breakfast

donner à manger au chat/chien	to feed the cat/dog
arroser les plantes	to water the plants
préparer ses affaires	to get ready
aller à l'école	to go to school
aller au bureau	to go to the office
aller travailler	to go to work
prendre le bus	to take the bus
rentrer à la maison	to go/come home
rentrer de l'école	to come back from school
rentrer du travail	to come back from work
faire ses devoirs	to do one's homework
se reposer	to take a rest
faire la sieste	to take a nap
regarder la télé(vision)	to watch television
lire	to read
jouer	to play
goûter	to have something to eat (*after school*)
dîner	to have dinner
verrouiller la porte	to lock the door
se déshabiller	to undress
fermer les rideaux	to draw the curtains
fermer les volets	to close the shutters
(aller) se coucher	to go to bed
border	to tuck in
mettre son réveil	to set the alarm clock
éteindre la lumière	to switch the light off
s'endormir	to fall asleep
dormir	to sleep
avoir des insomnies	to suffer from insomnia
passer une nuit blanche	to have a sleepless night

la toilette — washing

le savon	soap
la serviette de toilette	towel
le drap de bain	bath towel
l'essuie-mains (*m*)	hand towel
le gant de toilette	washcloth
le gant de crin	massage glove

une éponge	sponge
une brosse	brush
un peigne	comb
la brosse à dents	toothbrush
le dentifrice	toothpaste
le shampoing	shampoo
le bain moussant	bubble bath
les sels de bain (*m*)	bath salts
le déodorant	deodorant
le papier hygiénique	toilet paper
le sèche-cheveux	hair dryer
le pèse-personne	scales

le lit — bed

un oreiller	pillow
un traversin	bolster
un drap	sheet
une couverture	blanket
une couverture supplémentaire	extra blanket
une couette	comforter
un édredon	duvet
le matelas	mattress
le couvre-lit	bedspread
une couverture chauffante	electric blanket
une bouillotee	hot-water bottle
d'habitude	usually
le matin	in the morning
le soir	in the evening
tous les matins	every morning
ensuite	then

je mets mon réveil à sept heures
I set my alarm clock for seven

je ne suis pas un couche-tard; je me couche de bonne heure
I'm not a night owl: I go to bed early

j'ai dormi comme un loir
I slept like a log

See also Sections **16 FOOD, 17 HOUSEWORK, 23 MY ROOM** *and* **54 DREAMS**.

16. LA NOURRITURE
FOOD

manger	to eat
boire	to drink
goûter	to taste
fumer	to smoke

les repas — meals

le petit déjeuner	breakfast
le déjeuner	lunch
le dîner	dinner
le goûter	afternoon snack
la nourriture	food
le pique-nique	picnic
le casse-croûte	snack

les différents plats — courses

l'entrée (*f*)	first course, appetizer
les hors-d'œuvre (*m*)	hors d'oeuvre, appetizer
le plat principal	main course
le plat du jour	today's special (*in a restaurant*)
le dessert	dessert
le fromage	cheese
un sandwich	sandwich

les boissons — drinks

l'eau (*f*)	water
l'eau minérale (*f*)	mineral water
une eau minérale gazeuse	sparkling mineral water
le lait	milk
le lait écrémé	skim milk
un lait grenadine	milk with grenadine cordial
le thé	tea
un thé citron	tea with lemon
un thé au lait	tea with milk

le café	coffee (*black*)
un (café) crème	coffee with cream
un café au lait	café au lait
une infusion	herb tea
le tilleul	lime tea
la camomille	camomile tea
la verveine	verbena tea
la menthe	mint tea
un chocolat (chaud)	hot chocolate
un sirop	cordial
un jus de fruit	fruit juice
un jus de pomme	apple juice
un jus d'orange	orange juice
une orange pressée	fresh orange juice
un citron pressé	fresh lemon juice
un coca®	Coke®
une limonade	lemonade
une orangeade	orangeade
une bière	beer
un panaché	shandy
le cidre	cider
le vin	wine
du vin rouge	red wine
du vin blanc	white wine
du rosé	rosé wine
du bordeaux	bordeaux
du bourgogne	burgundy
le champagne	champagne
un blanc cassis	white wine with blackcurrant cordial
un kir	white wine with blackcurrant liqueur
un apéritif	aperitif
une liqueur	liqueur
un pastis	anise-flavored aperitif

les condiments et les fines herbes — seasonings and herbs

le sel	salt
le poivre	pepper

le sucre	sugar
la moutarde	mustard
le vinaigre	vinegar
l'huile (*f*)	oil
l'ail (*m*)	garlic
un oignon	onion
les épices (*f*)	spices
les fines herbes (*f*)	herbs
le persil	parsley
le thym	thyme
le basilic	basil
l'estragon (*m*)	tarragon
la ciboulette	chives
une feuille de laurier	bay leaf
la noix de muscade	nutmeg
le gingembre	ginger
la sauce	sauce
la mayonnaise	mayonnaise
la vinaigrette	vinaigrette, oil and vinegar

le petit déjeuner — breakfast

le pain	bread
le pain complet	wholegrain bread
la baguette	French bread
les biscottes	rusks
une tartine	bread and butter
une tartine au miel	slice of bread and honey
du pain grillé	toast
le croissant	croissant
le beurre	butter
la margarine	margarine
la confiture	jam
la confiture d'orange	marmalade
le miel	honey
les corn-flakes (*m*)	cornflakes

les fruits — fruit

un fruit	piece of fruit
une pomme	apple

une poire	pear
un abricot	apricot
une pêche	peach
une prune	plum
un brugnon	nectarine
un melon	melon
un ananas	pineapple
une banane	banana
une orange	orange
un pamplemousse	grapefruit
une mandarine	tangerine
un citron	lemon
une fraise	strawberry
une framboise	raspberry
une mûre	blackberry
une groseille rouge	redcurrant
le cassis	blackcurrant
une cerise	cherry
du raisin	grapes

les légumes — vegetables

un légume	vegetable
des petits pois (*m*)	peas
des haricots verts (*m*)	green beans
des poireaux (*m*)	leeks
une pomme de terre	potato
des frites (*f*)	french fries
des pommes chips (*f*)	potato chips
la purée	mashed potatoes
des pommes de terre en robe de chambre (*f*)	potatoes in their skins
des pommes de terre en robe des champs (*f*)	potatoes in their skins
une carotte	carrot
un chou	cabbage
un chou-fleur	cauliflower
des choux de Bruxelles (*m*)	Brussels sprouts
une laitue	lettuce
des épinards (*m*)	spinach
un champignon	mushroom

un artichaut	artichoke
une asperge	asparagus
un poivron (vert)	(green) pepper
une aubergine	eggplant
des brocolis (*m*)	broccoli
des courgettes (*f*)	zucchini, summer squash
du maïs	corn
un radis	radish
une tomate	tomato
un concombre	cucumber
un avocat	avocado
des crudités (*f*)	chopped raw vegetables
la salade	salad
une salade niçoise	salad with tomatoes, olives and anchovies
le riz	rice

la viande — meat

le porc	pork
le veau	veal
le bœuf	beef
l'agneau (*m*)	lamb
le mouton	mutton
la viande de cheval	horsemeat
le poulet	chicken
la dinde	turkey
le canard	duck
la volaille	poultry
les escargots (*m*)	snails
des cuisses de grenouille (*f*)	frogs' legs
un steak	steak
un steak frites	steak with fries
un steak tartare	raw minced beef with a raw egg
un bifteck	steak
une escalope	scaloppine
un rôti	roast
le rosbif	roast beef
le gigot d'agneau	leg of lamb
le ragoût	stew

la viande hachée	ground meat, hamburger meat
le hamburger	hamburger
des rognons (*m*)	kidneys
le foie	liver
la charcuterie	sausages, ham and pâtés
le jambon	ham
le foie gras	liver pâté
le pâté	pâté
le boudin	blood pudding
un saucisson	salami-type sausage
une saucisse	sausage

le poisson — fish

le meran	whiting
la morue	cod
des sardines (*f*)	sardines
la sole	sole
le thon	tuna fish
la truite	trout
le saumon	salmon
le saumon fumé	smoked salmon
les fruits de mer (*m*)	seafood
le homard	lobster
les huîtres (*f*)	oysters
les crevettes (*f*)	prawns, shrimp
les moules (*f*)	mussels

les œufs — eggs

un œuf	egg
un œuf à la coque	boiled egg
un œuf sur le plat	fried egg
des œufs au jambon	ham and eggs
des œufs brouillés	scrambled eggs
une omelette	omelette

les pâtes — pasta

les pâtes (*f*)	pasta
les nouilles (*f*)	noodles

les spaghetti (*m*)	spaghetti
les macaroni (*m*)	macaroni

les plats cuisinés — hot dishes

le potage	soup
le cassoulet	casserole with beans, pork or mutton and sausages
le bœuf bourguignon	beef cooked in red wine
un gratin	baked cheese dish
le gratin dauphinois	scalloped potatoes with cheese
un pot-au-feu	beef and vegetable stew
la ratatouille	vegetables cooked in olive oil
cuit	cooked
trop cuit	overdone
bien cuit	well done
à point	medium (*meat*)
saignant	rare (*meat*)
pané	covered in breadcrumbs
farci	stuffed
frit	fried
bouilli	boiled
rôti	roast (ed)
au gratin	baked in the oven with cheese

les desserts — desserts

une pâtisserie	cake, pastry
une tarte aux pommes	apple tart
la (crème) chantilly	whipped cream
une crèpe	crepe
la glace	ice cream
une glace à la vanille	vanilla ice cream
la crème glacée	ice cream
un petit suisse	light dairy dessert
un yaourt	yogurt
une mousse au chocolat	chocolate mousse

## les douceurs	## sweet things
le chocolat	chocolate
le chocolat au lait	milk chocolate
le chocolat à croquer	plain chocolate
une tablette de chocolat	chocolate bar (*large*)
les biscuits (*m*)	cookies
les petits gâteaux (*m*)	cookies
un sablé	shortbread
un gâteau	cake
un esquimau (glacé)	ice cream bar
les bonbons (*m*)	candy
des bonbons à la menthe (*m*)	mints
le chewing-gum	chewing gum

## les goûts	## tastes
le parfum	flavor
sucré	sweet
salé	salty, savory
amer	bitter
acide	sour
épicé	spicy
fort	hot
fade	tasteless

## le tabac	## tobacco
une cigarette	cigarette
un cigare	cigar
la pipe	pipe
une allumette	match

See also Sections **5 HOW ARE YOU FEELING?, 17 HOUSEWORK, 60 QUANTITIES** *and* **61 DESCRIBING THINGS.**

17. LES TRAVAUX MENAGERS
HOUSEWORK

faire le ménage	to do the housework
faire la cuisine	to cook
faire à manger	to prepare a meal
faire la vaisselle	to wash the dishes
faire la lessive	to do the laundry
nettoyer	to clean
balayer	to sweep
épousseter	to dust
passer l'aspirateur	to vacuum
jeter	to throw out
laver	to wash
rincer	to rinse
essuyer	to (wipe) dry
sécher	to dry
ranger	to tidy up, to put away
faire les lits	to make the beds
préparer	to prepare
couper	to cut
couper en tranches	to slice
râper	to grate
éplucher	to peel
bouillir	to be boiling
faire bouillir du lait	to boil milk
frire	to fry
rôtir	to roast
griller	to grill, to toast
mettre la table	to set the table
débarrasser	to clear the table
repasser	to iron
repriser	to darn
raccommoder	to mend
s'occuper de	to take care of
utiliser	to use
aider	to help
donner un coup de main	to give a hand

ceux qui font le travail	people who work in the house
la ménagère	housewife
une femme de ménage	cleaning lady
une aide ménagère	housekeeper
une bonne	maid
une jeune fille au pair	au pair
un(e) baby-sitter	baby sitter

les appareils	appliances
un aspirateur	vacuum cleaner
la machine à laver	washing machine, washer
une essoreuse	(spin) dryer
un sèche-linge	(tumble) dryer
un fer à repasser	iron
une machine à coudre	sewing machine
un mixer	food processer
un moulin à café	coffee grinder
un four à micro-ondes	microwave oven
le frigo	fridge
le réfrigérateur	refrigerator
le congélateur	freezer
un lave-vaisselle	dishwasher
la cuisinière	range
une cuisinière électrique	electric range
une cuisinière à gaz	gas range
le four	oven
le gaz	gas
l'électricité (*f*)	electricity
un égouttoir	dishrack
un grille-pain	toaster
une bouilloire électrique	electric kettle

les ustensiles	utensils
une planche à repasser	ironing board
un balai	broom
une pelle et une balayette	dustpan and brush
une brosse	brush

un chiffon	rag, dustcloth
une serpillière	floor cloth
un torchon	cloth, dust cloth
un torchon à vaisselle	dish towel
un bac à vaisselle	sink
un gant isolant	oven mitt
un séchoir	drying rack (for clothes)
du produit pour la vaisselle	dishwashing liquid
de la poudre à lessive	(powdered) laundry detergent
une casserole	saucepan
une poêle	frying pan
une cocotte	casserole dish
une cocotte minute	pressure cooker
un autocuiseur	pressure cooker
une friteuse	deep fryer
un rouleau à pâtisserie	rolling pin
une planche	board
un ouvre-boîte	can opener
un décapsuleur	bottle opener
un tire-bouchon	corkscrew
un presse-ail	garlic press
un fouet	whisk
un plateau	tray

les couverts — cutlery and flatware

les couverts (*m*)	flatware, silverware
une cuiller *or* cuillère	spoon
une cuiller à café	teaspoon
une cuiller à soupe	soupspoon, tablespoon
une fourchette	fork
un couteau	knife
un couteau de cuisine	kitchen knife
un couteau à pain	bread knife
un couteau à éplucher	peeler

la vaisselle — dishes

la vaisselle	dishes
un dessous de plat	place mat

une assiette	plate
une soucoupe	saucer
une tasse	cup
un verre	glass
un verre à vin	wine glass
une assiette à soupe	soup plate
un plat	dish
un beurrier	butter dish
une soupière	soup tureen
un bol	bowl (*small*)
un saladier	bowl (*large*)
une salière	salt shaker
un poivrier	pepper shaker
un sucrier	sugar bowl
une théière	teapot
une cafetière	coffeepot
un pot à lait	milk jug

c'est mon père qui fait la vaisselle
my father does the dishes

mes parents se partagent les travaux ménagers
my parents share the housework

See also Sections **16 FOOD** *and* **24 THE HOUSE**.

18. LE SHOPPING
SHOPPING

acheter	to buy
choisir	to choose
coûter	to cost
dépenser	to spend
échanger	to exchange
payer	to pay
rendre la monnaie	to give change
vendre	to sell
solder	to sell at a reduced price
faire des achats/courses	to go shopping
faire du shopping	to go shopping
faire les courses	to do the shopping
avoir besoin de	to need
bon marché	cheap
cher (chère)	expensive
gratuit	free
en solde	reduced, on sale
en promotion	on special offer
d'occasion	second-hand
le client, la cliente	customer
le vendeur, la vendeuse	sales clerk

les magasins — shops

l'agence de voyages	travel agent's
la bijouterie	jeweler's
la blanchisserie	laundry
la boucherie	butcher's
la boulangerie	baker's
une boutique	shop (*small*)
le centre commercial	shopping center
la charcuterie	pork butcher's, delicatessen
la confiserie	confectioner's
la cordonnerie	shoe repair shop
la crémerie	dairy

la droguerie	general store
l'épicerie (*f*)	grocery store
le grand magasin	department store
un hypermarché	hypermarket
le kiosque à journaux	newsstand
la laverie automatique	laundromat
le lavomatic	laundromat
la librairie	bookshop
un libre service	self-service shop
le magasin	shop
le magasin de . . .	. . . shop
un magasin d'alimentation	grocery store
le magasin de disques	music shop
le magasin de souvenirs	souvenir shop
le magasin de vins et spiritueux	liquor store
le marché	market
le marché couvert	indoor market
la maroquinerie	leather goods shop
la mercerie	haberdasher's
le nettoyage à sec	dry cleaner's
la papeterie	stationer's
la parfumerie	perfume shop
la pâtisserie	pastry shop
la pharmacie	pharmacy
la poissonnerie	fishmonger's
la quincaillerie	ironmonger's
le supermarché	supermarket
le tabac (-journaux)	tobacconist and newsdealer's
la teinturerie	dry cleaner's
le coiffeur	hairdresser
le disquaire	music shop
le fleuriste	florist
le primeur	produce stand
le marchand de vin	wine merchant
l'opticien (*m*)	optician
le photographe	photographer
un cabas	shopping tote
un caddie	(shopping) cart
un panier (à provisions)	shopping basket
un sac	bag

une poche en plastique	plastic bag
les provisions	groceries
le prix	price
un reçu	receipt
la caisse	cash register
la monnaie	(small) change
un chèque	check
une carte de crédit	credit card
les soldes (*m*)	sales
une réduction	reduction
le comptoir	counter
le rayon	department
le salon d'essayage	fitting room
la vitrine	shop window
la pointure	size (*for shoes*)
la taille	size

je vais à l'épicerie/chez le marchand de légumes
I'm going to the grocer's/greengrocer's

je vais faire les courses
I'm going shopping

vous désirez?
can I help you?

j'aimerais/je voudrais un kilo de pommes, s'il vous plaît
I would like two pounds of apples please

avez-vous du camembert?
have you got any Camembert cheese?

et avec ça?
anything else?

c'est tout, merci
that's all, thank you

c'est combien?
how much is it?

ça fait 20 francs
that comes to 20 francs

avez-vous la monnaie exacte?
have you got exact change?

puis-je payer par chèque?
can I pay by check?

acceptez-vous les cartes de crédit?
do you take credit cards?

c'est pour offrir?
do you want it gift-wrapped?

où se trouve le rayon (des) chaussures?
where is the shoe department?

je cherche un magasin de chaussures
I'm looking for a shoeshop

j'adore faire du lèche-vitrines
I love window-shopping

See also Sections **2 CLOTHES, 10 JOBS** *and* **31 MONEY.**

19. LES SPORTS
SPORTS

courir	to run
nager	to swim
plonger	to dive
sauter	to jump
lancer	to throw, pitch
skier	to ski
patiner	to skate
pêcher	to fish
s'entraîner	to train, practice
faire du ski	to go skiing
faire de l'équitation	to go horseback riding
jouer à/au	to play
jouer au football/volley	to play football/volleyball
aller à la chasse	to go hunting
aller à la pêche	to go fishing
marquer un but	to score a goal
gagner	to win
perdre	to lose
mener	to be in the lead
battre	to beat
battre un record	to break a record
trotter	to trot
galoper	to gallop
servir	to serve
tirer	to shoot
professionnel(le)	professional
amateur	amateur

les différents sports — types of sports

le sport	sports
l'aérobique (*f*)	aerobics
l'aikido (*m*)	aikido
l'alpinisme (*m*)	mountaineering, mountain climbing
l'athlétisme (*m*)	track and field
l'aviron (*m*)	rowing

le badminton	badminton
le basket(ball)	basketball
la boxe	boxing
la brasse	breast-stroke
la brasse papillon	butterfly-stroke
le canoë	canoeing
la chasse	hunting
la course à pied	running
le crawl	crawl
le cricket	cricket
la culture physique, l'éducation sportive	PE
le cyclisme	cycling
le cyclotourisme	cycle touring
le deltaplane	hang-gliding
le dos crawlé	backstroke
l'équitation (*f*)	horseback riding
l'escrime (*f*)	fencing
le foot (ball)	soccer
le football américain	football
le footing	jogging
le golf	golf
la gymnastique	gymnastics
l'haltérophilie (*f*)	weight-lifting
l'hippisme (*m*)	horseback riding
le hockey sur glace	ice hockey
le jogging	jogging
le judo	judo
le karaté	karate
la lutte	wrestling
la natation	swimming
le parachute ascentionnel	parascending
le parachutisme	parachuting
le patinage	skating
le patin à roulettes	roller skating
la pêche	fishing
le ping-pong	table tennis, ping-pong
la plongée	diving
la randonnée	hiking
le rugby	rugby
le saut en hauteur	high jump

le saut en longueur	long jump
le ski	skiing
le ski de fond	cross-country skiing
le ski nautique	waterskiing
la spéléologie	spelunking
les sports d'hiver (*m*)	winter sports
le squash	squash
le tennis	tennis
le tennis de table	table tennis, ping-pong
le tir	shooting
la varappe	rock climbing
la voile	sailing
le vol à voile	gliding
le volley (ball)	volleyball

les accessoires — equipment

une balle	ball (*small*)
un ballon	ball (*large*)
les barres parallèles (*f*)	parallel bars
une batte	bat
une bicyclette	bicycle
une boule	ball (*small*)
un canoë	canoe
une canne à pêche	fishing rod
le chronomètre	stopwatch
une crosse de golf	golf club
le filet	net
des gants de boxe (*m*)	boxing gloves
une planche à voile	sailboard
une planche de surf	surfboard
une raquette de tennis	tennis racket
une selle	saddle
des skis (*m*)	skis
un vélo	bicycle
un voilier	sailboat

les lieux — places

un centre sportif	recreation center
un court de tennis	tennis court

les douches (*f*)	showers
une patinoire	skating rink, ice rink
une piscine	swimming pool
une piste	(ski) slope
une piste cyclable	cycle track
un plongeoir	diving board
un stade	stadium
le terrain	field, pitch (*soccer, rugby*)
un terrain de golf	golf course
le vestiaire	locker room

la compétition — competing

l'entraînement (*m*)	training
une équipe	team
l'équipe gagnante (*f*)	winning team
une course	race
une étape	stage
la mêlée	scrum
le peloton	pack (*cycling*)
une course contre la montre	time-trial
un sprint	sprint
un match	match
la mi-temps	halftime
un but	goal
le score	score
un match nul	tie, draw
la prolongation	extra time
un penalty	penalty kick
une partie	game
un marathon	marathon
une compétition	sporting event
un championnat	championship
un tournoi	tournament
un rallye	rally
une éliminatoire	preliminary heat
une épreuve	event, heat
la finale	final
le record	record
le record du monde	world record

la coupe du monde	world cup
les Jeux Olympiques	Olympic Games
le Tour de France	Tour de France (*cycle race*)
les 24 Heures du Mans	Le Mans 24-hour auto race
le Quinze de France	French fifteen (*rugby*)
une médaille	medal
une coupe	cup

les gens / people

un sportif	sportsman, athlete
une sportive	sportswoman, athlete
un ailier	winger (*soccer*)
un(e) alpiniste	mountaineer, mountain climber
un(e) athlète	athlete
un boxeur	boxer
un coureur	runner (*male*)
une coureuse	runner (*female*)
un coureur cycliste	racing cyclist
un(e) cycliste	cyclist
un footballeur	soccer player
un gardien de but	goalkeeper
un joueur de . . .	a . . . player (*male*)
une joueuse de . . .	a . . . player (*female*)
un joueur de tennis	tennis player (*male*)
une joueuse de tennis	tennis player (*female*)
un patineur	skater (*male*)
une patineuse	skater (*female*)
un plongeur	diver (*male*)
une plongeuse	diver (*female*)
un skieur	skier (*male*)
une skieuse	skier (*female*)
l'arbitre (*m*)	referee
un entraineur	coach
un champion	champion (*male*)
une championnne	champion (*female*)
un moniteur	instructor (*male*)
une monitrice	instructor (*female*)
un supporter	fan

il fait beaucoup de sport
he does a lot of sports

elle est ceinture noire de judo
she's a black belt in judo

les deux équipes ont fait match nul
the two teams tied

on a dû jouer les prolongations
they had to go into overtime

le coureur a franchi la ligne d'arrivée
the runner crossed the finish line

nous avons piqué un sprint
we put on a sprint

le cheval allait au trot; soudain il partit au galop
the horse was trotting along; suddenly he set off at a gallop

à vos marques, prêts, partez!
on your mark, get set, go!

See also Section **2 CLOTHES**.

20. LES LOISIRS ET LES PASSE-TEMPS
LEISURE AND HOBBIES

s'intéresser à	to be interested in
s'amuser	to enjoy oneself
s'ennuyer	to be bored
avoir le temps de	to have time to
lire	to read
dessiner	to draw
peindre	to paint
bricoler	to do household repairs
construire	to build
faire	to make
faire des photos	to take photographs
collectionner	to collect
cuisiner	to cook
jardiner	to do gardening
coudre	to sew
tricoter	to knit
danser	to dance
chanter	to sing
jouer de	to play (*musical instrument*)
jouer à	to play (*game*)
participer à	to take part in
gagner	to win
perdre	to lose
battre	to beat
tricher	to cheat
parier	to bet
miser	to stake
se promener	to go for walks
faire un tour en vélo	to go for a bike ride
faire du vélo	to cycle
faire un tour en voiture	to take a ride in the car
aller à la pêche	to go fishing
intéressant	interesting
captivant	fascinating
passionnant	fascinating

passionné de	fascinated by, crazy about
ennuyeux (ennuyeuse)	boring
un hobby	hobby
un passe-temps	pastime
une activité	activity
les loisirs (*m*)	free time
le club	club
un membre	member
la lecture	reading
un livre	book
une bande dessinée	comic strip
une revue	magazine
la poésie	poetry
un poème	poem
l'art (*m*)	art
le dessin	drawing
la peinture	painting
un pinceau	brush
la sculpture	sculpture
la poterie	pottery
le bricolage	household repair
la construction de maquettes	model-making
un marteau	hammer
un tournevis	screwdriver
un clou	nail
une vis	screw
une perceuse	drill
une scie	saw
une lime	file
la colle	glue
la peinture	paint
la photo(graphie)	photography
un appareil-photo	camera
une pellicule	film
une photo(graphie)	photograph
le cinéma	cinema, movies
une caméra	movie camera
la vidéo	video
l'informatique (*f*)	computing
un ordinateur	computer

les jeux électroniques (*m*)	computer games
la philatélie	stamp collecting
un timbre	stamp
un album	album, scrapbook
une collection	collection
la cuisine	cooking
une recette	recipe
le jardinage	gardening
un arrosoir	watering can
une pelle	spade
un râteau	rake
la couture	dressmaking
une machine à coudre	sewing machine
une aiguille	needle
le fil	thread
un dé (à coudre)	thimble
un patron	pattern
le tricot	knitting
une aiguille à tricoter	knitting needle
une pelote de laine	ball of (wool) yarn
la tapisserie	tapestry
la danse	dancing
le ballet	ballet
la musique	music
le chant	singing
une chanson	song
une chorale	choir
un instrument de musique	musical instrument
le piano	piano
le violon	violin
le violoncelle	cello
la clarinette	clarinet
la flûte	flute, recorder
une guitare	guitar
un tambour	drum
la batterie	drums
un jeu	game
un jouet	toy
un jeu de société	board game
les échecs (*m*)	chess

les dames (*f*)	checkers
un puzzle	jigsaw
les cartes (*f*)	cards
le dé	dice
un pari	bet
la promenade	walk
un tour en voiture	drive
la randonnée	hike
une excursion	excursion, outing
une excursion à pied	hike
le cyclisme	cycling
le vélo	bicycle
l'ornithologie (*f*)	birdwatching
la pêche	fishing

j'aime lire/tricoter
I like reading/knitting

Raymond est très bricoleur
Raymond is very good with his hands

je fais partie d'un club de photographie
I belong to a photography club

Hélène est passionnée de cinéma
Hélène loves movies

je fais de la poterie/sculpture/tapisserie
I do pottery/sculpture/tapestry

je prends des leçons de ballet
I take ballet lessons

je joue du piano
I play the piano

c'est à qui de jouer?
whose turn is it?

c'est à vous (de jouer)
it's your turn

See also Sections **19 SPORTS, 21 MEDIA, 22 EVENINGS OUT** *and* **43 CAMPING.**

21. LES MEDIA
THE MEDIA

écouter	to listen to
regarder	to watch
lire	to read
mettre	to switch on
allumer	to switch on
arrêter	to switch off
éteindre	to switch off
changer de chaîne	to change channels

la radio — radio

un poste de radio	radio
un transistor	transistor
un walkman (*R*)	walkman (*R*)
une émission (radiophonique)	(radio) broadcast, program
les informations (*f*)	news
le bulletin d'information	news bulletin
les nouvelles (*f*)	news
une interview	interview
un jeu radiophonique	radio quiz
le hit-parade	charts
un 45 tours	single
un 33 tours	LP
un flash publicitaire	commercial
un auditeur, une auditrice	listener
la réception	reception
des parasites (*m*)	interference

la télévision — television

la TV	TV
la télé	TV
un téléviseur	television set
la télévision en couleur	color television
la télévision en noir et blanc	black and white television

une antenne	antenna
la chaîne	channel
une émission	program
les actualités télévisées (*f*)	news bulletin, newscast
le journal télévisé	television news
le téléjournal	television news
un film	film, movie
un documentaire	documentary
un roman-feuilleton	serial, soap opera
la pub(licité)	commercial
un présentateur, une présentatrice	(news) anchorman/woman
une speakerine	announcer, newscaster
un téléspectateur, une téléspectatrice	viewer
la TV par câble	cable TV
un magnétoscope	VCR

la presse — press

un journal	newspaper
un journal du matin/soir	morning/evening paper
un hebdomadaire	weekly
un magazine	magazine
un illustré	magazine
la presse à sensation	tabloid press
un(e) journaliste	journalist
un reporter	reporter (*male and female*)
le rédacteur en chef	chief editor
un reportage	press report
un article	article
les gros titres (*m*)	headlines
une rubrique	(regular) column
la rubrique sportive	sports column
le courrier du cœur	advice column
la publicité	advertisement, advertising
les petites annonces (*f*)	classified ads
une conférence de presse	press conference
une agence de presse	news agency
le tirage	circulation

sur ondes courtes/moyennes/longues
on short/medium/long wave

sur les ondes
on the radio/air

en direct de Perpignan
live from Perpignan

22. LES SOIREES
EVENINGS OUT

sortir	to go out
danser	to dance
aller danser	to go dancing
aller voir	to go and see, to visit
se voir	to see each other
inviter	to invite
donner	to give
offrir	to give (*present*)
apporter	to bring (*thing*)
réserver	to book, reserve
applaudir	to applaud
embrasser	to kiss
accompagner	to accompany
déposer	to drop off
commander	to order
recommander	to recommend
rentrer	to go/come home
seul	alone
ensemble	together

les spectacles — shows

le théâtre	theater
un costume	costume
la scène	stage
les décors (*m*)	set
les coulisses (*f*)	wings
le rideau	curtain
le vestiaire	cloakroom
l'orchestre (*m*)	orchestra
le balcon	balcony
une loge	box
le poulailler	balcony
l'entracte (*m*)	intermission
un programme	program
une pièce	play

une comédie	comedy
une tragédie	tragedy
un opéra	opera
une opérette	operetta
un ballet	ballet
un concert de musique classique	classical music concert
un concert de rock	rock concert
un spectacle	show
le cirque	circus
les feux d'artifice (*m*)	fireworks
les spectateurs (*m*)	audience
l'ouvreuse (*f*)	usherette
un acteur, une actrice	actor/actress
un danseur, une danseuse	dancer
le chef d'orchestre	conductor
les musiciens (*m*)	musicians
un magicien	magician
un clown	clown

le cinéma — the movies

un film	film, movie
une salle de cinéma	movie theater
le guichet	box office
la séance	showing
un ticket	ticket
l'écran (*m*)	screen
le projecteur	projector
un dessin animé	cartoon
un film documentaire	documentary
un film historique	historical film
un film d'horreur	horror movie
un film de science-fiction	science fiction movie
un western	Western
un film en VO	film in the original language
les sous-titres (*m*)	subtitles
un film en noir et blanc	black and white film
le metteur en scène	director
le cinéaste	filmmaker
une vedette	star

les discothèques et les bals / discos and dances

un bal	dance
un dancing	dance hall
une discothèque	disco(theque)
une boîte (de nuit)	night club
le bar	bar
un disque	record
la piste de danse	dance floor
le rock	rock-and-roll
un groupe pop	pop group
la musique folk	folk (music)
un slow	slow number
le disc-jockey	DJ
un chanteur, une chanteuse	singer
le videur	bouncer

au restaurant / eating out

un restaurant	restaurant
un café	café, pub
un bistro(t)	café, pub
une pizzeria	pizzeria
la restauration rapide	fast food
des plats à emporter (*m*)	takeout (food)
le garçon	waiter
la serveuse	waitress
le maître d'hôtel	head waiter
le menu	menu
le menu à 10 francs	set menu for 10 francs
la carte des vins	wine list
l'addition (*f*)	bill
un pourboire	tip
un restaurant chinois	Chinese restaurant
un restaurant italien	Italian restaurant
un restaurant nord-africain	North African restaurant
un restaurant vietnamien	Vietnamese restaurant

les invitations — parties

une invitation	invitation
les invités (*m*)	guests
l'hôte (*m*)	host
l'hôtesse (*f*)	hostess
un cadeau	present
une boisson	drink
un cocktail	cocktail
des cacahuètes (*f*)	peanuts
une boum	party
une fête	celebration, party
un anniversaire (*m*)	birthday
un gâteau d'anniversaire	birthday cake
les bougies (*f*)	candles

bis!
encore!

voulez-vous danser avec moi?
would you like to dance with me?

service compris
tip included

See also Section **16 FOOD**.

23. MA CHAMBRE
MY ROOM

le plancher	floor
la moquette	(wall-to-wall) carpet
le plafond	ceiling
la porte	door
la fenêtre	window
les rideaux (*m*)	curtains
les volets (*m*)	shutters
les stores (*m*)	blinds
le papier peint	wallpaper

les meubles — furniture

le lit	bed
le couvre-lit	bedspread
la table de chevet	bedside table
une commode	chest of drawers
une coiffeuse	dressing table
une penderie	wardrobe
une armoire	wardrobe
un placard	cupboard
un coffre	chest
le bureau	desk
une chaise	chair
un tabouret	stool
un fauteuil	armchair
des rayonnages (*m*)	shelves
une bibliothèque	bookcase

les objets — objects

une lampe	lamp
une lampe de chevet	bedside lamp
l'abat-jour (*m*)	lampshade
un réveil	alarm clock
un réveil-radio	radio alarm
un tapis	rug
un poster	poster

une affiche	poster
un tableau	painting
une photographie	photograph
un miroir	mirror
un livre	book
une revue	magazine
une bande dessinée	comic strip
le journal intime	diary
un jeu	game
un jouet	toy

See also Sections **15 DAILY ROUTINE** *and* **24 THE HOUSE**.

24. LA MAISON THE HOUSE

habiter	to live
déménager	to move (house)
situé	located
le loyer	rent
un emprunt-logement	mortgage
un déménagement	move, moving
un locataire	tenant
le propriétaire	owner
le/la concierge	caretaker, janitor
un déménageur	mover
une maison	house
une villa	villa
une ferme	farm(house)
un pavillon	(small) house
un appartement	apartment
un HLM	public housing (unit)
un immeuble	apartment building
un studio	studio apartment
un meublé	furnished apartment

les parties de la maison — parts of the house

le sous-sol	basement
le rez-de-chaussée	ground floor, first floor
le premier	second floor
le grenier	attic
la cave	cellar
une pièce	room
une chambre	bedroom
la mansarde	attic room
un coin	corner
l'étage (*m*)	floor, story
le palier	landing
les escaliers (*m*)	stairs
une marche	step

la rampe	banister(s)
un ascenseur	elevator
un mur	wall
le toit	roof
une tuile	roof tile
une ardoise	slate
la cheminée	chimney, fireplace
une porte	door
la porte d'entrée	front door
une fenêtre	window
une baie vitrée	big window
le balcon	balcony
le jardin	garden
le jardin potager	kitchen garden, vegetable garden
une terrasse	terrace
le garage	garage
dedans	inside
dehors	outside
en haut	upstairs
en bas	downstairs

les pièces — the rooms

l'entrée (*f*)	entrance (hall)
le palier	landing
le couloir	hall
la cuisine	kitchen
le coin-cuisine	kitchen area
la salle à manger	dining room
la salle de séjour	family room
le salon	sitting room, living room
le bureau	study
la bibliothèque	library
la chambre (à coucher)	bedroom
la salle de bain	bathroom
les toilettes (*f*)	toilet, restroom
les WC (*m*)	toilet, restroom
la buanderie	laundry room
la véranda	sunroom, sun porch

les meubles — furniture

une armoire	wardrobe
une armoire de toilette	bathroom cabinet
un bureau	desk
une bibliothèque	bookcase
un buffet	sideboard
un canapé	sofa
une chaise	chair
un divan	couch, sofa
des étagères (*f*)	shelves
un fauteuil	armchair
un fauteuil à bascule	rocking chair
une pendule	grandfather clock
un piano	piano
un placard	cupboard, cabinet
un pouf	ottoman
un secrétaire	writing desk, secretary
une table	table
une table basse	coffee table
une table roulante	trolley
un vaisselier	dresser
la baignoire	bath
la douche	shower
un lavabo	sink
un bidet	bidet

les objets et l'aménagement — objects and fittings

une affiche	poster
l'antenne (*f*)	antenna
une bougie	candle
une boîte aux lettres	mailbox
un bibelot	ornament, knickknack
le carrelage	tile flooring
un cadre	frame
un cendrier	ashtray
un chandelier	candlestick
la chasse d'eau	chain (*toilet*)

le chauffage central	central heating
une cheminée	fireplace
la clef	key
une corbeille à papiers	wastepaper basket
un coussin	cushion
une descente de bain	bathmat
une échelle	ladder
une estampe	print, etching
l'évier (*m*)	kitchen sink
un gadget	knickknack
la glace	bathroom mirror
un lampadaire	standard lamp, floor lamp
une lampe	lamp
un miroir	mirror
la moquette	wall-to-wall carpet
un paillasson	doormat
le papier peint	wallpaper
un pèse-personne	bathroom scales
une photo (graphie)	photograph
la poignée	door handle, doorknob
un portemanteau	coatrack
un porte-parapluies	umbrella stand
un porte-revues (*same-pl*)	magazine rack
la poubelle	trash/garbage can
une prise (de courant)	plug, (electrical) outlet
le radiateur	radiator
une reproduction	reproduction
les rideaux (*m*)	curtains
le robinet	tap, faucet
la serrure	keyhole
la sonnette	doorbell
un tableau	picture
un tapis	rug
la tapisserie	wallpaper
un vase	vase
un verrou	bolt
un transistor	transistor
une radio	radio
une télévision portative	portable television set
un électrophone	record player

un tourne-disque	record player
une chaîne stéréo	stereo
un magnétophone	tape recorder
un magnétophone à cassette	cassette recorder
un radiocassette	radio cassette player
un disque	record
une cassette	cassette
un disque compact	compact disk
une machine à écrire	typewriter
un ordinateur	computer
un micro-ordinateur	PC
un magnétoscope	video recorder, VCR
une vidéocassette	video cassette
un film vidéo	video (film)

le jardin — the yard

la pelouse	lawn
le gazon	grass
les plates-bandes (*f*)	flowerbeds
une serre	greenhouse
les meubles de jardin (*m*)	outdoor furniture
un parasol	umbrella
une brouette	wheelbarrow
une tondeuse à gazon	lawn mower
un arrosoir	watering can
un tuyau d'arrosage	hose

See also Sections **8 IDENTITY, 17 HOUSEWORK** *and* **23 MY ROOM.**

25. LA VILLE
THE CITY

une ville	town, city
une grande ville	big city
un village	village
un hameau	hamlet
un endroit	place
un arrondissement	district (*in a large city*)
la banlieue	suburbs, outskirts
un quartier	district, area (*in a town*)
une agglomération	built-up area
une zone industrielle	industrial area
un quartier résidentiel	residential district
la Rive droite	the Right Bank (*of the river Seine in Paris*)
la Rive gauche	the Left Bank (*of the River Seine in Paris, student area*)
la vieille ville	old town
le centre(-ville)	downtown, center of town
la cité universitaire	university housing, campus
la zone bleue	restricted downtown parking area
les environs (*m*)	surroundings
une avenue	avenue
un boulevard	boulevard
une impasse	cul-de-sac, dead end
un périphérique	beltway, circumferential
une place	square
la place principale	main square
un quai	embankment, quay
une route	road
une rue	street
une rue commerçante	shopping district
une rue piétonne/piétonnière	pedestrian area
une ruelle	narrow street, alleyway
un square	small square with gardens
la chaussée	road, roadway
le trottoir	pavement

un parking	parking lot/garage
un parking souterrain	underground garage
un pavé	cobblestone
un caniveau	gutter
les égouts (*m*)	sewers
un parc	park
un jardin public	park, public gardens
un cimetière	cemetery
un pont	bridge
le port	harbor
l'aéroport (*m*)	airport
la gare	railway station
un stade	stadium
un plan	map

les édifices — buildings

un bâtiment	building
un immeuble	apartment building
un édifice public	public building
l'hôtel de ville (*m*)	city/town hall
la mairie	city/town hall
le Palais de Justice	courthouse
le syndicat d'initiative	tourist information office
l'office du tourisme (*m*)	tourist office
la poste	post office
un bureau de poste	post office
une bibliothèque	library
le poste de police	police station
le commissariat	police station
la gendarmerie	police station (*small towns*)
la caserne	barracks
la caserne des pompiers	fire station
le bureau des objets trouvés	lost and found
une prison	prison
une usine	factory
un hôpital (*pl* hôpitaux)	hospital
la maison des jeunes et de la culture	community youth and arts center
un théâtre	theater
un cinéma	movie theater

l'opéra (*m*)	opera (house)
un musée	museum
une galerie d'art	art gallery
un château (*pl* châteaux)	castle
un palais	palace
une tour	tower
la cathédrale	cathedral
une église	church
le clocher	church tower, steeple
un temple	Protestant church
une synagogue	synagogue
une mosquée	mosque
un monument	memorial, monument
le monument aux morts	war memorial
une statue	statue
une fontaine	fountain

les gens — people

un(e) citadin(e)	city dweller, urbanite
un(e) banlieusard(e)	person living on the outskirts (*of Paris*)
un(e) habitant(e)	inhabitant
un(e) passant(e)	passerby
les badauds (*m*)	strollers, onlookers
un(e) touriste	tourist
un(e) clochard(e)	tramp

Paris et la province
Paris and the rest of France

j'habite dans le V'(arrondissement)
I live in the 5th district (of Paris)

elle habite en ville
she lives in town

nous allons en ville
we're going into town

See also Sections **18 SHOPPING, 22 EVENINGS OUT, 26 CARS, 41 PUBLIC TRANSPORTATION, 45 GEOGRAPHICAL TERMS** *and* **64 DIRECTIONS.**

26. L'AUTOMOBILE
CARS

conduire	to drive
circuler	to go (*car*)
démarrer	to start up
ralentir	to slow down
freiner	to brake
accélérer	to accelerate
changer de vitesse	to shift gears
s'arrêter	to stop
se garer	to park
stationner	to park
dépasser	to pass
doubler	to pass
faire demi-tour	to do a U-turn
allumer ses phares	to switch on one's lights
éteindre ses phares	to switch off one's lights
faire des appels de phares	to flash one's headlights
traverser	to cross, to go through
vérifier	to check
céder la priorité/le passage	to yield
avoir la priorité	to have the right of way
klaxonner	to honk
déraper	to skid
remorquer	to tow
réparer	to repair
tomber en panne	to break down
tomber en panne d'essence	to run out of gas
faire le plein	to fill up
changer une roue	to change a tire
être en infraction	to commit an offense/violation
respecter la limitation de vitesse	to obey the speed limit
enfreindre la limitation de vitesse	to exceed the speed limit
brûler un feu	to run a red light
brûler un stop	to run a stop sign
lent	slow
rapide	fast

obligatoire	compulsory, required
permis	allowed
interdit	forbidden

les véhicules — vehicles

une auto	car
une automobile	car
la voiture	car
une voiture à transmission automatique	automatic
un vieux tacot	old heap/clunker
une voiture d'occasion	second-hand car
une deux/quatre/cinq portes	two/four/five-door car
un break	station wagon
une limousine	limo(usine)
une voiture de course	racing car
une voiture de sport	sports car
une voiture de location	rented car
une traction avant	car with front-wheel drive
une voiture à quatre roues motrices	car with four-wheel drive
une voiture avec conduite à droite	right-hand drive car
une décapotable	convertible
la cylindrée	sports car
la marque	make
un camion	truck
un poids lourd	truck
un semi-remorque	semi (trailer)
une camionnette	van
une dépanneuse	tow truck, wrecker
une moto	motorbike, motorcycle
une mobylette	moped
un vélomoteur	moped
un scooter	scooter
un camping-car	recreational vehicle, RV
une caravane	trailer
une remorque	trailer
la cinquième	fifth gear, overdrive
le point mort	neutral

la vitre	window
le volant	steering wheel
l'essence (*f*)	gas
l'essence ordinaire (*f*)	regular (gas)
le super	super (gas)
le gazole/gaz-oil	diesel oil
le diesel	diesel
l'huile (*f*)	oil
l'antigel (*m*)	antifreeze

les difficultés — problems

un garage	garage
une station-service	gas station
la pompe à essence	gas pump
le mécanicien	auto mechanic
le pompiste	gas station attendant
l'entretien (*m*)	maintenance
une assurance	insurance
le permis de conduire	driver's license
la carte grise	(auto) registration (card)
la carte verte	insurance card
la vignette	tax decal
le code de la route	traffic laws
la vitesse	speed
un excès de vitesse	speeding
une infraction	traffic offense/violation
un PV	parking ticket
une amende	fine
la priorité	right of way
un (panneau de) stationnement interdit	no parking sign
la crevaison	flat tire
un pneu crevé	flat tire
la panne	breakdown
un embouteillage	traffic jam
la déviation	detour
les travaux	construction
le verglas	black ice
un trou	(pot) hole
la visibilité	visibility

les voies de circulation — on the road

la circulation	traffic
la carte routière	road map
la route	road
la (route) nationale	main road, interstate
la départementale	secondary road, state highway
une autoroute	highway
le trottoir	pavement
un sens interdit	one-way street
un stop	stop sign
un passage clouté	pedestrian crossing
le virage	bend
le carrefour	intersection
un croisement	intersection
un embranchement	junction
le rond-point	traffic circle
la file	lane
la bande médiane	median
la bretelle de contournement	highway bypass
les feux (*m*)	traffic lights
le péage	toll
une aire de services	service area
un panneau	road sign
un passage à niveau	grade crossing
un parking	parking lot
un parcmètre	parking meter
la zone bleue	restricted parking area

elle est de quelle marque?—c'est une Citroën
what make is it?—it's a Citroen

le plein, s'il vous plaît
fill her up please

pouvez-vous vérifier la pression des pneus/le niveau d'huile?
could you check the tire pressure/oil, please?

passe la troisième!
go into third gear!

il a mis ses phares en code/veilleuse
he put on his low beams/switched to parking lights

elle roulait à 100 (kilometres) à l'heure
she was doing 62 miles an hour

en Angleterre, on roule à gauche
in England, they drive on the left

cette voiture fait du . . . litres au cent
this car does a 100 kilometers to . . . liters (. . . miles to the gallon)

mettez votre ceinture!
fasten your seat belt!

on lui a retiré son permis
he lost his driving license

j'ai passé mon permis de conduire lundi—tu l'as réussi?
I took my driving test on Monday—did you pass?

tu t'es trompé de route
you've gone the wrong way

See also Section **51 ACCIDENTS**.

27. LA NATURE
NATURE

aboyer	to bark
miauler	to mew
meugler	to moo

le paysage — landscape

la campagne	country(side)
un champ	field
un pré	meadow
la forêt	forest
un bois	wood
une clairière	clearing
un verger	orchard
la lande	moor
un marais	marsh
le maquis	scrub
un désert	desert
la jungle	jungle
l'agriculture (*f*)	agriculture

les plantes — plants

une plante	plant
un arbre	tree
un arbuste	shrub
un buisson	bush
la racine	root
le tronc	trunk
une branche	branch
une brindille	twig
une pousse	shoot
un bourgeon	bud
une fleur	flower, blossom
une feuille	leaf
le feuillage	foliage
l'écorce (*f*)	bark
la cime	treetop

une pomme de pin	pine cone, fir cone
un marron	chestnut
un gland	acorn
une baie	berry
les algues (*f*)	seaweed
la bruyère	heather
un champignon	mushroom
un champignon comestible/vénéneux	edible/poisonous mushroom
les fougères (*f*)	ferns
l'herbe (*f*)	grass
le gui	mistletoe
le houx	holly
le lierre	ivy
les mauvaises herbes (*f*)	weeds
la mousse	moss
un rhododendron	rhododendron
un roseau	reed
le trèfle	clover
la vigne	vine
le vignoble	vineyard

les arbres — trees

un arbre à feuilles caduques	deciduous tree
un conifère	conifer
un bouleau	birch
un cèdre	cedar
un châtaignier	chestnut tree
un chêne	oak
un cyprès	cypress
un érable	maple tree
un frêne	ash tree
un hêtre	beech
un if	yew tree
un marronnier	chestnut tree
un noyer	walnut tree
un orme	elm
un peuplier	poplar
un pin	pine tree
un platane	plane tree

un sapin	fir tree
un saule pleureur	weeping willow

les arbres fruitiers — fruit trees

un abricotier	apricot tree
un amandier	almond tree
un cerisier	cherry tree
un citronnier	lemon tree
un figuier	fig tree
un oranger	orange tree
un pêcher	peach tree
un poirier	pear tree
un pommier	apple tree
un prunier	plum tree

les fleurs — flowers

une fleur sauvage	wild flower
la tige	stem
un pétale	petal
le pollen	pollen
une anémone	anemone
l'aubépine (*f*)	hawthorn
un bleuet	cornflower
un bouton d'or	buttercup
le chèvrefeuille	honeysuckle
un chrysanthème	chrysanthemum
un coquelicot	poppy
le géranium	geranium
un iris	iris
une jacinthe	hyacinth
le jasmin	jasmine
une jonquille	daffodil
le lilas	lilac
un lis	lily
une marguerite	daisy
le muguet	lily of the valley
un oeillet	carnation
une orchidée	orchid
une pâquerette	small daisy

un pavot	poppy
un perce-neige	snowdrop
un pétunia	petunia
un pissenlit	dandelion
les pois de senteur (*m*)	sweetpeas
une primevère	primrose
une rose	rose
une tulipe	tulip
une violette	violet

les animaux domestiques — pets

un(e) chat(te)	cat (*male/female*)
un chaton	kitten
un(e) chien(ne)	dog/bitch
un chiot	puppy
un cochon d'Inde	guinea pig
un hamster	hamster
un poisson rouge	goldfish

les animaux de ferme — farm animals

un agneau	lamb
un âne	donkey
un bélier, une brebis	ram/ewe
un boeuf	ox
un canard	duck
un caneton	duckling
un cheval, une jument	horse/mare
un poulain	foal
une chèvre, un bouc	nanny/billy goat
un cochon, une truie	pig/sow
un coq	cock, rooster
un dindon	turkey
un lapin	rabbit
un mouton	sheep
un mulet	mule
une oie	goose
une poule	hen
un poussin	chick

un taureau	bull
une vache	cow
un veau	calf

les animaux sauvages wild animals

un mammifère	mammal
un poisson	fish
un reptile	reptile
une patte	leg, paw
le museau	muzzle, snout
la queue	tail
la trompe	trunk
les griffes (*f*)	claws
une antilope	antelope
une baleine	whale
une belette	weasel
un buffle	buffalo
un castor	beaver
un cerf, une biche	stag/doe
un chameau	camel
un dauphin	dolphin
un dromadaire	dromedary
un écureuil	squirrel
un éléphant	elephant
une gazelle	gazelle
une girafe	giraffe
un hérisson	hedgehog
un hippopotame	hippopotamus
un kangourou	kangaroo
un koala	koala bear
un léopard	leopard
un lièvre	hare
un(e) lion(ne)	lion(ess)
un loup, une louve	wolf/she-wolf
un mulot	fieldmouse
un ours	bear
un phoque	seal
une pieuvre	octopus
un rat	rat
un renard	fox

un requin	shark
un sanglier	wild boar
un singe	monkey
une souris	mouse
un tigre	tiger
une tortue	tortoise
un zèbre	zebra

les reptiles etc — reptiles etc

un crocodile	crocodile
un alligator	alligator
un lézard	lizard
un serpent	snake
un serpent à sonnettes	rattlesnake
une vipère	adder
une couleuvre	grass snake
un cobra	cobra
un boa	boa
une grenouille	frog
un crapaud	toad
un poisson	fish

les oiseaux — birds

un oiseau	bird
un oiseau nocturne	night hunter, nocturnal bird
un oiseau rapace/de proie	bird of prey
la patte	foot
les serres (*f*)	claws
l'aile (*f*)	wing
le bec	beak
une plume	feather
un aigle	eagle
une alouette	lark
une autruche	ostrich
un canari	canary
une chouette	owl
une colombe	dove
un coucou	cuckoo
une cigogne	stork
un corbeau	crow

un cygne	swan
un étourneau	starling
un faisan	pheasant
un faucon	falcon
un flamant rose	flamingo
un héron	heron
un hibou	owl
une hirondelle	swallow
un martin-pêcheur	(European) kingfisher
un merle	blackbird (British thrush)
une mésange	titmouse
un moineau	sparrow
une mouette	seagull
un paon	peacock
un perroquet	parrot
une perruche	budgie, budgerigar
une pie	magpie
un pigeon	pigeon
un pingouin	penguin
un pinson	chaffinch
un puffin	puffin
un rossignol	nightingale
un rouge-gorge	robin (redbreast)
un vautour	vulture

les insectes etc — insects etc

une abeille	bee
une araignée	spider
un bourdon	bumblebee
un cafard	cockroach
une chenille	caterpillar
une coccinelle	ladybug
une fourmi	ant
une guêpe	wasp
une mouche	fly
un moustique	mosquito
un papillon	butterfly
une sauterelle	grasshopper

See also Sections **16 FOOD, 44 BEACH** *and* **45 GEOGRAPHICAL TERMS**.

28. QUEL TEMPS FAIT-IL? WHAT'S THE WEATHER LIKE?

pleuvoir to rain
neiger to snow
geler to be freezing
souffler to blow
briller to shine
fondre to melt
empirer to get worse
s'améliorer to improve
changer to change

couvert overcast
nuageux (nuageuse) cloudy
dégagé clear
ensoleillé sunny
pluvieux (pluvieuse) rainy
orageux (orageuse) stormy
lourd muggy
sec (sèche) dry
chaud warm, hot
froid cold
doux (douce) mild
agréable pleasant
épouvantable awful
variable changeable

au soleil in the sun
à l'ombre in the shade

le temps weather
la température temperature
la météo (rologie) weather forecast
les prévisions météorologiques weather forecast
le climat climate
l'atmosphère (*f*) atmosphere
la pression atmosphérique atmospheric pressure
une amélioration improvement
un changement change
le thermomètre thermometer

le degré	degree
le baromètre	barometer
le ciel	sky

la pluie — rain

l'humidité (*f*)	humidity, dampness
les précipitations (*f*)	precipitation
la pluie	rain
une goutte de pluie	raindrop
une flaque (d'eau)	puddle
un nuage	cloud
une couche de nuages	cloud layer
une averse	shower
la rosée	dew
une giboulée	sudden (short) shower, cloudburst
le crachin	drizzle
le brouillard	fog
la brume	mist
la grêle	hail
un grêlon	hailstone
un déluge	downpour
une inondation	flood
un orage	thunderstorm
le tonnerre	thunder
la foudre	lightning
un éclair	(flash of) lightning
une éclaircie	sunny interval
un arc-en-ciel	rainbow

le froid — cold weather

la neige	snow
un flocon de neige	snowflake
une chute de neige	snowfall
une tempête de neige	snowstorm
une avalanche	avalanche
une boule de neige	snowball
un chasse-neige (*same pl*)	snowplow

un bonhomme de neige	snowman
la gelée	frost
le gel	frost
le dégel	thaw
le givre	frost
le verglas	(black) ice
la glace	ice

le beau temps — good weather

le soleil	sun
un rayon de soleil	ray of sun
la chaleur	heat
une vague de chaleur	heatwave
la canicule	scorching heat
la sécheresse	dryness, drought

le vent — wind

le vent	wind
un courant d'air	draft
une rafale	gust of wind
la bise	North wind
la brise	breeze
un ouragan	hurricane
une tornade	tornado
la tempête	storm

il fait beau/mauvais (temps)
the weather is good/bad

il fait trente degrés à l'ombre/moins dix
the temperature is 86 in the shade/minus 14

il pleut (des cordes)
it's raining (cats and dogs)

il pleut à verse
it's pouring

il neige
it's snowing

il y a du soleil/brouillard/verglas
it's sunny/foggy/icy

je gèle
I'm freezing cold

je crève de chaud
I'm sweltering

le vent souffle
the wind's blowing

le soleil brille
the sun's shining

le tonnerre gronde
it's thundering

il fait un temps épouvantable
the weather is dreadful

il va pleuvoir demain
it's going to rain tomorrow

29. LA FAMILLE ET LES AMIS FAMILY AND FRIENDS

s'entendre (avec)	to get along well (with)
connaître	to know

la famille — the family

les membres de la famille (*m*)	members of the family
les parents (*m*)	parents
la mère	mother
le père	father
la maman	mom
le papa	dad
l'enfant (*m*)	child
le bébé	baby
la fille	daughter
le fils	son
la fille adoptive	adopted daughter
le fils adoptif	adopted son
la sœur	sister
la sœur jumelle	twin sister
le frère	brother
le frère jumeau	twin brother
la grand-mère	grandmother
le grand-père	grandfather
les grands-parents (*m*)	grandparents
les petits-enfants (*m*)	grandchildren
la petite-fille	granddaughter
le petit-fils	grandson
l'arrière-grand-mère (*f*)	great-grandmother
l'arrière-grand-père (*m*)	great-grandfather
la femme	wife, woman
l'épouse (*f*)	wife
le mari	husband
la fiancée	fiancée
le fiancé	fiancé
la belle-mère	stepmother, mother-in-law
le beau-père	stepfather, father-in-law

la belle-fille	stepdaughter, daughter-in-law
le beau-fils	stepson, son-in-law
le gendre	son-in-law
la tante	aunt
l'oncle (*m*)	uncle
la cousine	cousin (*female*)
le cousin	cousin (*male*)
la nièce	niece
le neveu	nephew
la marraine	godmother
le parrain	godfather
la filleule	goddaughter
le filleul	godson

les amis — friends

les gens (*m*)	people
l'ami (*m*)	friend (*male*)
l'amie (*f*)	friend (*female*)
un(e) camarade	(school) friend
le copain	friend (*male*), boyfriend
la copine	friend (*female*), girlfriend
le petit ami	boyfriend
la petite amie	girlfriend
le voisin	neighbor (*male*)
la voisine	neighbor (*female*)

as-tu des frères et sœurs?
do you have any brothers and sisters?

je n'ai ni frère ni sœur
I have no brothers or sisters

je suis enfant unique
I'm an only child

ma mère attend un bébé
my mother is expecting a baby

je suis l'aîné
I am the oldest

mon grand frère a 17 ans
my big brother is 17

ma sœur aînée est coiffeuse
my eldest sister is a hairdresser

je garde ma petite sœur
I'm watching/babysitting my little sister

mon frère cadet suce son pouce
my youngest brother sucks his thumb

tu es mon meilleur ami, Paul
you are my best friend, Paul

Patricia est ma meilleure amie
Patricia is my best friend

See also Section **8 IDENTITY.**

30. L'ECOLE ET L'EDUCATION
SCHOOL AND EDUCATION

aller à l'école	to go to school
étudier	to study
apprendre	to learn
apprendre par cœur	to learn by heart
faire ses devoirs	to do one's homework
réciter	to recite a poem
demander	to ask
répondre	to answer
interroger	to examine
passer au tableau	to go to the blackboard
savoir	to know
avoir la moyenne	to get a passing grade
réviser	to revise
passer un examen	to take an exam
réussir ses examens	to pass one's exams
être admis	to pass
rater ses examens	to fail one's exams
échouer à un examen	to fail an exam
redoubler (une classe)	to repeat a year
renvoyer	to expel, to suspend
punir	to punish
faire l'école buissonnière	to play hooky
absent	absent
présent	present
appliqué	assiduous, hardworking
studieux (studieuse)	studious
distrait	inattentive
dissipé	undisciplined
capable	able
l'école maternelle (*f*)	nursery school
l'école primaire (*f*)	primary school, grade school
le collège	junior high school
un CES	junior high school
l'école secondaire (*f*)	high school (*ages 11–18*)
le lycée	senior high school
un collège technique	trade school

une école de commerce	business school
un internat	boarding school
l'université (*f*)	university
un IUT	school for advanced vocational/technical training

à l'école — at school

une classe	class
la salle de classe	classroom
le bureau du directeur/de la directrice	principal's office
la bibliothèque	library
le laboratoire	laboratory
le laboratoire de langues	language lab
la cantine	cafeteria
la cour de récréation	playground
le préau	covered play area
le gymnase	gym(nasium)

la salle de classe — the classroom

un pupitre	desk
le bureau du professeur	teacher's desk
une table	table
une chaise	chair
un casier	locker
un placard	cupboard, cabinet
le tableau (noir)	blackboard
la craie	chalk
un chiffon	dustcloth
une éponge	sponge
un cartable	bookbag
un cahier	notebook
un livre	book
un dictionnaire	dictionary
une trousse	pencil case
un stylo(-bille)	ballpoint pen
un stylo (à réservoir)	(fountain) pen
un crayon à papier	(lead) pencil

un feutre	felt-tip pen
un taille-crayon	pencil sharpener
une gomme	rubber
un pinceau	paint brush
la peinture	paint, painting
le papier à dessin	drawing paper
un chevalet	easel
une règle	ruler
un compas	pair of compasses
une équerre	(set) square
une calculette	pocket calculator
un ordinateur	computer

l'éducation sportive — PE

les anneaux (*m*)	rings
la corde	rope
les barres parallèles (*f*)	parallel bars
le cheval d'arçon	horse
le tremplin	trampoline
le filet	net
le ballon	ball

les enseignants et les élèves — teachers and pupils

un instituteur, une institutrice	primary/grade school teacher
le maître	teacher (*man*)
la maîtresse	teacher (*woman*)
la directrice	principal (*in a collège*)
le directeur	principal (*in a collège*)
le proviseur	principal (*in a lycée*)
le professeur	teacher
un(e) prof	teacher
le professeur de français	French teacher
le professeur d'anglais	English teacher
le professeur de mathématiques	math teacher
un(e) pion(ne)	student who supervises pupils
un inspecteur, une inspectrice	inspector

un(e) élève	pupil
un(e) collégien(ne)	junior high school student
un(e) lycéen(ne)	senior high school student
un(e) étudiant(e)	student
un(e) interne	boarder
un(e) externe	day-pupil
un cancre	dunce
un(e) redoublant(e)	pupil repeating a year
un(e) bon(ne) élève	good pupil
un(e) mauvais(e) élève	bad pupil
une copine	schoolfriend (*girl*)
un copain	schoolfriend (*boy*)

l'enseignement — teaching

le trimestre	quarter
l'emploi du temps (*m*)	schedule
une matière	subject
une leçon	lesson
le cours	class, course
un cours de français	French class
un cours de maths	math class
un cours de chant	singing class
les connaissances (*f*)	knowledge
les progrès (*m*)	progress
le vocabulaire	vocabulary
la grammaire	grammar
une règle de grammaire	grammatical rule
la conjugaison	conjugation
l'orthographe (*f*)	spelling
l'écriture (*f*)	writing
la lecture	reading
la récitation	text recited by heart
un poème	poem
le calcul	sum, calculus
les maths (*f*)	math
l'algèbre (*f*)	algebra
l'arithmétique (*f*)	arithmetic
la géométrie	geometry
une addition	sum
une soustraction	subtraction

une multiplication	multiplication
une division	division
une équation	equation
un cercle	circle
un triangle	triangle
un carré	square
un rectangle	rectangle
un angle	angle
un angle droit	right angle
la superficie	surface
le volume	volume
le cube	cube
le diamètre	diameter
l'histoire (*f*)	history
la géographie	geography
les sciences naturelles (*f*)	science
la biologie	biology
la chimie	chemistry
la physique	physics
les langues (*f*)	languages
le français	French
la philosophie	philosophy
une rédaction	essay
une traduction	translation
une version	foreign-to-native translation
un thème	native-to-foreign translation
la musique	music
le dessin	drawing
les travaux manuels (*m*)	arts and crafts
l'éducation sportive (*f*)	physical education, PE
les devoirs (*m*)	homework
un exercice	exercise
un problème	(math) problem
une question	question
la réponse	answer
une interrogation écrite	written test
une interrogation orale	oral test
une composition	test, essay
un examen	exam(ination)
une faute	mistake
une bonne note	good grade

une mauvaise note	bad grade
le résultat	result
la moyenne	passing grade
le livret scolaire	report card
un prix	prize
un certificat	certificate
un diplôme	diploma
le bac(calauréat)	senior high school diploma
le brevet	junior high school diploma
le CAP	vocational training certificate
la discipline	discipline
une punition	punishment
une retenue	detention
la récréation	recess
la cloche	bell
les vacances scolaires (*f*)	school vacation
les grandes vacances (*f*)	summer vacation
les vacances de Pâques (*f*)	Easter vacation
les vacances de Noël (*f*)	Christmas vacation
les classes de neige (*f*)	ski camp
la rentrée des classes	beginning of school year

mettre une colle à un élève
to give a pupil detention

il est en retenue
he was kept in

j'ai eu deux heures de retenue
I got two hours' detention after school

la cloche a sonné
the bell has rung

31. L'ARGENT
MONEY

acheter	to buy
vendre	to sell
dépenser	to spend
emprunter	to borrow
prêter	to lend
payer	to pay
payer comptant	to pay cash
payer cash	to pay cash
payer par chèque	to pay by check
rembourser	to pay back, to reimburse
changer	to change
acheter à crédit	to buy on credit
faire crédit	to give credit
retirer de l'argent	to withdraw money
verser de l'argent	to deposit money
faire des économies	to save money
faire ses comptes	to do one's accounts
être à découvert	to be in the red
riche	rich
pauvre	poor
fauché	broke
millionnaire	millionaire
l'argent (*m*)	money
l'argent de poche (*m*)	pocket money
de l'argent liquide (*m*)	cash
une pièce (de monnaie)	change
un billet de banque	bill (*currency*)
un porte-monnaie	wallet
un portefeuille	wallet
un paiement	payment
une dépense	expense
les économies (*f*)	savings
une banque	bank
une caisse d'épargne	savings bank

un bureau de change	exchange office, bureau de change
le cours du change	exchange rate
la caisse	teller's window
le guichet	(teller's) window
un distributeur automatique de billets de banque	automatic teller, ATM
un compte (en banque)	bank account
un compte courant	checking account
un compte de chèque postal	Giro account
un compte d'épargne	savings account
un compte sur livret	passbook account
un retrait	withdrawal
un virement	transfer
une carte de crédit	credit card
la carte d'identité bancaire	bank identification card
un chéquier	checkbook
un carnet de chèques	checkbook
un chèque	check
un chèque de voyage	traveller's check
un eurochèque	Eurocheque
un formulaire	form
un mandat postal	money order
un crédit	credit
des dettes (*f*)	debts
un prét	loan (*given*)
un emprunt	loan (*taken*)
une hypothèque	mortgage
la monnaie	small change, currency (*of a country*)
la Bourse	Stock Exchange
une action	share
l'inflation (*f*)	inflation
le coût de la vie	cost of living
le budget	budget
un franc français	French franc
un franc belge	Belgian franc
un franc suisse	Swiss franc
un centime	centime (*1/100 of a franc*)

une livre sterling pound sterling
un dollar dollar

un billet de 10 francs
a 10 franc note

j'aimerais changer 500 francs français en dollars
I'd like to change 500 French francs into dollars

quel est le cours du franc français?
what is the exchange rate for the French franc?

j'aimerais payer avec une carte de crédit
I'd like to pay by credit card

acceptez-vous les chèques de voyage?
do you take/accept traveler's checks?

je fais des économies pour m'acheter une moto
I'm saving up to buy a motorcycle

j'ai un découvert de 500 francs
I am 500 francs in the red

j'ai emprunté 2 000 francs à mon père
I borrowed 2,000 francs from my father

je suis fauché
I'm broke

j'ai de la peine à joindre les deux bouts
I find it hard to make ends meet

See also Sections **10 WORK** *and* **18 SHOPPING.**

32. PROBLEMES ACTUELS
ISSUES OF THE DAY

discuter	to discuss
se disputer	to argue
critiquer	to criticize
défendre	to defend
penser	to think
croire	to believe
protester	to protest
pour	for
contre	against
favorable à	in favor of
opposé à	opposed to
intolérant	intolerant
large d'idées	broad-minded
pourquoi	why
un sujet	topic
un problème	problem, issue
un argument	argument
une manifestation	demonstration
la société	society
les préjugés (*m*)	prejudice
la morale	morals
la mentalité	mentality
le conflit des générations	generation gap
le désarmement	disarmament
le nucléaire	nuclear energy
la bombe atomique	(nuclear) bomb
la paix	peace
la guerre	war
la pauvreté	poverty
la misère	destitution
le chômage	unemployment
la violence	violence
la criminalité	crime
la contraception	contraception
l'avortement (*m*)	abortion
l'homosexualité (*f*)	homosexuality

un homosexuel	gay man
une lesbienne	lesbian
le SIDA	AIDS
le sexisme	sexism
un macho	male chauvinist
la libération de la femme	women's liberation
le MLF	Women's Liberation Movement
le féminisme	feminism
l'égalité (*f*)	equality
la prostitution	prostitution
le racisme	racism
un(e) noir(e)	black person
un étranger, une étrangère	foreigner
le mode de vie	lifestyle
un immigré	immigrant
un(e) réfugié(e) politique	political refugee
l'asile politique (*m*)	political asylum
un mariage mixte	mixed marriage
l'alcool (*m*)	alcohol
un(e) alcoolique	alcoholic
la drogue	drugs
une seringue	(hypodermic) needle
une overdose	overdose
la dépendance	addiction, dependence
le hachisch	hashish
la cocaïne	cocaine
l'héroïne (*f*)	heroin
le trafic de drogue	drug trafficking
un trafiquant	dealer

je suis d'accord avec toi
I agree with you

je ne suis pas d'accord (avec toi)
I don't agree (with you)

ils sont d'accord
they agree

elle se drogue à l'héroïne
she takes heroin

33. LA POLITIQUE
POLITICS

gouverner	to govern
régner	to rule
organiser	to organize
manifester	to demonstrate
élire	to elect
voter pour/contre	to vote for/against
réprimer	to repress
abolir	to abolish
supprimer	to do away with, eliminate
imposer	to impose
nationaliser	to nationalize
privatiser	to privatize
importer	to import
exporter	to export
national	national
international	international
politique	political
démocratique	democratic
conservateur (conservatrice)	conservative
socialiste	socialist
communiste	communist
marxiste	Marxist
fasciste	fascist
anarchiste	anarchist
capitaliste	capitalist
extrémiste	extremist
de droite	right-wing
de gauche	left-wing
une nation	nation
un pays	country
un Etat	state
une république	republic
la République française	French republic, France
une monarchie	monarchy
la patrie	(native) country
le gouvernement	government

le parlement	parliament
le conseil des ministres	Cabinet
la constitution	constitution
le chef de l'Etat	Head of State
un chef d'Etat	head of state
le président, la présidente	president
le premier ministre	Prime Minister (*male and female*)
un ministre	minister (*male and female*)
le ministre des affaires étrangères	foreign minister
un député	deputy (*National Assembly*)
le maire	mayor
un homme politique	politician
la politique	politics
les élections (*f*)	elections
un parti	political party
la droite	right
la gauche	left
le droit de vote	right to vote
une circonscription	constituency
une urne	ballot box
un(e) candidat(e)	candidate
la campagne électorale	election campaign
le premier/second tour	first/second ballot
un sondage d'opinion	opinion poll
un(e) citoyen(ne)	citizen
des négociations (*f*)	negotiations
un débat	debate
une loi	law
une crise	crisis
une manifestation	demonstration
un coup d'Etat	coup
une révolution	revolution
les droits de l'homme (*m*)	human rights
une dictature	dictatorship
une idéologie	ideology
la démocratie	democracy
le socialisme	Socialism
le communisme	Communism
le fascisme	Fascism

le capitalisme	capitalism
le pacifisme	pacifism
la neutralité	neutrality
l'unité (*f*)	unity
la liberté	freedom
la gloire	glory
l'économie (*f*)	economy
l'opinion publique (*f*)	public opinion
la noblesse	nobility
l'aristocratie (*f*)	aristocracy
la bourgeoisie	middle class
la classe ouvrière	working class
le peuple	the people
un roi	king
une reine	queen
un empereur	emperor
une impératrice	empress
un(e) prince(sse)	prince(ss)
l'ONU (*f*)	UN
les Nations Unies (*f*)	United Nations
la CEE	EEC
l'Union européenne	European Union
le Marché Commun	Common Market

34. LA COMMUNICATION
COMMUNICATING

dire	to say, to tell
parler	to talk, to speak
raconter	to tell (*story*)
répéter	to repeat
ajouter	to add
affirmer	to affirm
déclarer	to declare, to state
annoncer	to announce
exprimer	to express
insister	to insist
prétendre	to claim
supposer	to suppose
douter	to doubt
s'entretenir avec	to converse/speak with
renseigner	to inform
informer	to inform
indiquer	to indicate
mentionner	to mention
promettre	to promise
crier	to shout
hurler	to yell, to shriek
chuchoter	to whisper
murmurer	to murmur
marmonner	to mumble
bégayer	to stutter
bafouiller	to stammer (out)
bredouiller	to stammer (out)
s'énerver	to get worked up/upset
répondre	to reply, to answer
répliquer	to reply, to retort
argumenter	to argue
avoir raison	to be right
avoir tort	to be wrong
persuader	to persuade
convaincre	to convince
influencer	to influence

approuver	to approve
contredire	to contradict
contester	to contest
objecter	to object
réfuter	to refute
exagérer	to exaggerate
mettre l'accent sur	to emphasize
prédire	to predict
confirmer	to confirm
s'excuser	to apologize
feindre	to pretend
tromper	to deceive
flatter	to flatter
critiquer	to criticize
calomnier	to slander
nier	to deny
avouer	to admit, to confess
reconnaître	to recognize
admettre	to admit, to confess
convaincu	convinced
convainquant	convincing
vrai	true
faux (fausse)	false
une conversation	conversation
une discussion	discussion
un entretien	discussion, interview
un dialogue	dialogue
un monologue	monologue
un discours	speech
une conférence	lecture
un débat	debate
un congrès	conference
une déclaration	statement
la parole	word, speech (*faculty*)
des commérages (*m*)	gossip
un ragot	piece of gossip
une opinion	opinion
une idée	idea
un point de vue	point of view
un argument	argument

un malentendu	misunderstanding
l'accord (*m*)	agreement
le désaccord	disagreement
une allusion	allusion, hint
une critique	criticism
une objection	objection
un aveu	confession, admission
un micro (phone)	microphone
un porte-voix	megaphone
franchement	frankly
généralement	generally
naturellement	naturally, of course
absolument	absolutely
vraiment	really
entièrement	entirely
tout à fait	entirely
sans doute	undoubtedly
peut-être	maybe
mais	but
cependant	however
ou	or
et	and
parce que	because
donc	therefore
grâce à	thanks to
malgré	despite
à part	except
au sujet de	about
sauf	except
sans	without
avec	with
presque	almost

n'est-ce pas?
don't you think?, isn't it?, isn't he? etc

See also Sections **32 ISSUES OF THE DAY** *and* **36 PHONE.**

35. LA CORRESPONDANCE LETTER WRITING

écrire	to write
griffonner	to scribble
noter	to jot down
décrire	to describe
taper (à la machine)	to type
signer	to sign
envoyer	to send
expédier	to dispatch
cacheter	to seal
affranchir	to put a stamp on, to frank
peser	to weigh
poster	to mail
mettre à la poste	to mail
renvoyer	to send back, return
faire suivre	to forward
contenir	to contain
correspondre avec	to correspond with
recevoir	to receive
répondre	to reply
lisible	legible, readable
illisible	illegible
par avion	by airmail
par exprès	by special delivery, express
(en) recommandé	by registered mail
PJ (pièces jointes)	enclosures
de la part de	from
une lettre	letter
le courrier	mail
le papier à lettres	writing paper
la date	date
la signature	signature
une enveloppe	envelope
l'adresse (*f*)	address
le destinataire	addressee
l'expéditeur (*m*)	sender
le code postal	zip code

un timbre	stamp
une boîte à/aux lettres	mailbox
la fente	slot
la levée	collection
un bureau de poste	post office
la poste	post office
La Poste	French Post Office
le guichet	counter, window
le tarif postal	postage
le tarif normal	first class
le tarif réduit	second class
un pèse-lettre	postal scales
une machine à affranchir	postage meter
la poste restante	poste restante
un colis	parcel
un paquet	parcel
un télégramme	telegram
une carte postale	postcard
un accusé de réception	acknowledgment of receipt
un formulaire	form
un mandat	money order
le contenu	contents
le facteur	mailman, letter carrier
un(e) correspondant(e)	pen pal
l'écriture (*f*)	handwriting
un brouillon	rough copy, draft
un stylo	pen
un crayon	pencil
un stylo (à encre)	fountain pen
une machine à écrire	typewriter
une machine de traitement de texte	wordprocessor
une note	note
un texte	text
une page	page
un paragraphe	paragraph
une phrase	sentence
une ligne	line
un mot	word
le style	style

une annexe	enclosure
la suite	continuation
une citation	quotation
le titre	title
la marge	margin
une carte d'anniversaire	birthday card
un faire-part	announcement
une lettre d'amour	love letter
une réclamation	complaint

Monsieur/Madame
Dear Sir/Madam

cher Paul/chère Caroline
Dear Paul/Caroline

je vous prie d'agréer, Monsieur/Madame, l'expression de mes sentiments les meilleurs
Yours truly, sincerely

bien amicalement à vous
Best regards

amitiés
love

grosses bises
lots of love

j'aimerais trois timbres à 32 cents
I'd like three 32 cent stamps

"prière de faire suivre"
'please forward'

36. LE TELEPHONE
THE PHONE

appeler	to call, to phone
composer	to dial
raccrocher	to hang up
rappeler	to call back
répondre	to answer
téléphoner	to phone, to call
donner un coup de téléphone/fil	to make a phone call
se tromper de numéro	to dial a wrong number
décrocher	to lift the receiver
le téléphone	phone
le récepteur	receiver
l'écouteur (*m*)	earpiece
la tonalité	dial tone
le cadran	dial
un annuaire du téléphone	phone book
le Bottin	phone book
les pages jaunes (*f*)	yellow pages
une cabine téléphonique	phone booth
le jeton	token
une communication interurbaine	long distance call
une communication locale	local call
l'indicatif (*m*)	area code
le numéro	number
un faux numéro	wrong number
les renseignements (*m*)	information, directory assistance
l'opératrice (*f*)	operator
une urgence	emergency
occupé	busy
en dérangement	out of order

il a téléphoné à sa mère
he phoned his mother

ça sonne
the phone's ringing

qui est à l'appareil?
who's speaking?

Jean-Louis à l'appareil
it's Jean-Louis speaking

allô! ici Jean-Louis
hello, this is Jean-Louis speaking

j'aimerais parler à Martin/Martine
I'd like to speak to Martin/Martine

lui-méme/elle-méme
speaking

ne quittez pas
hold on/please hold

c'est occupé
it's busy

je regrette, il n'est pas là
I'm sorry, he's not in

voulez-vous laisser un message?
would you like to leave a message?

c'est de la part de qui?
who shall I say called?/who's calling?

excusez-moi, je me suis trompé de numéro
sorry, I've got the wrong number

voici mon numéro: vingt-deux quarante seize
my number is two two four zero one six

37. LES SALUTATIONS ET LES FORMULES DE POLITESSE
GREETINGS AND POLITE PHRASES

saluer	to greet
présenter	to introduce, to express
remercier	to thank
souhaiter	to wish
féliciter	to congratulate
lever son verre à la santé de quelqu'un	to drink to someone's health
un compliment	compliment
s'excuser	to apologize
bonjour	hello, good morning/afternoon
salut!	hi!, bye!
au revoir	goodbye
adieu	farewell
bonsoir	good evening
bonne nuit	good night, sleep well
enchanté(e)	pleased to meet you
comment vas-tu/allez-vous?	how are you?
comment ça va?	how are things?
à bientôt	see you soon
à toute à l'heure	see you later
à demain	see you tomorrow
bonne journée!	have a good day!
bon après-midi	have a good afternoon
bon appétit!	enjoy your meal!
bonne chance!	good luck!
bon voyage!	have a good trip!
bonne route!	safe journey!
bienvenue	welcome
pardon!	sorry! excuse me!
pardon?	Excuse me? Pardon? (*didn't hear*)
excuse(z)-moi	I'm sorry/Excuse me

attention! watch out!
oui yes
non no
non merci no thanks
oui, volontiers yes please
avec plaisir with pleasure
s'il vous plaît please
merci thank you
merci beaucoup thank you very much
je t'en/vous en prie not at all
il n'y a pas de quoi you are welcome
à ta/votre santé cheers!/bottoms up!
santé bless you (*after sneezing*)
à vos souhaits bless you (*after sneezing*)
d'accord OK
tant mieux so much the better
tant pis never mind

les festivités — festivities

joyeux Noël! merry Christmas!
bonne année! happy New Year!
meilleurs vœux! best wishes!
joyeuses Pâques! happy Easter!
bon anniversaire! happy birthday!
félicitations! congratulations!
bravo! bravo! nice job!

je vous présente Gaston Lagaffe
may I introduce Gaston Lagaffe?

je vous présente mes meilleurs vœux
please accept my best wishes

je vous présente mes condoléances
please accept my sympathy

je vous souhaite un bon anniversaire
may I wish you a happy birthday

ça m'est égal
I don't mind

ça dépend
it depends

je regrette
I'm sorry
je suis désolé
I'm terribly sorry
excusez-moi de vous déranger
I'm sorry to bother you
ça vous dérange si je fume?
do you mind if I smoke?
pardon, Madame, pouvez-vous me dire . . .?
excuse me please, could you tell me . . .?
c'est dommage
what a pity/shame

38. LES PREPARATIFS DE VOYAGE ET LA DOUANE
PLANNING A VACATION AND CUSTOMS FORMALITIES

partir en vacances	to go on vacation
réserver	to book/reserve
louer	to rent
confirmer	to confirm
annuler	to cancel
se renseigner (sur)	to get information (about)
se documenter (sur)	to gather information (about)
faire ses bagages	to pack
faire ses valises	to pack one's suitcases
faire une liste	to make a list
emporter	to take
oublier	to forget
contracter une assurance	to take out insurance
renouveler son passeport	to renew one's passport
se faire vacciner	to be vaccinated
fouiller	to search
déclarer	to declare
passer en fraude	to smuggle
contrôler	to check
les vacances (*f*)	vacation
l'agence de voyage (*f*)	travel agent's
l'office du tourisme (*m*)	tourist information center
la brochure	brochure
le dépliant	leaflet
le voyage organisé	package tour, vacation package
le guide	guide(book)
le programme	itinerary
la réservation	reservation
les arrhes (*f*)	deposit
une caution	deposit
une liste	list

les bagages (*m*)	luggage
la valise	suitcase
le sac de voyage	travel bag
le sac à dos	backpack
l'étiquette (*f*)	label
la trousse de toilette	cosmetic pouch/shaving kit
le passeport	passport
la carte d'identité	identity card, ID
le visa	visa
le billet	ticket
les chéques de voyage (*m*)	traveler's checks
une assurance-voyage	travel insurance
la douane	customs
le douanier	customs officer
la frontière	border
d'avance	in advance

rien à déclarer
nothing to declare

devons-nous confirmer notre réservation par écrit?
should we confirm our reservation in writing?

j'attends avec impatience de partir en vacances
I'm really looking forward to going on vacation

See also Sections **39** *to* **41 TRAINS, FLYING** *and* **PUBLIC TRANSPORTATION** *and* **42 HOTEL.**

39. LES CHEMINS DE FER
RAIL TRAINS

réserver	to reserve, to book
changer	to change
composter	to punch (*ticket to validate it*)
descendre	to get off
monter	to get on/in
avoir du retard	to be late
à l'heure	on time
en retard	late
réservé	reserved
occupé	taken
libre	free
fumeurs	smoking (*section*)
non-fumeurs	non-smoking (*section*)

la gare — the station

la gare	station
la SNCF	French rail company
les chemins de fer (*m*)	railroad
le guichet	ticket window
un distributeur de billets	ticket vending machine
les renseignements (*m*)	information
un panneau d'information	arrival and departure board
la salle d'attente	waiting room
le buffet de la gare	station cafeteria/snack shop
la consigne	luggage check
la consigne automatique	luggage lockers
un chariot	luggage cart
les bagages	luggage
le chef de gare	station supervisor
le chef de train	guard
le contrôleur	ticket collector
un cheminot	rail worker
un porteur	porter
un voyageur	passenger

le train	the train
un train	train
un train de marchandises	freight train
un train direct	direct train
un train rapide	express (train)
un express	Intercity train
un train autocouchettes	auto train (*sleeper*)
un train électrique (*jouet*)	electric train (*toy*)
un autorail	auto train
un TEE	Trans-Europe-Express train
le TGV	high speed train
la locomotive	locomotive, engine
une locomotive à vapeur	steam engine
la voiture de restauration	dining car
un wagon	car
la voiture	car
un wagon-lit	sleeper
le wagon-restaurant	dining car
la tête du train	front of the train
les wagons de queue	rear of the train
le fourgon	luggage van
le compartiment	compartment
une couchette	sleeping berth
les toilettes (*f*)	toilet, men's/women's room
la portière	door
la fenêtre	window
la place	seat
le porte-bagages	luggage rack
le signal d'alarme	alarm

le trajet	the trip
le quai	platform
les rails (*m*)	tracks
la voie ferrée	track
les voies (*f*)	line
le réseau	network
un passage à niveau	grade crossing
un tunnel	tunnel

un arrêt	stop
l'arrivée (*f*)	arrival
le départ	departure
la correspondance	connection

les billets — tickets

un billet	ticket
un billet demi-tarif	half-price ticket
le tarif réduit	reduced rate
un adulte	adult
un aller simple	one-way (ticket)
un aller retour	round-trip (ticket)
la classe	class
la première (classe)	first class
la seconde (classe)	second class
une réservation	reservation
un horaire	schedule
les jours fériés (*m*)	holidays
les jours ouvrables (*m*)	weekdays

je suis allé à Paris en train/j'ai pris le train pour aller à Paris
I went to Paris by train/I took the train to Paris

un aller simple/aller-retour pour Dijon, s'il vous plait
a one-way/round-trip ticket to Dijon, please

à quelle heure part le prochain/dernier train pour Nevers?
when is the next/last train for Nevers?

le train en provenance de Paris a vingt minutes de retard
the train arriving from Paris is 20 minutes late

le train à destination de Lourdes
the train to Lourdes

dois-je changer de train?
do I have to change trains?

il faut changer à Lyon
change at Lyons

cette place est-elle prise?
is this seat taken?

"présentez vos billets, s'il vous plaît"
'tickets please'

j'ai failli manquer mon train
I nearly missed my train

il a pris le TGV pour aller à Paris
he went to Paris on the TGV

nous devrons courir pour attraper notre correspondance
we'll have to run to catch the connection

il est venu me chercher à la gare
he came and picked me up at the station

elle m'a accompagné à la gare
she took me to the station

bon voyage!
have a good trip!

40. L'AVION
FLYING

atterrir	to land
décoller	to take off
voyager/aller en avion	to fly (*passenger*)
voler	to fly (*plane*)
enregistrer ses bagages	to check in

à l'aéroport — at the airport

l'aéroport (*m*)	airport
la piste	runway
la tour de contrôle	control tower
la compagnie aérienne	airline
les informations (*f*)	information
l'enregistrement des bagages (*m*)	check-in
les bagages à main (*m*)	carry-on luggage
la boutique hors taxes	duty-free shop
l'embarquement (*m*)	boarding
la salle d'embarquement	departure lounge
la carte d'embarquement	boarding pass
la porte	gate
le retrait des bagages	baggage claim
le terminal	terminal

à bord — on board

un avion	plane
un avion supersonique	supersonic plane
le jet	jet
un jumbo-jet	jumbo jet
le charter	charter flight/plane
l'aile (*f*)	wing
l'hélice (*f*)	propeller
le hublot	window
la ceinture	seat belt
l'issue de secours (*f*)	emergency exit
la sortie de secours	emergency exit
une place	seat

le vol	flight
un vol direct	direct flight
un vol interne	domestic flight
un vol international	international flight
l'altitude (*f*)	altitude
la vitesse	speed
le départ	departure
le décollage	take-off
l'arrivée (*f*)	arrival
l'atterrissage (*m*)	landing
un atterrissage forcé	emergency landing
une escale	stop
le retard	delay
l'équipage (*m*)	crew
le pilote	pilot
une hôtesse de l'air	stewardess/flight attendant
le steward	steward/flight attendant
le passager	passenger (*male*)
la passagère	passenger (*female*)
le pirate de l'air	hijacker
annulé	cancelled
en retard	delayed
fumeurs	smoking
non-fumeurs	no smoking

j'aimerais une place en non-fumeurs
I'd like a non-smoking seat

embarquement immédiat, porte numéro 17
now boarding at gate number 17

attachez vos ceintures
fasten your seat belt

41. LES TRANSPORTS PUBLICS
PUBLIC TRANSPORTATION

descendre	to get off
monter	to get on
attendre	to wait (for)
arriver	to arrive
changer	to change/transfer
s'arrêter	to stop
se dépêcher	to hurry
manquer	to miss
resquiller	to sneak a free ride, farejump
un autobus	bus
un bus	bus
un autocar	bus
un car	bus
le métro	subway
un train de banlieue	local train
un taxi	taxi
le conducteur	driver
le contrôleur	conductor
le passager	passenger
un resquilleur	fare jumper
la gare routière	bus station
la station	station
un abribus	bus shelter
un arrêt de bus	bus stop
le guichet	ticket window
un distributeur de tickets	ticket machine
la salle d'attente	waiting room
les renseignements (*m*)	information
la sortie	exit
un plan du réseau	network map
la ligne	line
la rame	subway train
le quai	platform
le départ	departure
la direction	direction
l'arrivée (*f*)	arrival

l'arrière (*m*)	back
l'avant (*m*)	front
la place	seat
un ticket	ticket
le prix du ticket	fare
un carnet de tickets	book of tickets
un abonnement	season pass
une carte d'abonnement	season pass
une carte orange	season pass (*in Paris*)
un adulte	adult
un enfant	child
la première	first class
la seconde	second class
la réduction	reduction
un supplément	extra fare, fare supplement
les heures creuses (*f*)	off-peak hours
les heures de pointe (*f*)	rush hour

je vais à l'école en bus
I go to school by bus

quel bus puis-je prendre pour me rendre au Louvre?
what bus can I get to go to the Louvre?

où se trouve la station de métro la plus proche?
where is the nearest subway station?

See also Section **39 TRAINS**.

42. A L'HOTEL
AT THE HOTEL

complet	full, no vacancies
fermé	closed
confortable	comfortable
compris	included
un hôtel	hotel
une pension	boarding house
la pension complète	full board
la demi-pension	half board
le prix par jour	price per day
la note	bill
le pourboire	tip
le service	service
la réception	reception
une réclamation	complaint
une réservation	reservation
le restaurant	restaurant
la salle à manger	dining room
le bar	bar
un parking	parking lot/garage
un ascenseur	elevator
le petit déjeuner	breakfast
le déjeuner	lunch
le dîner	dinner
le directeur	manager
le/la réceptionniste	receptionist
le gardien de nuit	night clerk
la femme de chambre	maid

la chambre — the room

une chambre	room
une chambre pour une personne	single room
une chambre pour deux personnes	double room
une chambre à deux lits	double room (with two beds)
un grand lit	double bed

un lit	bed
un lit d'enfant	cot
un cabinet de toilette	bathroom (*small*)
une salle de bain	bathroom
une douche	shower
un lavabo	sink
l'eau chaude (*f*)	hot water
les WC (*m*)	toilet, restroom
la climatisation	air conditioning
la sortie de secours	emergency exit
le balcon	balcony
la vue	view
la clé	key

un hôtel deux/trois étoiles
a two/three star hotel

avez-vous des chambres de libres?
have you got any vacancies?

une chambre avec vue sur la mer
a room overlooking the sea

une chambre avec salle de bain
a room with a private bathroom

je voudrais une chambre pour une personne/deux personnes
I'd like a single/double room

pour combien de nuits?
for how many nights?

nous sommes complets
we're full

pouvez-vous me réveiller à sept heures?
could you please call me at seven a.m.?

j'ai la chambre numéro 7
my room number is 7

pourriez-vous préparer ma note, s'il vous plaît?
could you get my bill ready, please?

"ne pas déranger"
'do not disturb'

43. LE CAMPING, LE CARAVANING ET LES AUBERGES DE JEUNESSE
CAMPING, TRAILER TRAVEL, AND YOUTH HOSTELS

camper	to camp
faire du camping	to go camping
faire du camping sauvage	to camp in the wild
faire du caravaning	to go camping
faire de l'auto-stop	to hitch-hike
planter la tente	to pitch the tent
démonter la tente	to take down the tent
dormir à la belle étoile	to sleep out in the open
le camping	camping, campsite
le campeur	camper (*male*)
la campeuse	camper (*female*)
un terrain de camping	campsite
l'emplacement (*m*)	site
une tente	tent
un matelas pneumatique	air mattress
le double toit	fly sheet
un tapis de sol	ground sheet/cloth
un piquet	peg
une corde	rope
un feu	fire
un feu de camp	campfire
le butagaz (*R*)	tank of butane (gas)
un dépôt de butagaz	place selling tanks of butane (gas)
une recharge	refill
un réchaud	stove
une gamelle	mess kit
un canif	pocket knife, penknife
un seau	bucket
un sac de couchage	sleeping bag
une lampe de poche	flashlight
les sanitaires (*m*)	showers and toilets

les douches (*f*) — showers
les toilettes (*f*) — toilets
l'eau potable (*f*) — drinking water
une poubelle — garbage can
un moustique — mosquito
le caravaning — traveling by trailer
un terrain de caravaning — trailer camp
une caravane — trailer
un camping-car — recreational vehicle, RV
une remorque — trailer
une auberge de jeunesse — youth hostel
le dortoir — dormitory
une carte de membre — membership card
la corvée — chores
un sac à dos — backpack
l'auto-stop (*m*) — hitch-hiking
privé — private

est-ce que nous pouvons camper ici?
may we camp here?

"défense de camper"
'no camping'

"eau potable"
'drinking water'

44. AU BORD DE LA MER
AT THE BEACH

nager	to swim
se baigner	to go swimming
flotter	to float
patauger	to splash around
plonger	to dive
se noyer	to drown
bronzer	to tan
se bronzer	to sunbathe
prendre un bain de soleil	to sunbathe
attraper un coup de soleil	to get sunburned
peler	to peel
gicler	to splash
avoir le mal de mer	to be seasick
ramer	to row
couler	to sink
chavirer	to capsize
(s')embarquer	to embark, to go on board
débarquer	to disembark
jeter l'ancre	to drop (the) anchor
lever l'ancre	to raise (the) anchor
ombragé	shady
ensoleillé	sunny
bronzé	tanned
à l'ombre	in the shade
au soleil	in the sun
à bord	on board
au large de	off the coast of
la mer	sea
un lac	lake
la plage	beach
une piscine	swimming pool
un plongeoir	diving board
une cabine	beach hut, cabin
le sable	sand
les galets (*m*)	shingle, pebbles
un rocher	rock

une falaise	cliff
le sel	salt
une vague	wave
la marée	tide
la marée haute	high tide
la marée basse	low tide
le courant	current
la côte	coast
un port	harbor
le quai	quay
la jetée	pier, jetty
l'esplanade (*f*)	esplanade
le fond de l'eau	bottom
un phare	lighthouse
l'horizon (*m*)	horizon
un surveillant de baignade	lifeguard
un maître nageur	swimming instructor
un capitaine	captain
un baigneur, une baigneuse	swimmer
un palmier	palm tree
un coquillage	shell
un poisson	fish
un crabe	crab
un requin	shark
un dauphin	dolphin
une mouette	seagull

les bateaux — boats

un bateau	ship, boat
un bateau à rames	rowing boat
un bateau à voiles	sailboat
un bateau à moteur	motorboat
un voilier	sailing ship, yacht
un yacht	yacht
un paquebot	liner
un ferry (-boat)	ferry
un bac	small ferry
une barque	small boat
un canot	dinghy
un canot pneumatique	rubber dinghy

un pédalo	paddleboat
une rame	oar
la voile	sail, sailing
une ancre	anchor

les accessoires de plage — things for the beach

un maillot de bain	swimsuit/swim trunks
un bikini	bikini
un bonnet de bain	bathing cap
un masque de plongée	goggles
un tuba	snorkel
des palmes (*f*)	flippers
une bouée	life preserver, buoy
un matelas pneumatique	air mattress
une chaise longue	deckchair
une serviette de bain	beach towel
un parasol	parasol
des lunettes de soleil (*f*)	sunglasses
la crème à bronzer	suntan oil
le lait solaire	suntan lotion
un coup de soleil	sunburn
une pelle	spade
un râteau	rake
un seau	bucket
un château de sable	sandcastle
le frisbee	frisbee
un ballon	ball

je ne sais pas nager
I can't swim

"baignade interdite"
'no swimming'

l'eau est bonne!
the water's great!

"un homme à la mer!"
'man overboard!'

45. LES MOTS GEOGRAPHIQUES
GEOGRAPHICAL TERMS

le continent	continent
le pays	country
un pays en voie de développement	developing country
la région	area, region
une région agricole	agricultural area
le département	administrative region (*in France*)
la commune	district
la ville	town, city
le village	village
le hameau	hamlet
la capitale	capital city
la montagne	mountain
la chaine de montagnes	mountain chain
la colline	hill
la falaise	cliff
le sommet	summit
le pic	peak
le col	pass
la vallée	valley
la plaine	plain
le plateau	plateau
les neiges éternelles	permanent snow cover
le glacier	glacier
le volcan	volcano
la mer	sea
l'océan (*m*)	ocean
le lac	lake
la rivière	river
le fleuve	(large) river
le ruisseau	stream
le canal	canal
la mare	pond

l'étang (*m*)	pond
la source	spring
la côte	coast
l'île (*f*)	island
la presqu'île	peninsula
la péninsule	peninsula
le promontoire	promontory
la baie	bay
l'estuaire (*m*)	estuary
le désert	desert
le forêt	forest
la latitude	latitude
la longitude	longitude
l'altitude (*f*)	altitude
la profondeur	depth
la superficie	area
la population	population
le monde	world
l'univers (*m*)	universe
les tropiques (*f*)	Tropics
le Pôle Nord	North Pole
le Pôle Sud	South Pole
l'équateur (*m*)	Equator
une planète	planet
la terre	earth
le soleil	sun
la lune	moon
une étoile	star

quelle est la plus haute montagne d'Europe?

what is the highest mountain in Europe?

See also Sections **46 COUNTRIES** *and* **47 NATIONALITIES**.

46. LES PAYS, LES CONTINENTS ET LES NOMS DE LIEU
COUNTRIES, CONTINENTS AND PLACE NAMES

pays	**countries**
l'Algérie (*f*)	Algeria
l'Allemagne (*f*)	Germany
l'Angleterre (*f*)	England
l'Autriche (*f*)	Austria
la Belgique	Belgium
le Canada	Canada
la Chine	China
le Danemark	Denmark
l'Ecosse (*f*)	Scotland
l'Egypte (*f*)	Egypt
l'Espagne (*f*)	Spain
les Etats-Unis (*m*)	United States
la Finlande	Finland
la France	France
la Grande-Bretagne	Great Britain
la Grèce	Greece
la Hollande	Holland
la Hongrie	Hungary
l'Inde (*f*)	India
l'Irlande (*f*)	Ireland, Eire
l'Irlande du Nord (*f*)	Northern Ireland
Israël (*m*)	Israel
l'Italie (*f*)	Italy
le Japon	Japan
la Libye	Libya
le Luxembourg	Luxembourg
le Maroc	Morocco
la Norvège	Norway
la Palestine	Palestine
les Pays-Bas (*m*)	Netherlands
le Pays de Galles	Wales

la Pologne	Poland
le Portugal	Portugal
le Royaume-Uni	United Kingdom
la Russie	Russia
la Scandinavie	Scandinavia
la Suède	Sweden
la Suisse	Switzerland
la Tchécoslovaquie	Czechoslovakia
la Tunisie	Tunisia
la Turquie	Turkey
les USA (*m*)	USA

continents — continents

l'Afrique (*f*)	Africa
l'Amérique (*f*)	America
l'Amérique du Nord	North America
l'Amérique du Sud	South America
l'Asie (*f*)	Asia
l'Australie (*f*)	Australia
l'Europe (*f*)	Europe

villes — cities

Bruxelles	Brussels
Douvres	Dover
Edimbourg	Edinburgh
Genève	Geneva
Londres	London
Lyon	Lyons
Marseille	Marseilles
Moscou	Moscow
Paris	Paris

régions — regions

le Tiers Monde	Third World
les Pays de l'Est	Eastern European countries
l'Orient (*m*)	East
le Moyen Orient	Middle East
l'Extrême Orient (*m*)	Far East
le Maghreb	countries of North Africa

la Scandinavie	Scandinavia
la Bretagne	Brittany
le Midi	South of France
la Côte d'Azur	French Riviera
la Normandie	Normandy
le Pays Basque	Basque country
la Cornouaille	Cornwall
les îles de la Manche (*f*)	Channel Islands

mers, rivières, îles et montagnes — seas, rivers, islands and mountains

la Méditerranée	Mediterranean
la Mer du Nord	North Sea
l'Atlantique (*m*)	Atlantic
le Pacifique	Pacific
l'océan Indien (*m*)	Indian Ocean
le Golfe de Gascogne	Bay of Biscay
la Manche	English Channel
le Rhin	Rhine
le Rhône	Rhone
la Seine	Seine
la Loire	Loire
la Tamise	Thames
les Antilles (*f*)	West Indies
la Corse	Corsica
les Alpes (*f*)	Alps
les Pyrénées (*f*)	Pyrenees

je viens de Tunisie
I come from Tunisia

j'ai passé mes vacances en Espagne
I spent my vacation in Spain

la Hollande est un pays plat
Holland is a flat country

en Ecosse il pleut beaucoup
it rains a lot in Scotland

j'aimerais aller en Chine
I would like to go to China

j'habite (à) Paris
I live in Paris
je vais à Marseille
I'm going to Marseilles

See also Section **47 NATIONALITIES**.

47. NATIONALITES
NATIONALITIES

pays	**countries**
étranger (étrangère)	foreign
algérien(ne)	Algerian
allemand	German
américain	American
anglais	English
australien(ne)	Australian
autrichien(ne)	Austrian
belge	Belgian
britannique	British
canadien(ne)	Canadian
chinois	Chinese
danois	Danish
écossais	Scottish
espagnol	Spanish
flamand	Flemish
français	French
gallois	Welsh
grec (grecque)	Greek
hollandais	Dutch
irlandais	Irish
italien(ne)	Italian
japonais	Japanese
marocain	Moroccan
néerlandais	from the Netherlands
norvégien(ne)	Norwegian
polonais	Polish
portugais	Portuguese
québécois	from Quebec
russe	Russian
soviétique	Soviet
suédois	Swedish
suisse	Swiss
suisse allemand	German-speaking Swiss
suisse romand	French-speaking Swiss

tunisien(ne)	Tunisian
wallon(ne)	Walloon (*French-speaking Belgian*)

régions et villes — areas and cities

oriental	Oriental
occidental	Western
africain	African
asiatique	Asian
européen(ne)	European
arabe	Arabic
scandinave	Scandinavian
alsacien(ne)	from Alsace, Alsatian
basque	Basque
bourguignon(ne)	from Burgundy, Burgundian
breton(ne)	from Brittany, Breton
méridional	from the South of France
normand	from Normandy, Norman
provençal	from Provence, Provençal
corse	Corsican
parisien(ne)	Parisian
londonien(ne)	from London
un Français	a Frenchman
une Française	a Frenchwoman
un Anglais	an Englishman
une Anglaise	an Englishwoman

les Français boivent beaucoup de vin
the French drink a lot of wine

Donald est écossais
Donald is Scottish

j'aime la cuisine chinoise
I like Chinese food

j'habite dans la banlieue parisienne
I live on the outskirts of Paris

48. LES LANGUES
LANGUAGES

apprendre	to learn
apprendre par cœur	to learn by heart, memorize
comprendre	to understand
écrire	to write
lire	to read
parler	to speak
répéter	to repeat
prononcer	to pronounce
traduire	to translate
s'améliorer	to improve
vouloir dire	to mean
le français	French
l'anglais (*m*)	English
l'allemand (*m*)	German
l'espagnol (*m*)	Spanish
le portugais	Portuguese
l'italien (*m*)	Italian
le grec moderne	modern Greek
le grec ancien	classical Greek
le latin	Latin
le russe	Russian
le chinois	Chinese
le japonais	Japanese
le gaélique	Gaelic
une langue	language
la langue maternelle	native language
une langue étrangère	foreign language
les langues vivantes	modern languages
les langues mortes	dead languages
le vocabulaire	vocabulary
la grammaire	grammar
un accent	accent

je ne comprends pas
I don't understand

j'apprends le français
I am learning French

elle parle couramment l'espagnol
she speaks Spanish fluently

il parle l'anglais comme une vache espagnole
he murders the English language

il est de langue maternelle anglaise
English is his native language

pourriez-vous parler plus lentement, s'il vous plaît?
could you speak more slowly, please?

pourriez-vous répéter, s'il vous plaît?
could you repeat that, please?

Patrick est doué pour les langues
Patrick is good at languages

See also Section **47 NATIONALITIES**.

49. VACANCES EN FRANCE
VACATIONS IN FRANCE

visiter	to visit
voyager	to travel
s'intéresser à	to be interested in
se plaindre	to complain
chauvin	jingoistic
célèbre	famous
pittoresque	picturesque
ouvert	open
fermé	closed
en vacances	on vacation
à l'étranger	abroad

le tourisme — tourism

les vacances (*f*)	vacation
un(e) touriste	tourist
un étranger, une étrangère	foreigner
l'office du tourisme (*m*)	tourist office
le syndicat d'initiative	tourist information bureau
les curiosités (*f*)	attractions
les sites (*m*)	places of interest
une station	resort
un gîte	traveler's cottage/shelter
les spécialités (*f*)	specialties
l'artisanat (*m*)	crafts
un souvenir	souvenir
un(e) guide	guide
un guide	guidebook
un manuel de conversation	phrasebook
une carte	map
la visite	visit
une visite guidée	guided tour
un voyage	journey, trip
un voyage organisé	vacation package, package tour
un échange	exchange

le séjour	stay
une excursion	excursion, walk
une excursion en car	bus trip
le groupe	group, party
la taxe de séjour	tourist tax
le consulat	consulate
l'ambassade (*f*)	embassy
l'hospitalité (*f*)	hospitality

les symboles de la France / symbols of France

l'hexagone (*m*)	France (*its hexagonal shape*)
la Tour Eiffel	the Eiffel Tower
le coq	the French cockerel
le drapeau tricolore	the French flag
la fleur de lis	fleur-de-lis (*emblem of French kings*)
la fête nationale	national holiday
le quatorze juillet	14th of July
un bal du quatorze juillet	open-air dance on July 14th
le jour de la Bastille	Bastille Day
l'hymne national (*m*)	national anthem
la Marseillaise	the Marseillaise (*national anthem*)
un béret	beret
le Centre Pompidou	modern art gallery in modern building (*Paris*)
le Louvre	the Louvre museum (*Paris*)
Jeanne d'Arc	Joan of Arc
Louis XIV/quatorze	Louis the Fourteenth

les coutumes / customs

le mode de vie	way of life
la culture	culture
la cuisine	cooking, cuisine
la gastronomie	gastronomy
les cafés (*m*)	cafés (*serving wine, beer, coffee, tea, snacks etc*)
la viticulture	wine growing

la haute couture	fashion
l'argot (*m*)	slang

"vive la France!"
'long live France!'

"n'oubliez pas le guide"
'don't forget to tip your guide'

See also Sections **25 CITY, 26 CARS, 38 PLANNING A VACATION, 39 TRAINS, 40 FLYING, 41 PUBLIC TRANSPORTATION, 42 HOTEL, 43 CAMPING, 44 BEACH, 45 GEOGRAPHICAL TERMS** *and* **64 DIRECTIONS.**

50. LES INCIDENTS
INCIDENTS

arriver	to happen
se passer	to happen
se produire	to occur
avoir lieu	to take place
rencontrer	to meet
coïncider	to coincide
se (re)trouver	to find oneself
manquer	to miss
lâcher	to drop, to let go of
renverser	to spill, to knock over
tomber	to fall
abîmer	to damage, ruin
endommager	to damage
casser	to break
briser	to break
provoquer	to cause
faire attention	to be careful
oublier	to forget
perdre	to lose
chercher	to look for
reconnaître	to recognize
trouver	to find
retrouver	to find (again)
se perdre	to get lost
s'égarer	to get lost
perdre son chemin	to lose one's way
demander son chemin	to ask one's way
distrait	absent-minded
maladroit	clumsy
inattendu	unexpected
autre	other
par hasard	by chance
par inadvertance	inadvertently
par mégarde	inadvertently
heureusement	luckily, fortunately
malheureusement	unfortunately

une coïncidence	coincidence
une surprise	surprise
la chance	luck
la malchance	bad luck
la poisse	rotten luck
le hasard	chance
une mésaventure	misadventure
une rencontre	meeting, encounter
l'étourderie (*f*)	heedlessness
une chute	fall
les dégâts (*m*)	damage
un oubli	forgetfulness
la perte	loss
le bureau des objets trouvés	lost and found
une récompense	reward

quelle coïncidence!
what a coincidence!

quelle poisse!
just my luck!

attention!
watch out!

51. LES ACCIDENTS
ACCIDENTS

circuler	to go (*car*)
rouler	to drive, to go (*car*)
prendre des risques inutiles	to take unnecessary risks
refuser la priorité	not to yield
brûler un feu	to run a red light
brûler un stop	to run a stop sign
déraper	to skid
glisser	to slide
dévaler	to tumble down
éclater	to burst
perdre le contrôle de	to lose control of
faire un tonneau	to somersault
s'écraser contre	to run into
heurter	to run into
écraser	to run over
démolir	to wreck, to demolish
endommager	to damage
détruire	to wreck, to destroy
être coincé	to be trapped
être en état de choc	to be in a state of shock
perdre connaissance	to lose consciousness
reprendre connaissance	to regain consciousness
être dans le coma	to be in coma
mourir sur le coup	to die on the spot
être témoin de	to witness
établir un constat	to draw up a report
indemniser	to compensate
dérailler	to be derailed
faire naufrage	to be (ship) wrecked
glisser	to slip
se noyer	to drown
étouffer	to suffocate
tomber (de)	to fall (from)
tomber par la fenêtre	to fall out of the window
recevoir une décharge électrique	to get an electric shock
s'électrocuter	to electrocute oneself

se brûler	to burn oneself
s'ébouillanter	to scald oneself
se couper	to cut oneself
ivre	drunk
blessé	injured
mort	dead
grave	serious
assuré	insured

les accidents de voiture — road accidents

un accident	accident
un accident de voiture	car accident
un accident de la circulation	road accident
le code de la route	traffic laws
une collision	car crash, collision
un carambolage	pile-up
le choc	impact
une explosion	explosion
un excès de vitesse	speeding
un alcootest	Breathalyzer, breath test
la conduite en état d'ébriété	drunken driving
la fatigue	fatigue
le manque de visibilité	poor visibility
le brouillard	fog
la pluie	rain
le verglas	(black) ice
un précipice	cliff, precipice
les dégâts (*m*)	damage
les dommages (*m*)	damage

autres accidents — other accidents

un naufrage	shipwreck
un accident d'avion	plane crash
un déraillement	derailment
un accident du travail	industrial accident
un accident de montagne	mountain climbing accident
un chute	fall

une noyade	drowning
une décharge (électrique)	electric shock

les blessés et les témoins / injured persons and witnesses

un(e) blessé(e)	injured person
un(e) blessé(e) grave	seriously injured person
un(e) mort(e)	dead person
un témoin	witness
un témoin oculaire	eye witness
une commotion	concussion
une blessure	injury
une brûlure	burn
une hémorragie	loss of blood
le sang-froid	composure

les secours / help

police-secours (*f*)	emergency services
la police	police
les pompiers (*m*)	firemen
les premiers secours (*m*)	first aid
une urgence	emergency
une ambulance	ambulance
un docteur	doctor
un infirmier, une infirmière	nurse
une trousse de premiers secours	first aid kit
un brancard	stretcher
la respiration aritificielle	artificial respiration
le bouche à bouche	mouth-to-mouth resuscitation
l'oxygène (*m*)	oxygen
un garrot	tourniquet
un extincteur	extinguisher
une dépanneuse	towtruck, wrecker

les conséquences / the consequences

les dégâts (*m*)	damage
un constat	report
une amende	fine

le retrait du permis loss of driving license
la justice justice
une condamnation sentence
l'assurance (*f*) insurance
la responsabilité responsibility

ses freins ont lâché
his brakes failed

il s'en tire avec quelques égratignures
he's lucky, he escaped with only a few scratches

ma voiture est bonne pour la casse
my car is totaled

on lui a retiré son permis de conduire
he lost his driving license

See also Sections **6 HEALTH, 26 CARS, 28 WEATHER** *and* **52 DISASTERS.**

52. LES DESASTRES
DISASTERS

attaquer	to attack
défendre	to defend
s'effondrer	to collapse
s'écrouler	to collapse
mourir de faim	to starve
entrer en éruption	to erupt
exploser	to explode
trembler	to shake
étouffer	to suffocate
suffoquer	to suffocate
brûler	to burn
éteindre	to extinguish
donner l'alarme	to raise the alarm
sauver	to rescue
couler	to sink

la guerre — war

l'armée (*f*)	army
la marine	navy
l'armée de l'air (*f*)	air force
un ennemi	enemy
un allié	ally
le champ de bataille	battlefield
un bombardement	bombing
une bombe	bomb
une bombe atomique	atomic bomb
une bombe H	hydrogen bomb
un obus	shell
un missile	missile
un tank	tank
un char d'assaut	tank
un fusil	gun
une mitraillette	machine gun
une mine	mine
les civils (*m*)	civilians

un soldat	soldiers
un général	general
un colonel	colonel
un sergent	sergeant
un capitaine	captain
la cruauté	cruelty
la torture	torture
la mort	death
une blessure	wound
une victime	victim
un abri antiaérien	air-raid shelter
un abri antiatomique	nuclear shelter
des retombées radioactives (*f*)	radioactive fallout
une trêve	truce
un traité	treaty
la victoire	victory
la défaite	defeat
la paix	peace

les catastrophes naturelles — natural disasters

la sécheresse	drought
la famine	famine
la malnutrition	malnutrition
le manque de	lack of
une épidémie	epidemic
une tornade	tornado
un cyclone	cyclone
un raz-de-marée	tidal wave
une inondation	flooding
un tremblement de terre	earthquake
un volcan	volcano
une éruption volcanique	volcanic eruption
la lave	lava
une avalanche	avalanche
la Croix-Rouge	the Red Cross
un volontaire	volunteer
le sauvetage	rescue
un SOS	SOS

les incendies — fires

un incendie	fire (*blaze*)
la fumée	smoke
les flammes (*f*)	flames
une explosion	explosion
les pompiers	fire brigade
un pompier	fireman
une voiture de pompiers	fire engine
une échelle	ladder
une lance	hose
la sortie de secours	emergency exit
la panique	panic
une ambulance	ambulance
une urgence	emergency
les secours (*m*)	help
la respiration artificielle	artificial respiration
un(e) survivant(e)	survivor

"au secours!"
'help!'

"au feu!"
'fire!'

See also Section **51 ACCIDENTS**.

53. LES CRIMES
CRIMES

voler	to steal
cambrioler	to burgle
assassiner	to assassinate
tuer	to kill
poignarder	to stab
étrangler	to strangle
abattre	to shoot
empoisonner	to poison
attaquer	to attack
menacer	to threaten
forcer	to force
violer	to rape
tromper	to swindle
escroquer	to embezzle
espionner	to spy
se prostituer	to prostitute oneself
droguer	to drug
kidnapper	to kidnap
enlever	to abduct
prendre en hôtage	to take hostage
mettre le feu à	to set fire to
arrêter	to arrest
enquêter	to investigate
mener une enquête	to lead an investigation
interroger	to question, to interrogate
fouiller	to search
passer à tabac	to beat up
emprisonner	to imprison
cerner	to surround
boucler	to seal off, to lock up
sauver	to rescue
défendre	to defend
accuser	to accuse
juger	to judge, to try
prouver	to prove
condamner	to sentence, to convict

acquitter	to acquit
avoir le droit de	to be allowed to
coupable	guilty
innocent	innocent
interdit	forbidden

le crime — crime

un vol	theft
un cambriolage	burglary
une effraction	break-in
un hold-up	holdup
une attaque	attack
une attaque à main armée	armed attack
un meurtre	murder
un homicide	murder
une escroquerie	fraud
un abus de confiance	confidence game, scam
le chantage	blackmail
un viol	rape
la prostitution	prostitution
le proxénétisme	procuring
le trafic de drogue	drug trafficking
la contrebande	smuggling
l'espionnage (*m*)	spying
un otage	hostage
un assassin	murderer
un meurtrier, une meurtière	murderer
un voleur, une voleuse	thief
un cambrioleur, une cambrioleuse	burglar
un maquereau	pimp
un trafiquant	drug dealer
un pyromane	arsonist

les armes du crime — weapons

un pistolet	pistol
un revolver	gun, revolver
un fusil	gun, rifle
un couteau	knife

un poignard	dagger
le poison	poison
un coup de poing	punch

la police — police

un policier	policeman
un gendarme	policeman (*in small town*)
un CRS	riot policeman
un détective	detective
un commissaire	superintendent
le commissariat	police station
la gendarmerie	police station (*in smal town*)
le poste de police	police station
un constat	report
les recherches (*f*)	investigations
une enquête	enquiry
un chien policier	police dog
un indicateur	informer
une matraque	truncheon
les menottes (*f*)	handcuffs
un casque	helmet
un bouclier	shield
le gaz lacrymogène	tear gas
une fourgonnette de police	police van
une cellule	cell

le système judiciaire — the judicial system

le procès	trial
un(e) accusé(e)	accused
la victime	victim (*male and female*)
une preuve	proof
un témoin	witness (*male and female*)
un(e) avocat(e)	lawyer
le juge	judge
les jurés (*m*)	jury
la défense	defense
une condamnation	sentence

un sursis	reprieve, suspended sentence
une remise de peine	reduced sentence
une amende	fine
la réclusion	imprisonment
la prison	prison
la prison à vie	life sentence
la peine de mort	death sentence
la chaise électrique	electric chair
la guillotine	guillotine
la mort par pendaison	hanging
une erreur judiciaire	miscarriage of justice

il a été condamné à 20 ans de réclusion
he was sentenced to 20 years' imprisonment

54. LES AVENTURES ET LES REVES
ADVENTURES AND DREAMS

jouer	to play
s'amuser	to have fun
imaginer	to imagine
arriver	to happen
se cacher	to hide
se sauver	to run off
s'échapper	to escape
chasser	to chase
découvrir	to discover
explorer	to explore
oser	to dare
faire attention	to be careful
se déguiser (en)	to dress up (as a)
faire l'école buissonnière	to play hooky
jouer à cache-cache	to play hide-and-seek
prendre ses jambes à son cou	to take to one's heels
ensorceler	to bewitch
dire la bonne aventure	to tell fortunes
prophétiser	to foretell
rêver	to dream
rêvasser	to daydream
faire un rêve	to have a dream
faire un cauchemar	to have a nightmare

les aventures — adventures

une aventure	adventure
une mésaventure	misadventure
un jeu	game
un terrain de jeux	playground
un voyage	journey
la fuite	escape
un déguisement	disguise
l'inconnu (*m*)	unknown
un événement	event

une découverte	discovery
le hasard	chance
la chance	luck
la malchance	bad luck
le danger	danger
un risque	risk
une cachette	hiding place
une grotte	cave
une île	island
un trésor	treasure
le courage	courage
la témérité	recklessness
la lâcheté	cowardice

les contes et légendes — fairy tales and legends

un sorcier	wizard
une sorcière	witch
un(e) magicien(ne)	magician
une fée	fairy
un enchanteur	sorcerer
un prophète	prophet, seer
un gnome	gnome
un lutin	imp, goblin
un (petit) nain	dwarf
un géant	giant
un fantôme	ghost
un revenant	ghost
un squelette	skeleton
un vampire	vampire
un dragon	dragon
un loup-garou	werewolf
un monstre	monster
un extraterrestre	extraterrestrial
un hibou	owl
un crapaud	toad
un chat noir	black cat
un château hanté	haunted castle
une maison hantée	haunted house
un cimetière	cemetery

un vaisseau spatial	space ship
un OVNI	UFO
l'univers (*m*)	universe
la magie	magic
la superstition	superstition
une baguette magique	magic wand
un tapis volant	flying carpet
le balai	broomstick
une boule de cristal	crystal ball
le tarot	tarot
les lignes de la main (*f*)	lines of the hand
la pleine lune	full moon

les rêves — dreams

un rêve	dream
la rêverie	daydreaming
un cauchemar	nightmare
l'imagination (*f*)	imagination
l'inconscient (*m*)	subconscious
une hallucination	hallucination
le réveil	awakening

j'ai fait un beau rêve/affreux cauchemar
I've had a nice dream/horrible nightmare

sais-tu ce qui m'est arrivé hier?
do you know what happened to me yesterday?

tu as trop d'imagination
you're overimaginative

55. L'HEURE THE TIME

les objets qui indiquent l'heure — things that tell the time

une montre	watch
une pendule	(small) clock
une horloge	(large) clock
un réveil	alarm clock
un chronomètre	stopwatch
l'horloge parlante (*f*)	Time (*telephone service*)
la minuterie	timer
la sonnerie	ringing
le clocher	bell tower
la cloche	bell
le cadran solaire	sundial
le sablier	egg timer
les aiguilles d'une montre (*f*)	hands of a watch
la petite aiguille	minute hand
la grande aiguille	hour hand
le fuseau horaire	time zone

quelle heure est-il? — what time is it?

une heure	one o'clock
huit heures du matin	eight am, eight o'clock in the morning
huit heures cinq	five (minutes) past eight
huit heures et quart	a quarter past eight
dix heures et demie	ten thirty, half past ten
onze heures moins vingt	twenty to eleven
onze heures moins le quart	a quarter to eleven
midi et quart	twelve fifteen, a quarter past twelve
deux heures de l'après-midi	two pm, two o'clock in the afternoon
quatorze heures	two pm

quatorze heures trente	two thirty pm
dix heures du soir	ten pm, ten o'clock in the evening

la division du temps — divisions of time

le temps	time
l'heure (*f*)	time (*by the clock*)
un instant	moment, instant
un moment	moment
une seconde	second
une minute	minute
un quart d'heure	quarter of an hour
une demi-heure	half an hour
trois quarts d'heure	three quarters of an hour
une heure	hour
une heure et demie	an hour and a half
le jour	day
la journée	day
le lever du soleil	sunrise
le matin	morning
la matinée	morning
midi	noon
l'après-midi (*m*)	afternoon
le soir	evening
la soirée	evening
le coucher du soleil	sunset
la nuit	night
minuit	midnight

être à l'heure/en retard — being on time/late

partir à l'heure	to leave on time
être en avance	to be early
avoir de l'avance	to be ahead of schedule
être à l'heure	to be on time
arriver à temps	to arrive in time
être en retard	to be late
avoir du retard	to be behind schedule

se presser	to hurry
être pressé	to be in a hurry
se dépêcher	to hurry (up)

quand? — when?

quand	when
depuis	since
lorsque	when
avant	before
après	after
pendant	during
tôt	early
de bonne heure	early
tard	late
plus tard	later
maintenant	now
immédiatement	immediately
déjà	already
en ce moment	at the moment
tout de suite	immediately, right away
soudain	suddenly
tout à l'heure	shortly, a short while ago
bientôt	soon
d'abord	first
ensuite	then (*next*)
enfin	finally
alors	then (*at that time*)
à ce moment-là	at that time
récemment	recently
entre-temps	meanwhile
longtemps	for a long time
il y a longtemps	a long time ago
toujours	always
jamais	never
souvent	often
parfois	sometimes
de temps en temps	from time to time
rarement	rarely

quelle heure est-il?
what time is it?

il est deux heures
it's two o'clock

avez-vous l'heure (exacte)?
do you have the (exact) time?

à quelle heure part le train?
what time does the train leave?

il est deux heures environ
it's about two o'clock

il est neuf heures pile
it's nine o'clock exactly

ma montre avance
my watch is fast

ma montre retarde
my watch is slow

j'ai mis ma montre à l'heure
I've set my watch

il est trop tôt/tard
it's too early/late

avez-vous le temps de lui parler?
do you have time to speak to him?

je n'ai pas le temps de sortir
I haven't got time to go out

dépêche-toi de t'habiller
hurry up and get dressed

ce n'est pas encore l'heure
it's not time yet

56. LA SEMAINE
THE WEEK

lundi	Monday
mardi	Tuesday
mercredi	Wednesday
jeudi	Thursday
vendredi	Friday
samedi	Saturday
dimanche	Sunday
le jour	day
la semaine	week
le weekend	weekend
huit jours	a week
une quinzaine	two weeks
quinze jours	two weeks
une dizaine de jours	(about) ten days
aujourd'hui	today
demain	tomorrow
après-demain	the day after tomorrow
hier	yesterday
avant-hier	the day before yesterday
la veille	the day before
le lendemain	the day after
le surlendemain	two days later
cette semaine	this week
la semaine prochaine	next week
la semaine passée	last week
la semaine dernière	last week
lundi passé	last Monday
lundi dernier	last Monday
lundi prochain	next Monday
aujourd'hui en huit	in a week's time, a week from today
aujourd'hui en quinze	two weeks from today
jeudi en huit	Thursday week
hier matin	yesterday morning
hier soir	last night (yesterday evening)

ce soir	this evening
cette nuit	last night, tonight
demain matin	tomorrow morning
demain soir	tomorrow evening
il y a trois jours	three days ago

dimanche, je suis allé à la piscine
on Sunday I went to the swimming pool

le jeudi, je vais à la piscine
on Thursdays I go to the swimming pool

je vais à la piscine tous les jeudis
I go to the swimming pool every Thursday

il vient me voir tous les jours
he comes to see me every day

à demain!
see you tomorrow!

à la semaine prochaine!
see you next week!

57. L'ANNEE
THE YEAR

les mois — the months of the year

janvier	January
février	February
mars	March
avril	April
mai	May
juin	June
juillet	July
août	August
septembre	September
octobre	October
novembre	November
décembre	December
un mois	month
un an	year
une année	year
un trimestre	quarter
une décennie	decade
un siècle	century
un millénaire	thousand years, millenium

les saisons — the seasons

la saison	season
le printemps	spring
l'été (*m*)	summer
l'automne (*m*)	autumn
l'hiver (*m*)	winter

les jours de fête — holidays/celebrations

un jour férié	holiday
Noël	Christmas

le jour de l'an	New Year's Day
la Saint-Sylvestre	New Year's Eve
le réveillon du jour de l'an	New Year's Eve (dinner)
Pâques	Easter
Vendredi saint	Good Friday
Mardi gras	Fat Tuesday, Mardi Gras
Mercredi des cendres	Ash Wednesday
la Pentecôte	Pentecost
la Toussaint	All Saints' Day
le quatorze juillet	French national holiday (*14th of July*)
la Saint-Valentin	Valentine's Day
le premier avril	April Fools' Day

mon anniversaire est en février
my birthday is in February

il pleut beaucoup au mois de mars
it rains a lot in March

l'été est ma saison préférée
summer is my favorite season

en hiver je fais du ski
in winter I go skiing

58. LA DATE THE DATE

dater (de)	to date (from)
durer	to last
le passé	the past
le futur	the future
l'avenir (*m*)	the future
le présent	the present
l'histoire (*f*)	history
la préhistoire	prehistory
l'antiquité (*f*)	antiquity, ancient history
le moyen âge	Middle Ages
la Renaissance	Renaissance
la Révolution (française)	French Revolution
le vingtième siècle	twentieth century
l'an 2000	year 2000
la date	date
la chronologie	chronoloy
actuel(le)	present, current
moderne	modern
présent	present
passé	past
futur	future
annuel(le)	annual, yearly
mensuel(le)	monthly
hebdomadaire	weekly
quotidien(ne)	daily
journalier, journalière	daily
autrefois	in the past
jadis	in times past
naguère	formerly
longtemps	for a long time
jamais	never
toujours	always
parfois	sometimes
quand	when
lorsque	when
depuis que	since

encore	again, still
à cette époque	at that time
avant J.C.	BC
après J.C.	AD

quel jour/le combien sommes-nous?
What is today's date?

c'est/nous sommes le premier juin 1997
it's the first of June 1997

c'est/nous sommes le 15/quinze août
it's the fifteenth of August

Paris, le 5 avril 1965
Paris, April 5, 1965

il reviendra le 16 juillet
he'll be back on the 16th of July

il y a un an qu'il est parti/il est parti depuis une année
he left a year ago

il était une fois . . .
once upon a time, there was . . .

See also Section **57 YEAR**.

59. LES CHIFFRES NUMBERS

zéro	zero
un(e)	one
deux	two
trois	three
quatre	four
cinq	five
six	six
sept	seven
huit	eight
neuf	nine
dix	ten
onze	eleven
douze	twelve
treize	thirteen
quatorze	fourteen
quinze	fifteen
seize	sixteen
dix-sept	seventeen
dix-huit	eighteen
dix-neuf	nineteen
vingt	twenty
vingt et un	twenty-one
vingt-deux	twenty-two
trente	thirty
quarante	forty
cinquante	fifty
soixante	sixty
soixante-dix	seventy
soixante et onze	seventy-one
soixante-douze	seventy-two
quatre-vingt(s)	eighty
quatre-vingt-un	eighty-one
quatre-vingt-dix	ninety
quatre-vingt-onze	ninety-one
cent	hundred
cent un	hundred and one
cent soixante-deux	hundred and sixty-two

deux cents	two hundred
deux cent deux	two hundred and two
mille	thousand
mille neuf cent quatre-vingt-dix	nineteen ninety
deux mille	two thousand
dix mille	ten thousand
cent mille	hundred thousand
un million	million
premier (première)	first
dernier (dernière)	last
second(e) or **deuxième**	second
troisième	third
quatrième	fourth
cinquième	fifth
sixième	sixth
septième	seventh
huitième	eighth
neuvième	ninth
dixième	tenth
onzième	eleventh
douzième	twelfth
treizième	thirteenth
quatorzième	fourteenth
quinzième	fifteenth
seizième	sixteenth
dix-septième	seventeenth
dix-huitième	eighteenth
dix-neuvième	nineteenth
vingtième	twentieth
vingt et unième	twenty-first
vingt-deuxième	twenty-second
trentième	thirtieth
quarantième	fortieth
cinquantième	fiftieth
soixantième	sixtieth
soixante-dixième	seventieth
soixante et onzième	seventy-first
quatre-vingtième	eightieth
quatre-vingt unième	eighty-first
quatre-vingt dixième	ninetieth

quatre-vingt onzième	ninety-first
centième	hundredth
cent vingtième	hundred and twentieth
deux centième	two hundredth
millième	thousandth
deux millième	two thousandth
le chiffre	figure
le nombre	number
le numéro	number (*telephone, house etc*)

cent/mille francs
a/one hundred/thousand francs

le huitième et le onzième
the eighth and the eleventh

un grand nombre d'élèves
a large number of pupils

deux virgule trois (2,3)
two point three (2,3)

un million de francs français
one million French francs

5,359
5,359

60. LES QUANTITES
QUANTITIES

calculer	to calculate
compter	to count
peser	to weigh
mesurer	to measure
partager	to share
diviser	to divide
distribuer	to distribute
répartir	to share out, divide up
remplir	to fill
vider	to empty
enlever	to remove
diminuer	to lessen, to reduce
augmenter	to increase
ajouter	to add
suffire	to suffice, to be enough
rien	nothing
aucun	no, not any
tout	everything
tout le/toute la . . .	all the . . . , the whole . . .
tous/toutes les . . .	all the . . . , every . . .
quelque chose	something
quelques	some
plusieurs	several
chaque	every
chacun(e)	everybody
un peu	a little
un peu de	a little bit of, some
peu de	few
beaucoup	a lot, much
beaucoup de	a lot of, many
pas de . . .	no . . .
plus de	no more
plus (de)	more
moins (de)	less
la plupart (de)	most
assez (de)	enough
trop (de)	too much/many

environ	about
autour de	around
à peu près	about
plus ou moins	more or less
à peine	scarcely
tout juste	just (barely)
tout à fait	absolutely
tout au plus	at the most
encore	again
seulement	only
au moins	at least
la moitié (de)	half
le/un quart (de)	a quarter (of)
un tiers	a third
et demi (e)	and a half
un et demi	one and a half
deux tiers	two thirds
trois quarts	three quarters
le tout	the whole
rare	rare
nombreux (nombreuse)	numerous
innombrable	innumerable
suffisant	enough
superflu	excessive
égal	equal
inégal	unequal
plein	full
vide	empty
seul	single
double	double
triple	triple
un tas (de)	a heap/lots (of)
une pile (de)	a stack (of)
un morceau (de)	a piece (of)
une tranche (de)	a slice (of)
une pièce (de)	a piece (of)
un verre (de)	a glass (of)
une bouteille (de)	a bottle (of)
une assiette (de)	a plate (of)
une boîte (de)	a box/can (of)

un paquet (de)	a packet (of)
une bouchée (de)	a mouthful (of) (*food*)
une gorgée (de)	a mouthful (of) (*drink*)
une cuillerée (de)	a spoonful (of)
une poignée (de)	a handful (of)
une paire (de)	a pair (of)
un grand nombre de	a large number of
une foule (de)	lots/a crowd (of)
la part	share
une partie (de)	part (of)
la moitié	half
un tiers	third
un quart	quarter
une douzaine	dozen
une demi-douzaine (de)	half a dozen
une centaine (de)	about a hundred
des centaines (*f*)	hundreds
un millier (de)	about a thousand
des milliers (*m*)	thousands
le reste (de)	the rest/remainder (of)
la quantité	quantity
le nombre	number
l'infini (*m*)	infinity
la moyenne	average
un calcul	calculation
le poids	weight

poids et mesures — weights and measures

un gramme	gram
une livre	half kilo (*1.1 pounds*)
un kilo	kilo (*2.2 pounds*)
une tonne	1000 kg, (metric) ton
un litre	liter (*approximately one quart*)
un centimètre	centimeter (*approximately one-half inch*)
un mètre	meter (*approximately one yard*)
un kilomètre	kilometer (*.6 mile*)

See also Section **59 NUMBERS**.

61. LES QUALITES
DESCRIBING THINGS

une chose	thing
un machin	thing, whachamacallit
un truc	thing, whachamacallit
une sorte de	a kind of
la grandeur	size
la taille	size
la largeur	width, breadth
la hauteur	height
la profondeur	depth
la beauté	beauty
la laideur	ugliness
l'aspect (*m*)	appearance
la forme	shape
la qualité	quality
le défaut	drawback
l'avantage (*m*)	advantage
le désavantage	disadvantage
l'inconvénient (*m*)	disadvantage
grand	tall, big
petit	small
énorme	enormous
minuscule	tiny
microscopique	microscopic
large	wide
étroit	narrow
épais(se)	thick
gros(se)	big, large, fat
mince	thin, slim
maigre	thin
plat	flat
profond	deep
peu profond	shallow
long (longue)	long
court	short
haut	high
bas(se)	low

beau (belle)	lovely, beautiful
bon(ne)	good
meilleur	better
le meilleur	the best
important	important
principal	main
joli	pretty
marveilleux (merveilleuse)	marvelous
formidable	great, terrific
chouette	great
sensationnel(le)	great, terrific
magnifique	magnificent
grandiose	imposing
superbe	superb
fantastique	fantastic
remarquable	remarkable
surprenant	surprising
extraordinaire	exceptional
normal	normal
varié	varied
bizarre	strange
étrange	strange
excellent	excellent
parfait	perfect
laid	ugly
mauvais	bad
médiocre	mediocre
pire	worse
le pire	the worst
abominable	abominable
épouvantable	appalling
affreux (affreuse)	dreadful
exécrable	atrocious
léger (légère)	light
lourd	heavy
dur	hard
ferme	firm
solide	solid, sturdy
mou (molle)	soft, limp
doux (douce)	soft
tendre	tender

délicat	delicate
fin	fine
lisse	smooth
chaud	hot, warm
froid	cold
tiède	lukewarm, tepid
sec (sèche)	dry
mouillé	wet
humide	damp
liquide	liquid, runny
simple	simple
compliqué	complicated
difficile	difficult
facile	easy
possible	possible
impossible	impossible
pratique	practical, handy
utile	useful
inutile	useless
nécessaire	necessary
essentiel(le)	essential
vieux (vieille)	old
ancien(ne)	ancient
neuf (neuve)	new
nouveau (nouvelle)	new
moderne	modern
démodé	out of date, old fashioned
frais (fraîche)	fresh, cool
propre	clean
sale	dirty
dégoûtant	disgusting
courbe	curved
droit	straight
rond	round
circulaire	circular
ovale	oval
rectangulaire	rectangular
carré	square
triangulaire	triangular
allongé	oblong, elongated

très	very
trop	too
plutôt	rather
assez	quite
bien	well
mal	badly
mieux	better
le mieux	the best
de première qualité	top quality
de mauvaise qualité	poor quality

à quoi ça sert?

what's it for?

See also Section **62 COLORS**.

62. LES COULEURS
COLORS

la couleur	color
argenté	silver
beige	beige
blanc(he)	white
bleu	blue
bleu ciel (*same f*)	sky blue
bleu marine (*same f*)	navy blue
bleu roi (*same f*)	royal blue
brun	brown
chair (*same f*)	flesh-colored
doré	gold, golden
gris	gray
jaune	yellow
marron (*same f*)	brown
mauve	mauve
noir	black
or (*same f*)	gold, golden
orange	orange
orangé	orange
rose	pink
rouge	red
turquoise	turquoise
vert	green
violet(te)	purple
sombre	dark
vif(vive)	vivid
pâle	pale
uni	plain, solid
multicolore	multicolored
clair	light
foncé	dark
vert clair (*same f*)	light green
vert foncé (*same f*)	dark green

63. LES MATERIAUX
MATERIALS

véritable	real
naturel(le)	natural
synthétique	synthetic
artificiel(le)	artificial
la matière	material, substance
la composition	composition
la substance	substance
la matière première	raw material
un produit	product
la terre	earth
l'eau (*f*)	water
l'air (*m*)	air
le feu	fire
la pierre	stone
la roche	rock
le minerai	ore
le minéral	mineral
les pierres précieuses (*f*)	precious stones
le cristal	crystal
le marbre	marble
le granit	granite
le diamant	diamond
l'argile (*f*)	clay
le pétrole	oil, petroleum
le gaz	gas
le gaz naturel	natural gas
le métal	metal
l'aluminium (*m*)	aluminium
le bronze	bronze
le cuivre	copper
le laiton	brass
l'étain (*m*)	tin, pewter
le fer	iron
l'acier (*m*)	steel
le plomb	lead
l'or (*m*)	gold

l'argent (*m*)	silver
le fil de fer	wire
le bois	wood
le pin	pine
l'osier (*m*)	cane, wickerwork
la paille	straw
le bambou	bamboo
le contre-plaqué	plywood
le béton	concrete
le ciment	cement
la brique	brick
le plâtre	plaster
le mastic	putty
la colle	glue
le verre	glass
le carton	cardboard
le papier	paper
le plastique	plastic
le caoutchouc	rubber
la terre cuite	earthenware
la porcelaine	porcelain, china
le grès	stoneware, sandstone
la cire	wax
le cuir	leather
la fourrure	fur
le daim	suede
l'acrylique (*m*)	acrylic
le coton	cotton
la dentelle	lace
la laine	wool
le lin	linen
le nylon	nylon
le polyester	polyester
la pure laine vierge	pure new wool
la soie	silk
le tissu synthétique	synthetic/man-made material
la toile	canvas
la toile cirée	oilcloth

le tweed	tweed
le cachemire	cashmere
le velours	velvet
le velours côtelé	cord(uroy)

cette maison est en bois
this house is made of wood

64. LES DIRECTIONS
DIRECTIONS

demander	to ask
indiquer	to show, to point out
montrer	to show
prenez	take, follow
continuez	keep going
suivez	follow
passez devant	go past
tournez	turn
retournez	go back
reculez	reverse
tournez à droite	turn right
tournez à gauche	turn left

la direction — directions

la gauche	left
la droite	right
à gauche	on/to the left
à droite	on/to the right
tout droit	straight ahead

les points cardinaux — the points of the compass

le sud	south
le nord	north
l'est (*m*)	east
l'ouest (*m*)	west
le nord-est	northeast
le sud-ouest	southwest
où	where
devant	in front of
derrière	behind
dessus	over, on top
dessous	under
à côté de	beside

en face de	opposite
au milieu de	in the middle of
le long de	along
au bout de	at the end of
entre	between
après	after
après les feux	after the traffic lights
juste avant	just before
pendant . . . mètres	for . . . meters
au prochain carrefour	at the next intersection
la première à droite	first on the right
la deuxième à gauche	second on the left

pouvez-vous m'indiquer comment aller à la gare?
can you tell me how to get to the station?

est-ce loin d'ici?
is it far from here?

à dix minutes d'ici
ten minutes from here

à 100 mètres d'ici
100 meters away

à gauche de la poste
to the left of the post office

au sud de Bordeaux
south of Bordeaux

Index

Refers to the category numbers. These are the numbers next to the category titles at the top of each page in Part I.

Part II

Verbs

THE MAIN VERB CATEGORIES

There are three main conjugations in French, distinguished by the ending of their infinitive:

A. verbs in -ER
B. verbs in -IR
C. verbs in -RE

A. FIRST CONJUGATION: VERBS IN -ER

Most of these follow the pattern of **chanter** ('to sing'), which is given in full in table 31. But see below **D.** for standard irregularities.

B. SECOND CONJUGATION: VERBS IN -IR

Most of these follow the pattern of **finir** ('to finish'), which is given in full in table 92.

C. THIRD CONJUGATION: VERBS IN -RE

These follow several different patterns, to which the INDEX will refer you.

D. STANDARD IRREGULARITIES OF THE FIRST CONJUGATION

1. *Verbs in* ***-cer***
   These require a cedilla under the **c** before an **a** or an **o** to preserve the soft sound of the **c**. The model for these verbs is commencer ('to begin'), given in full in table 34. For example:

   je commence *but* **nous commençons**
   nous commencions *but* **je commençais**

2. *Verbs in* ***-ger***
   These require an **e** after the **g** before an **a** or an **o** to preserve the soft sound of the **g**. The model for these verbs is **manger** ('to eat'), given in full in table 116. For example:

   je mange *but* **nous mangeons**
   nous mangions *but* **je mangeais**

3. *Verbs in* ***-eler***
   Some of these double the **l** before a silent **e** (changing **-el-** to **-ell-**). The model for these verbs is **appeler** ('to call'), given in full in table 14. For example:

   j'appelle *but* **vous appelez**
   il appellera *but* **il appela**

   Others change **-el-** to **-èl-** before a silent **e**. The model for these verbs is **peler** ('to peel'), given in full in table 142. For example:

   je pèle *but* **je pelai**
   il pèlera *but* **il pelait**

   By consulting the INDEX you can find out which pattern a particular verb follows.

4. *Verbs in* ***-eter***
   Some of these double the **t** before a silent **e** (changing **-et-** to **-ett-**). The model for these verbs is **jeter** ('to throw'), given in full in table 108. For example:

   je jette *but* **je jetais**
   il jettera *but* **il jeta**

Others change **-et-** to **-èt-** before a silent **e**. The model for these verbs is **acheter** ('to buy'), given in full in table 3. For example:

j'achète *but* **j'achetai**
vous achèterez *but* **vous achetiez**

By consulting the INDEX you can find out which pattern a particular verb follows.

5. *Verbs in **e** + consonant + **er***, namely **-ecer, -emer, -ener, -eser** and **-ever**, as well as **-evrer**, follow the general pattern of **acheter** and **peler**, changing their **-e-** to **-è-** before a silent **e**. Individual models for these verbs are given in the tables: **dépecer** (58), **semer** (185), **mener** (119), **peser** (146), **élever** (73), **sevrer** (190). For example:

   je pèse *but* **je pesais**
   nous mènerons *but* **nous menions**

6. *Verbs in **é** + consonant + **er***, namely **-écer,-éder, -éger, -éler, -émer, -éner, -érer, -éser** and **-éter**, as well as **-ébrer, -écher, -écrer, -égler, -égner, -égrer, -éguer, -équer** and **-étrer**, change the **-é-** to **-è-** before a silent **e** in the present indicative and subjunctive, but not in the future and conditional. Models for these verbs are given in the tables: **rapiécer** (165), **céder** (29), **protéger** (163), **révéler** (178), **écrémer** (71), **réfréner** (167), **préférer** (156), **léser** (114), **compléter** (35), **célébrer** (30), **sécher** (184), **exécrer** (88), **régler** (168), **régner** (169), **intégrer** (104), **léguer** (113), **disséquer** (64), **pénétrer** (143). For example:

   je préfère *but* **je préférerai**
   il célèbre *but* **il célébrerait**

7. *Verbs in **-oyer** and **-uyer***
   The **y** changes to **i** before a silent **e**. The models for these verbs are **nettoyer** (129) and **ennuyer** (78). For example:

   je nettoierai *but* **je nettoyais**
   tu ennuie *but* **tu ennuya**

8. NOTE: Verbs in **-ayer** (like **payer**, 140) do not generally change the **y** to **i**, although this spelling also exists.

USE OF TENSES

A. INDICATIVE

1. *PRESENT*

   The present is used to describe a current state of affairs or an action taking place at the time of speaking:

   il *travaille* dans un bureau
   he *works* in an office

   ne le dérangez pas, il *travaille*
   don't disturb him, he is *working*

   it can also be used to express the immediate future:

   je *pars* demain
   I'*m leaving* tomorrow

2. *IMPERFECT*

   The imperfect is a past tense used to express what someone was doing or what someone used to do or to describe something in the past. The imperfect refers particularly to something that *continued* over a period of time, as opposed to something that happened at a specific point in time:

   il *prenait* un bain quand le téléphone a sonné
   he *was taking* a bath when the phone rang

   je le *voyais* souvent quand il habitait dans le quartier
   I *used to see* him often when he lived in this area

   elle *portait* une robe bleue
   she *was wearing* a blue dress

3. *PERFECT*

   The perfect is a compound past tense, used to express *single* actions which have been completed, ie what someone did or what someone has done/has been doing or something that has happened or has been happening:

   je lui *ai écrit* lundi
   I *wrote* to him on Monday

   j'*ai lu* toute la journée
   I'*ve been reading* all day

NOTE: In English, the simple past ('did', 'went', 'prepared') is used to describe both single and repeated actions in the past. In French, the perfect only describes single actions in the past, while repeated actions are expressed with the imperfect. Thus 'I went' should be translated **'j'allais'** or **'je suis allé'** depending on the nature of the action:

> **après dîner, je *suis allé* en ville**
> after dinner, I *went* to town
>
> **l'an dernier, j'*allais* plus souvent au cinéma**
> last year, I *went* to the movies more often

4. *PASSÉ SIMPLE*
   This tense is used in the same way as the perfect tense, to describe a single, completed action in the past (what someone did or something that happened). It is a literary tense, not used in everyday spoken French. It is mainly found in *written* form as a narrative tense:

   > **le piéton ne *vit* pas arriver la voiture**
   > the pedestrian *didn't see* the car coming

5. *PLUS-QUE-PARFAIT*
   This compound tense is used to express what someone had done/had been doing or something that had happened or had been happening:

   > **elle était essoufflée parce qu'elle *avait couru***
   > she was out of breath because she *had been running*

6. *FUTURE*
   This tense is used to express what someone will do or will be doing or something that will happen or will be happening:

   > **je *ferai* la vaisselle demain**
   > I'*ll wash* the dishes tomorrow

7. *PAST ANTERIOR*
   This tense is used instead of the pluperfect tense to express an action that preceded another action in the past (ie a past in the past). It is usually introduced by a conjunction of time (translated by 'when', 'as soon as', 'after' etc):

   > **il se coucha dès qu'ils *furent partis***
   > he went to bed as soon as they *had left*

8. *FUTURE PERFECT*
   This compound tense is used to describe what someone will have done/will have been doing in the future or to describe something that will have happened in the future:

   appelle-moi quand tu *auras fini*
   call me when you've *finished*

B. IMPERATIVE

The imperative is used to give orders:

mange ta soupe!	eat your soup!
n'aie pas peur!	don't be afraid!
partons!	let's go!
entrez!	come in!

C. CONDITIONAL

1. *CONDITIONAL PRESENT*
   This tense is used to describe what someone would do or would be doing or what would happen (if something else were to happen):

   si j'étais fiche, j'*achèterais* un château
   if I were rich, I *would buy* a castle

   It is also used in indirect questions or reported speech instead of the future:

   il ne m'a pas dit s'il *viendrait*
   he didn't tell me whether he *would come*

2. *PAST CONDITIONAL*
   This tense is used to express what someone would have done or would have been doing or what would have happened:

   si j'avais su, j'*aurais apporté* du pain
   if I had known, I *would have brought* some bread

D. SUBJUNCTIVE

The subjunctive is used to express doubts, wishes, necessity etc. It appears only in subordinate clauses and is introduced by the conjunction ***que***.

1. *PRESENT SUBJUNCTIVE*

   il veut que je *parte*
   he wants me *to go away*
   il faut que tu *restes* ici
   you have *to stay* here

2. *IMPERFECT SUBJUNCTIVE*
   The imperfect subjunctive, used in past subordinate clauses, is very rare in conversation and is mainly found in literature or in texts of a formal nature

   je craignais qu'il ne *se fachât*
   I was afraid that he *would get angry*

3. *PERFECT SUBJUNCTIVE*
   The past subjunctive is used when the action expressed in the subordinate clause happens before another action:

   je veux que tu *aies terminé* quand je reviendrai
   I want you to *be finished* when I come back

E. INFINITIVE

1. *PRESENT INFINITIVE*
   This is the basic form of the verb. It is recognized by its ending, which is found in three forms corresponding to the three conjugations: **-er, -ir, -re**.
   These endings give the verb the meaning 'to . . .':

acheter	to buy
choisir	to choose
vendre	to sell

2. *PAST INFINITIVE*
   The past infinitive is used instead of the present infinitive when the action expressed by the infinitive happens before the main action or before what is referred to by the main verb:

   je regrette d'*avoir* menti
   I'm sorry I *lied* (for having lied)

F. PARTICIPLE

1. *PRESENT PARTICIPLE*
   This corresponds to the English participle in *-ing* ('eating'), but is less commonly used (French prefers constructions with the infinitive):

   en marchant
   while walking

2. *PAST PARTICIPLE*
   This translates the English past participle ('eaten', 'arrived') and is used to form all the compound tenses:

   un verre *cassé*
   a *broken* glass

   j'ai trop *mangé*
   I've *eaten* too much

   For rules governing the agreement of the past participle, see pages 255–256.

THE AUXILIARIES 'ETRE' AND 'AVOIR' IN COMPOUND TENSES

Compound tenses of verbs—such as the passé simple, the plus-que-parfait etc—are formed by using the appropriate form of the auxiliary verbs **'avoir'** or **'être'** and the past participle of the main verb:

il a perdu
he lost
je suis parti
I left

AUXILIARY 'AVOIR' OR 'ETRE'?

1. ***'AVOIR'*** is used to form the compound tenses of most verbs.
2. ***'ETRE'*** is used to form the compound tenses of:

a. reflexive verbs:

je me *suis* baigné
I took a bath
ils se *sont* rencontrés à Paris
they met in Paris

b. the following verbs (mainly verbs of motion):

aller	to go
arriver	to arrive
descendre	to go/come down
devenir	to become
entrer	to go/come in
monter	to go/come up
mourir	to die
naître	to be born
partir	to go away
passer	to pass, to go through

rentrer	to go in/home
rester	to stay
retourner	to go back
sortir	to go/come out
tomber	to fall
venir	to come

and most of their compounds (eg **repartir, survenir** etc). Some of these verbs can be used transitively, ie with a direct object (taking on a different meaning). They are then conjugated with **'avoir'**:

il *est* sorti par la fenêtre
he went out through the window

but

il *a* sorti un mouchoir de sa poche
he took a handkerchief from his pocket
elle *est* retournée en France
she's gone back to France

but

elle *a* retourné la lettre à l'expéditeur
she returned the letter to the sender

In the INDEX, verbs are always cross-referenced to a verb taking the same auxiliary, unless otherwise stated in a footnote.

AGREEMENT OF THE PAST PARTICIPLE

A. USE AS AN ADJECTIVE

When it is used as an adjective, the past participle always agrees with the noun or pronoun it refers to:

une pomme *pourrie*
a rotten apple
ils étaient *fatigués*
they were tired

B. IN COMPOUND TENSES

1. *WITH THE AUXILIARY 'AVOIR'*
With the auxiliary **'avoir'** the past participle does not normally change:

elles ont *mangé* des frites
they ate some fries

The past participle only agrees in number and gender with the direct object when the direct object comes before the participle, ie in the following cases:

a. *in a clause introduced by the relative pronoun* **'qué'**

la valise qu'il a *perdue*
the suitcase he lost

b. *with a direct object pronoun*

ta lettre ? je l'ai *reçue* hier
your letter? I got it yesterday

c. *in a clause introduced by* **'combien de', 'quel', 'quelle'** *etc, or* **'lequel', 'laquelle'** *etc*

combien de pays as–tu visités?
how many countries did you visit?

2. *WITH THE AUXILIARY 'ETRE'*

In the following cases the past participle agrees with the subject of the verb:

a. *ordinary verbs with* **'être'**

elle était déjà *partie*
she had already left

b. *the passive*

les voleurs ont été *arrêtés*
the thieves have been arrested

c. *reflexive verbs*

The past participle of reflexive verbs agrees with the subject of the verb:

Marie s'est *endormie*
Marie fell asleep
ils se sont *disputés*
they had an argument

BUT when the reflexive pronoun is an *indirect object*, the past participle does not agree with the subject of the verb:

elles se sont *écrit*
they wrote to each other

This is also the case where parts of the body are mentioned:

elle s'est *lavé* les cheveux
she washed her hair

THE PASSIVE

The passive is used when the subject of the verb does not perform the action, but is subjected to it, eg:

the house *has been* sold
he *was laid off*

Passive tenses are formed with the corresponding tense of the verb **'être'** ('to be', as in English), followed by the past participle of the verb:

j'ai été invité
I was invited

The past participle must agree with its subject:

elle a été renvoyée
she has been dismissed

The passive is far less common in French than in English. It is often replaced by other constructions:

***on m'a volé* mon portefeuille**
my wallet has been stolen
mon correspondant *m'a invité*
I've been invited by my penpal
elle *s'appelle* Anne
she is called Anne
il *s'est fait renverser* par une voiture
he was run over by a car

In the following verb table we give one model verb, **'être aimé'**, in the passive voice. Other verbs follow the same pattern.

ETRE AIME
to be loved

PRESENT

je suis aimé(e)
tu es aimé(e)
il (elle) est aimé(e)
nous sommes aimé(e)s
vous êtes aimé(e)(s)
ils (elles) sont aimé(e)s

IMPERFECT

j'étais aimé(e)
tu étais aimé(e)
il (elle) était aimé(e)
nous étions aimé(e)s
vous étiez aimé(e)(s)
ils (elles) étaient aimé(e)s

FUTURE

je serai aimé(e)
tu seras aimè(e)
il (elle) sera aimé(e)
nous serons aimé(e)s
vous serez aimé(e)(s)
ils (elles) seront aimé(e)s

PASSÉ SIMPLE

je fus aimé(e)
tu fus aimé(e)
il (elle) fut aimé(e)
nous fûmes aimé(e)s
vous fûtes aimé(e)(s)
ils (elles) furent aimé(e)s

PASSÉ COMPOSÉ

j'ai été aimé(e)
tu as été aimé(e)
il (elle) a été aimé(e)
nous avons été aimé(e)s
vous avez été aimé(e)(s)
ils (elles) ont été aimé(e)(s)

PLUS-QUE-PARFAIT

j'avais été aimé(e)
tu avais été aimé(e)
il (elle) avait été aimé(e)
nous avions été aimé(e)s
vous aviez été aimé(e)(s)
ils (elles) avaient été aimé(e)s

PAST ANTERIOR

j'eus été aimé(e) etc

FUTURE PERFECT

j'aurai été aimé(e) etc

IMPERATIVE

sois aimé(e)
soyons aimé(e)s
soyez aimé(e)(s)

CONDITIONAL

PRESENT

je serais aimé(e)
tu serais aimé(e)
il (elle) serait aimé(e)
nous serions aimé(e)s
vous seriez aimé(e)(s)
ils (elles) seraient aimé(e)s

PAST

j' aurais été aimé(e)
tu aurais été aimé(e)
il (elle) aurait été aimé(e)
nous aurions été aimé(e)s
vous auriez été aimé(e)(s)
ils (elles) auraient été aimé(e)s

SUBJUNCTIVE

PRESENT

je sois aimé(e)
tu sois aimé(e)
il (elle) soit aimé(e)
nous soyons aimé(e)s
vous soyez aimé(e)(s)
ils (elles) soient aimé(e)s

IMPERFECT

je fusse aimé(e)
tu fusses aimé(e)
il (elle) fût aimé(e)
nous fussions aimé(e)s
vous fussiez aimé(e)(s)
ils (elles) fussent aimé(e)s

PERFECT

j'aie été aimé(e)
tu aies été aimé(e)
il (elle) ait été aimé(e)
nous ayons étéaimé(e)s
vous ayez été aimé(e)(s)
ils (elles) aient été aimé(e)s

INFINITIVE

PRESENT

être aimé(e)(s)

PAST

avoir été aimé(e)(s)

PARTICIPLE

PRESENT

étant aimé(e)(s)

PAST

été aimé(e)(s)

DEFECTIVE VERBS

Defective verbs are verbs that are not used in all tenses or persons. Most of them are no longer commonly used, or are used only in a few set expressions. However, since their conjugation follows irregular patterns, we have given a selection of these verbs in the following tables:

211	**accroire**
5	**advenir**
211	**apparoir**
66	**braire** (*note*)
32	**choir**
33	**clore**
52	**déchoir**
69	**échoir**
70	**éclore**
75	**enclore**
79	**s'ensuivre**
89	**faillir**
91	**falloir**
94	**foutre**
95	**frire**
98	**gésir**
109	**oindre** (*note*)
211	**ouïr**
135	**paître**
151	**poindre**
164	**puer**
170	**renaître**
182	**saillir**
187	**seoir**
66	**traire** (*note*)

VERB CONSTRUCTIONS WITH THE INFINITIVE

The following verbs can all be used in infinitive constructions. The infinitive will be used either (1) without a preposition at all or (2) with the preposition '**à**' or (3) with the preposition '**de**' (Note that many of these verbs can also take other constructions, eg a direct object or '**que**' with the subjunctive).

1. *VERBS FOLLOWED BY AN INFINITIVE WITHOUT A LINKING PREPOSITION*

adorer	to love (doing)
aimer	to like (doing)
aimer mieux	to prefer (to do)
aller	to go (and do)
compter	to expect (to do)
daigner	to deign (to do)
descendre	to go down (and do)
désirer	to wish (to do)
détester	to hate (to do)
devoir	to have to (do)
écouter	to listen (to someone doing)
entendre	to hear (someone doing)
entrer	to go in (and do)
envoyer	to send (to do)
espérer	to hope (to do)
faillir	'to nearly' (do)
faire	to make (do)
falloir	to have to (do)
laisser	to let (do)
monter	to go up (and do)

oser	to dare (to do)
paraître	to seem (to do)
pouvoir	to be able to (do)
préférer	to prefer (to do)
regarder	to watch (someone do)
rentrer	to go in (and do)
savoir	to be able to (do)
sembler	to seem (to do)
sortir	to go out (and do)
souhaiter	to wish (to do)
valoir mieux	to be better (doing)
venir	to come (and do)
voir	to see (someone doing)
vouloir	to want (to do)

2. *VERBS FOLLOWED BY AN INFINITIVE WITH THE LINKING PREPOSITION* à:

s'accoutumer à	to get used to (doing)
aider à	to help (to do)
s'amuser à	to play at (doing)
apprendre à	to learn (to do)
s'apprêter à	to get ready (to do)
arriver à	to manage (to do)
s'attendre à	to expect (to do)
autoriser à	to allow (to do)
chercher à	to try (to do)
commencer à	to start (doing)
consentir à	to agree (to do)
consister à	to consist in (doing)
continuer à	to continue (to do)
se décider à	to make up one's mind (to do)
encourager à	to encourage (to do)
s'engager à	to undertake (to do)
enseigner à	to teach how (to do)
s'évertuer à	to try hard (to do)
forcer à	to force (to do)
s'habituer à	to get used (to doing)
hésiter à	to hesitate (to do)
inciter à	to prompt (to do)
s'intéresser à	to be interested in (doing)
inviter à	to invite (to do)
se mettre à	to start (doing)

obliger à	to force (to do)
s'obstiner à	to persist (in doing)
parvenir à	to succeed in (doing)
passer son temps à	to spend one's time (doing)
perdre son temps à	to waste one's time (doing)
persister à	to persist (in doing)
pousser à	to urge (to do)
se préparer à	to get ready (to do)
renoncer à	to give up (doing)
rester à	to be left (to do)
réussir à	to succeed in (doing)
servir à	to be used for (doing)
songer à	to think of (doing)
tarder à	to delay (doing)
tenir à	to be eager (to do)

3. *VERBS FOLLOWED BY AN INFINITIVE WITH THE LINKING PREPOSITION* de:

accepter de	to agree (to do)
accuser de	to accuse of (doing)
achever de	to finish (doing)
s'arrêter de	to stop (doing)
avoir besoin de	to need (to do)
avoir envie de	to feel like (doing)
avoir peur de	to be afraid (to do)
cesser de	to stop (doing)
se charger de	to undertake (to do)
commander de	to order (to do)
conseiller de	to advise (to do)
se contenter de	to make do with (doing)
continuer de	to continue (to do)
craindre de	to be afraid (to do)
décider de	to decide (to do)
déconseiller de	to advise against (doing)
défendre de	to forbid (to do)
demander de	to ask (to do)
se dépêcher de	to hurry (to do)
dire de	to tell (to do)
dissuader de	to dissuade from (doing)
s'efforcer de	to try (to do)
empêcher de	to prevent (from doing)

s'empresser de	to hasten (to do)
entreprendre de	to undertake (to do)
envisager de	to intend to (do)
essayer de	to try (to do)
s'étonner de	to be surprised (at doing)
éviter de	to avoid (doing)
s'excuser de	to apologize for (doing)
faire semblant de	to pretend (to do)
feindre de	to pretend (to do)
finir de	to finish (doing)
se garder de	to be careful not to (do)
se hâter de	to hasten (to do)
interdire de	to forbid (to do)
jurer de	to swear (to do)
manquer de	'to nearly' do
menacer de	to threaten (to do)
mériter de	to deserve (to do)
négliger de	to fail (to do)
s'occuper de	to undertake (to do)
offrir de	to offer (to do)
omettre de	to omit (to do)
ordonner de	to order (to do)
oublier de	to forget (to do)
permettre de	to allow (to do)
persuader de	to persuade (to do)
prier de	to ask (to do)
promettre de	to promise (to do)
proposer de	to offer (to do)
recommander de	to recommend (to do)
refuser de	to refuse (to do)
regretter de	to be sorry (to do)
remercier de	to thank for (doing)
résoudre de	to resolve (to do)
se retenir de	to restrain oneself (from doing)
risquer de	to risk (doing)
se souvenir de	to remember (doing)
suggérer de	to suggest (doing)
supplier de	to implore (to do)
tâcher de	to try (to do)
tenter de	to try (to do)
venir de	'to have just' (done)

Verb Tables

1 ACCROITRE
to increase

PRESENT	IMPERFECT	FUTURE
j'accrois	j'accroissais	j'accroîtrai
tu accrois	tu accroissais	tu accroîtras
il accroît	il accroissait	il accroîtra
nous accroissons	nous accroissions	nous accroîtrons
vous accroissez	vous accroissiez	vous accroîtrez
ils accroissent	ils accroissaient	ils accroîtront
PASSÉ SIMPLE	**PASSÉ COMPOSÉ**	**PLUS-QUE-PARFAIT**
j'accrus	j'ai accru	j'avais accru
tu accrus	tu as accru	tu avais accru
il accrut	il a accru	il avait accru
nous accrûmes	nous avons accru	nous avions accru
vous accrûtes	vous avez accru	vous aviez accru
ils accrurent	ils ont accru	ils avaient accru
PAST ANTERIOR	**FUTURE PERFECT**	
j'eus accru etc	j'aurai accru etc	

IMPERATIVE	*CONDITIONAL* PRESENT	PAST
accrois	j'accroîtrais	j'aurais accru
accroissons	tu accroîtrais	tu aurais accru
accroissez	il accroîtrait	il aurait accru
	nous accroîtrions	nous aurions accru
	vous accroîtriez	vous auriez accru
	ils accroîtraient	ils auraient accru

SUBJUNCTIVE PRESENT	IMPERFECT	PERFECT
j'accroisse	j'accrusse	j'aie accru
tu accroisses	tu accrusses	tu aies accru
il accroisse	il accrût	il ait accru
nous accroissions	nous accrussions	nous ayons accru
vous accroissiez	vous accrussiez	vous ayez accru
ils accroissent	ils accrussent	ils aient accru

INFINITIVE PRESENT	*PARTICIPLE* PRESENT
accroître	accroissant
PAST	**PAST**
avoir accru	accru

ACCUEILLIR
to welcome

2

PRESENT	IMPERFECT	FUTURE
j'accueille	j'accueillais	j'accueillerai
tu accueilles	tu accueillais	tu accueilleras
il accueille	il accueillait	il accueillera
nous accueillons	nous accueillions	nous accueillerons
vous accueillez	vous accueilliez	vous accueillerez
ils accueillent	ils accueillaient	ils accueilleront
PASSÉ SIMPLE	**PASSÉ COMPOSÉ**	**PLUS-QUE-PARFAIT**
j'accueillis	j'ai accueilli	j'avais accueilli
tu accueillis	tu as accueilli	tu avais accueilli
il accueillit	il a accueilli	il avait accueilli
nous accueillîmes	nous avons accueilli	nous avions accueilli
vous accueillîtes	vous avez accueilli	vous aviez accueilli
ils accueillirent	ils ont accueilli	ils avaient accueilli
PAST ANTERIOR	**FUTURE PERFECT**	
j'eus accueilli etc	j'aurai accueilli etc	

IMPERATIVE	*CONDITIONAL*	
	PRESENT	**PAST**
accueille	j'accueillerais	j'aurais accueilli
accueillons	tu accueillerais	tu aurais accueilli
accueillez	il accueillerait	il aurait accueilli
	nous accueillerions	nous aurions accueilli
	vous accueilleriez	vous auriez accueilli
	ils accueilleraient	ils auraient accueilli

SUBJUNCTIVE

PRESENT	IMPERFECT	PERFECT
j'accueille	j'accueillisse	j'aie accueilli
tu accueilles	tu accueillisses	tu aies accueilli
il accueille	il accueillît	il ait accueilli
nous accueillions	nous accueillissions	nous ayons accueilli
vous accueilliez	vous accueillissiez	vous ayez accueilli
ils accueillent	ils accueillissent	ils aient accueilli

INFINITIVE	*PARTICIPLE*
PRESENT	**PRESENT**
accueillir	accueillant
PAST	**PAST**
avoir accueilli	accueilli

3 ACHETER
to buy

PRESENT	IMPERFECT	FUTURE
j'achète	j'achetais	j'achèterai
tu achètes	tu achetais	tu achèteras
il achète	il achetait	il achètera
nous achetons	nous achetions	nous achèterons
vous achetez	vous achetiez	vous achèterez
ils achètent	ils achetaient	ils achèteront
PASSÉ SIMPLE	**PASSÉ COMPOSÉ**	**PLUS-QUE-PARFAIT**
j'achetai	j'ai acheté	j'avais acheté
tu achetas	tu as acheté	tu avais acheté
il acheta	il a acheté	il avait acheté
nous achetâmes	nous avons acheté	nous avions acheté
vous achetâtes	vous avez acheté	vous aviez acheté
ils achetèrent	ils ont acheté	ils avaient acheté
PAST ANTERIOR	**FUTURE PERFECT**	
j'eus acheté etc	j'aurai acheté etc	

IMPERATIVE	*CONDITIONAL* PRESENT	PAST
achète	j'achèterais	j'aurais acheté
achetons	tu achèterais	tu aurais acheté
achetez	il achèterait	il aurait acheté
	nous achèterions	nous aurions acheté
	vous achèteriez	vous auriez acheté
	ils achèteraient	ils auraient acheté

SUBJUNCTIVE

PRESENT	IMPERFECT	PERFECT
j'achète	j'achetasse	j'aie acheté
tu achètes	tu achetasses	tu aies acheté
il achète	il achetât	il ait acheté
nous achetions	nous achetassions	nous ayons acheté
vous achetiez	vous achetassiez	vous ayez acheté
ils achètent	ils achetassent	ils aient acheté

INFINITIVE PRESENT	*PARTICIPLE* PRESENT
acheter	achetant
PAST	**PAST**
avoir acheté	acheté

ACQUERIR
to acquire

4

PRESENT	IMPERFECT	FUTURE
j'acquiers	j'acquérais	j'acquerrai
tu acquiers	tu acquérais	tu acquerras
il acquiert	il acquérait	il acquerra
nous acquérons	nous acquérions	nous acquerrons
vous acquérez	vous acquériez	vous acquerrez
ils acquièrent	ils acquéraient	ils acquerront
PASSÉ SIMPLE	**PASSÉ COMPOSÉ**	**PLUS-QUE-PARFAIT**
j'acquis	j'ai acquis	j'avais acquis
tu acquis	tu as acquis	tu avais acquis
il acquit	il a acquis	il avait acquis
nous acquîmes	nous avons acquis	nous avions acquis
vous acquîtes	vous avez acquis	vous aviez acquis
ils acquirent	ils ont acquis	ils avaient acquis
PAST ANTERIOR	**FUTURE PERFECT**	
j'eus acquis etc	j'aurai acquis etc	

IMPERATIVE	*CONDITIONAL* PRESENT	PAST
acquiers	j'acquerrais	j'aurais acquis
acquérons	tu acquerrais	tu aurais acquis
acquérez	il acquerrait	il aurait acquis
	nous acquerrions	nous aurions acquis
	vous acquerriez	vous auriez acquis
	ils acquerraient	ils auraient acquis

SUBJUNCTIVE

PRESENT	IMPERFECT	PERFECT
j'acquière	j'acquisse	j'aie acquis
tu acquières	tu acquisses	tu aies acquis
il acquière	il acquît	il ait acquis
nous acquérions	nous acquissions	nous ayons acquis
vous acquériez	vous acquissiez	vous ayez acquis
ils acquièrent	ils acquissent	ils aient acquis

INFINITIVE PRESENT	*PARTICIPLE* PRESENT
acquérir	acquérant
PAST	**PAST**
avoir acquis	acquis

5 ADVENIR
to happen

PRESENT	IMPERFECT	FUTURE
il advient	il advenait	il adviendra
ils adviennent	ils advenaient	ils adviendront
PASSÉ SIMPLE	**PASSÉ COMPOSÉ**	**PLUS-QUE-PARFAIT**
il advint	il est advenu	il était advenu
ils advinrent	ils sont advenus	ils étaient advenus
PAST ANTERIOR	**FUTURE PERFECT**	
il fut advenu etc	il sera advenu etc	

IMPERATIVE	*CONDITIONAL*	
	PRESENT	**PAST**
	il adviendrait	il serait advenu
	ils adviendraient	ils seraient advenus

SUBJUNCTIVE

PRESENT	IMPERFECT	PERFECT
il advienne	il advînt	il soit advenu
ils adviennent	ils advinssent	ils soient advenus

INFINITIVE	*PARTICIPLE*
PRESENT	**PRESENT**
advenir	
PAST	**PAST**
être advenu	advenu

AFFAIBLIR
to weaken

6

PRESENT	IMPERFECT	FUTURE
j'affaiblis	j'affaiblissais	j'affaiblirai
tu affaiblis	tu affaiblissais	tu affaibliras
il affaiblit	il affaiblissait	il affaiblira
nous affaiblissons	nous affaiblissions	nous affaiblirons
vous affaiblissez	vous affaiblissiez	vous affaiblirez
ils affaiblissent	ils affaiblissaient	ils affaibliront
PASSÉ SIMPLE	**PASSÉ COMPOSÉ**	**PLUS-QUE-PARFAIT**
j'affaiblis	j'ai affaibli	j'avais affaibli
tu affaiblis	tu as affaibli	tu avais affaibli
il affaiblit	il a affaibli	il avait affaibli
nous affaiblîmes	nous avons affaibli	nous avions affaibli
vous affaiblîtes	vous avez affaibli	vous aviez affaibli
ils affaiblirent	ils ont affaibli	ils avaient affaibli
PAST ANTERIOR	**FUTURE PERFECT**	
j'eus affaibli etc	j'aurai affaibli etc	

IMPERATIVE	*CONDITIONAL* PRESENT	PAST
affaiblis	j'affaiblirais	j'aurais affaibli
affaiblissons	tu affaiblirais	tu aurais affaibli
affaiblissez	il affaiblirait	il aurait affaibli
	nous affaiblirions	nous aurions affaibli
	vous affaibliriez	vous auriez affaibli
	ils affaibliraient	ils auraient affaibli

SUBJUNCTIVE PRESENT	IMPERFECT	PERFECT
j'affaiblisse	j'affaiblisse	j'aie affaibli
tu affaiblisses	tu affaiblisses	tu aies affaibli
il affaiblisse	il affaiblît	il ait affaibli
nous affaiblissions	nous affaiblissions	nous ayons affaibli
vous affaiblissiez	vous affaiblissiez	vous ayez affaibli
ils affaiblissent	ils affaiblissent	ils aient affaibli

INFINITIVE PRESENT	*PARTICIPLE* PRESENT
affaiblir	affaiblissant
PAST	**PAST**
avoir affaibli	affaibli

7 AGIR
to act

PRESENT	IMPERFECT	FUTURE
j'agis	j'agissais	j'agirai
tu agis	tu agissais	tu agiras
il agit	il agissait	il agira
nous agissons	nous agissions	nous agirons
vous agissez	vous agissiez	vous agirez
ils agissent	ils agissaient	ils agiront
PASSÉ SIMPLE	**PASSÉ COMPOSÉ**	**PLUS-QUE-PARFAIT**
j'agis	j'ai agi	j'avais agi
tu agis	tu as agi	tu avais agi
il agit	il a agi	il avait agi
nous agîmes	nous avons agi	nous avions agi
vous agîtes	vous avez agi	vous aviez agi
ils agirent	ils ont agi	ils avaient agi
PAST ANTERIOR	**FUTURE PERFECT**	
j'eus agi etc	j'aurai agi etc	

IMPERATIVE	*CONDITIONAL* PRESENT	PAST
agis	j'agirais	j'aurais agi
agissons	tu agirais	tu aurais agi
agissez	il agirait	il aurait agi
	nous agirions	nous aurions agi
	vous agiriez	vous auriez agi
	ils agiraient	ils auraient agi

SUBJUNCTIVE

PRESENT	IMPERFECT	PERFECT
j'agisse	j'agisse	j'aie agi
tu agisses	tu agisses	tu aies agi
il agisse	il agît	il ait agi
nous agissions	nous agissions	nous ayons agi
vous agissiez	vous agissiez	vous ayez agi
ils agissent	ils agissent	ils aient agi

INFINITIVE	*PARTICIPLE*
PRESENT	**PRESENT**
agir	agissant
PAST	**PAST**
avoir agi	agi

AIMER
to like, to love

8

PRESENT	IMPERFECT	FUTURE
j'aime	j'aimais	j'aimerai
tu aimes	tu aimais	tu aimeras
il aime	il aimait	il aimera
nous aimons	nous aimions	nous aimerons
vous aimez	vous aimiez	vous aimerez
ils aiment	ils aimaient	ils aimeront
PASSÉ SIMPLE	**PASSÉ COMPOSÉ**	**PLUS-QUE-PARFAIT**
j'aimai	j'ai aimé	j'avais aimé
tu aimas	tu as aimé	tu avais aimé
il aima	il a aimé	il avait aimé
nous aimâmes	nous avons aimé	nous avions aimé
vous aimâtes	vous avez aimé	vous aviez aimé
ils aimèrent	ils ont aimé	ils avaient aimé
PAST ANTERIOR	**FUTURE PERFECT**	
j'eus aimé etc	j'aurai aimé etc	

IMPERATIVE	*CONDITIONAL* PRESENT	PAST
aime	j'aimerais	j'aurais aimé
aimons	tu aimerais	tu aurais aimé
aimez	il aimerait	il aurait aimé
	nous aimerions	nous aurions aimé
	vous aimeriez	vous auriez aimé
	ils aimeraient	ils auraient aimé

SUBJUNCTIVE

PRESENT	IMPERFECT	PERFECT
j'aime	j'aimasse	j'aie aimé
tu aimes	tu aimasses	tu aies aimé
il aime	il aimât	il ait aimé
nous aimions	nous aimassions	nous ayons aimé
vous aimiez	vous aimassiez	vous ayez aimé
ils aiment	ils aimassent	ils aient aimé

INFINITIVE PRESENT	*PARTICIPLE* PRESENT
aimer	aimant
PAST	**PAST**
avoir aimé	aimé

9 ALLER

to go

PRESENT	IMPERFECT	FUTURE
je vais	j'allais	j'irai
tu vas	tu allais	tu iras
il va	il allait	il ira
nous allons	nous allions	nous irons
vous allez	vous alliez	vous irez
ils vont	ils allaient	ils iront

PASSÉ SIMPLE	PASSÉ COMPOSÉ	PLUS-QUE-PARFAIT
j'allai	je suis allé	j'étais allé
tu allas	tu es allé	tu étais allé
il alla	il est allé	il était it allé
nous allâmes	nous sommes allés	nous étions allés
vous allâtes	vous êtes allé(s)	vous étiez allé(s)
ils allèrent	ils sont allés	ils étaient allés

PAST ANTERIOR	FUTURE PERFECT
je fus allé etc	je serai allé etc

IMPERATIVE	*CONDITIONAL*	
	PRESENT	**PAST**
va	j'irais	je serais allé
allons	tu irais	tu serais allé
allez	il irait	il serait allé
	nous irions	nous serions allés
	vous iriez	vous seriez allé(s)
	ils iraient	ils seraient allés

SUBJUNCTIVE		
PRESENT	**IMPERFECT**	**PERFECT**
j'aille	j'allasse	je sois allé
tu ailles	tu allasses	tu sois allé
il aille	il allât	il soit allé
nous allions	nous allassions	nous soyons allés
vous alliez	vous allassiez	vous soyez allé(s)
ils aillent	ils allassent	ils soient allés

INFINITIVE	*PARTICIPLE*
PRESENT	**PRESENT**
alter	allant
PAST	**PAST**
être allé	allé

S'ENALLER
to go away

10

PRESENT	IMPERFECT	FUTURE
je m'en vais	je m'en allais	je m'en irai
tu t'en vas	tu t'en allais	tu t'en iras
il s'en va	il s'en allait	il s'en ira
nous nous en allons	nous nous en allions	nous nous en irons
vous vous en allez	vous vous en alliez	vous vous en irez
ils s'en vont	ils s'en allaient	ils s'en iront
PASSÉ SIMPLE	**PASSÉ COMPOSÉ**	**PLUS-QUE-PARFAIT**
je m'en allai	je m'en suis allé	je m'en étais allé
tu t'en allas	tu t'en es allé	tu t'en étais allé
il s'en alla	il s'en est allé	il s'en était allé
nous nous en allâmes	nous ns. en sommes allés	nous ns. en étions allés
vous vous en allâtes	vous vs. en êtes allé(s)	vous vs. enétiez allé(s)
ils s'en allèrent	ils s'en sont allés	ils s'en étaient allés
PAST ANTERIOR	**FUTURE PERFECT**	
je m'en fus allé etc	je m'en serai allé etc	

IMPERATIVE	*CONDITIONAL* PRESENT	PAST
va-t'en	je m'en irais	je m'en serais allé
allons-nous-en	tu t'en irais	tu t'en serais allé
allez-vous-en	il s'en irait	il s'en serait allé
	nous nous en irions	nous nous en serions allés
	vous vous en iriez	vous vous en seriez allé(s)
	ils s'en iraient	ils s'en seraient allés

SUBJUNCTIVE

PRESENT	IMPERFECT	PERFECT
je m'en aille	je m'en allasse	je m'en sois allé
tu t'en ailles	tu t'en allasses	tu t'en sois allé
il s'en aille	il s'en allât	il s'en soit allé
nous nous en allions	nous nous en allassions	nous nous en soyons allés
vous vous en alliez	vous vous en allassiez	vous vous en soyez allé(s)
ils s'en aillent	ils s'en allassent	ils s'en soient allés

INFINITIVE	*PARTICIPLE*
PRESENT	**PRESENT**
s'en aller	s'en allant
PAST	**PAST**
s'en être allé	enallé

11 ANNONCER
to announce

PRESENT	IMPERFECT	FUTURE
j'annonce	j'annonçais	j'annoncerai
tu annonces	tu annonçais	tu annonceras
il annonce	il annonçait	il annoncera
nous annonçons	nous annoncions	nous annoncerons
vous annoncez	vous annonciez	vous annoncerez
ils annoncent	ils annonçaient	ils annonceront
PASSÉ SIMPLE	**PASSÉ COMPOSÉ**	**PLUS-QUE-PARFAIT**
j'annonçai	j'ai annoncé	j'avais annoncé
tu annonças	tu as annoncé	tu avais annoncé
il annonça	il a annoncé	il avait annoncé
nous annonçâmes	nous avons annoncé	nous avions annoncé
vous annonçâtes	vous avez annoncé	vous aviez annoncé
ils annoncèrent	ils ont annoncé	ils avaient annoncé
PAST ANTERIOR	**FUTURE PERFECT**	
j'eus annoncé etc	j'aurai annoncé etc	

IMPERATIVE	*CONDITIONAL* PRESENT	PAST
annonce	j'annoncerais	j'aurais annoncé
annonçons	tu annoncerais	tu aurais annoncé
annoncez	il annoncerait	il aurait annoncé
	nous annoncerions	nous aurions annoncé
	vous annonceriez	vous auriez annoncé
	ils annonceraient	ils auraient annoncé

SUBJUNCTIVE PRESENT	IMPERFECT	PERFECT
j'annonce	j'annonçasse	j'aie annoncé
tu annonces	tu annonçasses	tu aies annoncé
il annonce	il annonçât	il ait annoncé
nous annoncions	nous annonçassions	nous ayons annoncé
vous annonciez	vous annonçassiez	vous ayez annoncé
ils annoncent	ils annonçassent	ils aient annoncé

INFINITIVE PRESENT	*PARTICIPLE* PRESENT
annoncer	annonçant
PAST	**PAST**
avoir annoncé	annoncé

APERVEVOIR
to see

12

PRESENT	IMPERFECT	FUTURE
j'aperçois	j'apercevais	j'apercevrai
tu aperçois	tu apercevais	tu apercevras
il aperçoit	il apercevait	il apercevra
nous apercevons	nous apercevions	nous apercevrons
vous apercevez	vous aperceviez	vous apercevrez
ils aperçoivent	ils apercevaient	ils apercevront
PASSÉ SIMPLE	**PASSÉ COMPOSÉ**	**PLUS-QUE-PARFAIT**
j'aperçus	j'ai aperçu	j'avais aperçu
tu aperçus	tu as aperçu	tu avais aperçu
il aperçut	il a aperçu	il avait aperçu
nous aperçûmes	nous avons aperçu	nous avions aperçu
vous aperçûtes	vous avez aperçu	vous aviez aperçu
ils aperçurent	ils ont aperçu	ils avaient aperçu
PAST ANTERIOR	**FUTURE PERFECT**	
j'eus aperçu etc	j'aurai aperçu etc	

IMPERATIVE	*CONDITIONAL* PRESENT	PAST
aperçois	j'apercevrais	j'aurais aperçu
apercevons	tu apercevrais	tu aurais aperçu
apercevez	il apercevrait	il aurait aperçu
	nous apercevrions	nous aurions aperçu
	vous apercevriez	vous auriez aperçu
	ils apercevraient	ils auraient aperçu

SUBJUNCTIVE PRESENT	IMPERFECT	PERFECT
j'aperçoive	j'aperçusse	j'aie aperçu
tu aperçoives	tu aperçusses	tu aies aperçu
il aperçoive	il aperçût	il ait aperçu
nous apercevions	nous aperçussions	nous ayons aperçu
vous aperceviez	vous aperçussiez	vous ayez aperçu
ils aperçoivent	ils aperçussent	ils aient aperçu

INFINITIVE PRESENT	*PARTICIPLE* PRESENT
apercevoir	apercevant
PAST	**PAST**
avoir aperçu	aperçu

13 APPARTENIR
to belong

PRESENT	IMPERFECT	FUTURE
j'appartiens	j'appartenais	j'appartiendrai
tu appartiens	tu appartenais	tu appartiendras
il appartient	il appartenait	il appartiendra
nous appartenons	nous appartenions	nous appartiendrons
vous appartenez	vous apparteniez	vous appartiendrez
ils appartiennent	ils appartenaient	ils appartiendront
PASSÉ SIMPLE	**PASSÉ COMPOSÉ**	**PLUS-QUE-PARFAIT**
j'appartins	j'ai appartenu	j'avais appartenu
tu appartins	tu as appartenu	tu avais appartenu
il appartint	il a appartenu	il avait appartenu
nous appartînmes	nous avons appartenu	nous avions appartenu
vous appartîntes	vous avez appartenu	vous aviez appartenu
ils appartinrent	ils ont appartenu	ils avaient appartenu
PAST ANTERIOR	**FUTURE PERFECT**	
j'eus appartenu etc	j'aurai appartenu etc	

IMPERATIVE	*CONDITIONAL* PRESENT	PAST
appartiens	j'appartiendrais	j'aurais appartenu
appartenons	tu appartiendrais	tu aurais appartenu
appartenez	il appartiendrait	il aurait appartenu
	nous appartiendrions	nous aurions appartenu
	vous appartiendriez	vous auriez appartenu
	ils appartiendraient	ils auraient appartenu

SUBJUNCTIVE

PRESENT	IMPERFECT	PERFECT
j'appartienne	j'appartinsse	j'aie appartenu
tu appartiennes	tu appartinsses	tu aies appartenu
il appartienne	il appartînt	il ait appartenu
nous appartenions	nous appartinssions	nous ayons appartenu
vous apparteniez	vous appartinssiez	vous ayez appartenu
ils appartiennent	ils appartinssent	ils aient appartenu

INFINITIVE PRESENT	*PARTICIPLE* PRESENT
appartenir	appartenant
PAST	**PAST**
avoir appartenu	appartenu

APPELER
to call

14

PRESENT	IMPERFECT	FUTURE
j'appelle	j'appelais	j'appellerai
tu appelles	tu appelais	tu appelleras
il appelle	il appelait	it appellera
nous appelons	nous appelions	nous appellerons
vous appelez	vous appeliez	vous appellerez
ils appellent	ils appelaient	ils appelleront
PASSÉ SIMPLE	**PASSÉ COMPOSÉ**	**PLUS-QUE-PARFAIT**
j'appelai	j'ai appelé	j'avais appelé
tu appelas	tu as appelé	tu avais appelé
il appela	il a appelé	il avait appelé
nous appelâmes	nous avons appelé	nous avions appelé
vous appelâtes	vous avez appelé	vous aviez appelé
ils appelèrent	ils ont appelé	ils avaient appelé
PAST ANTERIOR	**FUTURE PERFECT**	
j'eus appelé etc	j'aural appelé etc	

IMPERATIVE	*CONDITIONAL* PRESENT	PAST
appelle	j'appellerais	j'aurais appelé
appelons	tu appellerais	tu aurais appelé
appelez	il appellerait	il aurait appelé
	nous appellerions	nous aurions appelé
	vous appelleriez	vous auriez appelé
	ils appelleraient	ils auraient appelé

SUBJUNCTIVE PRESENT	IMPERFECT	PERFECT
j'appele	j'appelasse	j'ale appelé
tu appelles	tu appelasses	tu aies appelé
il appelle	il appelât	il ait appelé
nous appelions	nous appelassions	nous ayons appelé
vous appeliez	vous appelassiez	vous ayez appelé
ils appellent	ils appelassent	ils aient appelé

INFINITIVE PRESENT	*PARTICIPLE* PRESENT
appeler	appelant
PAST	**PAST**
avoir appelé	appelé

15 APPRECIER
to appreciate

PRESENT	IMPERFECT	FUTURE
j'apprécie	j'appréciais	j'apprécierai
tu apprécies	tu appréciais	tu apprécieras
il apprécie	il appréciait	il appréciera
nous apprécions	nous appréciions	nous apprécierons
vous appréciez	vous appréciiez	vous apprécierez
ils apprécient	ils appréciaient	ils apprécieront

PASSÉ SIMPLE	PASSÉ COMPOSÉ	PLUS-QUE-PARFAIT
j'appréciai	j'ai apprécié	j'avais apprécié
tu apprécias	tu as apprécié	tu avais apprécié
il apprécia	il a apprécié	il avait apprécié
nous appréciâmes	nous avons apprécié	nous avions apprécié
vous appréciâtes	vous avez apprécié	vous aviez apprécié
ils apprécièrent	ils ont apprécié	ils avaient apprécié

PAST ANTERIOR	FUTURE PERFECT
j'eus apprécié etc	j'aurai apprécié etc

IMPERATIVE	*CONDITIONAL* PRESENT	PAST
apprécie	j'apprécierais	j'aurais apprécié
apprécions	tu apprécierais	tu aurais apprécié
appréciez	il apprécierait	il aurait apprécié
	nous apprécierions	nous aurions apprécié
	vous apprécieriez	vous auriez apprécié
	ils apprécieraient	ils auraient apprécié

SUBJUNCTIVE PRESENT	IMPERFECT	PERFECT
j'apprécie	j'appréciasse	j'aie apprécié
tu apprécies	tu appréciasses	tu aies apprécié
il apprécie	il appréciât	il ait apprécié
nous appréciions	nous appréciassions	nous ayons apprécié
vous appréciiez	vous appréciassiez	vous ayez apprécié
ils apprécient	ils appréciassent	ils aient apprécié

INFINITIVE	*PARTICIPLE*
PRESENT	PRESENT
apprécier	appréciant
PAST	PAST
avoir apprécié	apprécié

APPRENDRE 16
to learn

PRESENT	IMPERFECT	FUTURE
j'apprends	j'apprenais	j'apprendrai
tu apprends	tu apprenais	tu apprendras
il apprend	il apprenait	il apprendra
nous apprenons	nous apprenions	nous apprendrons
vous apprenez	vous appreniez	vous apprendrez
ils apprennent	ils apprenaient	ils apprendront

PASSÉ SIMPLE	PASSÉ COMPOSÉ	PLUS-QUE-PARFAIT
j'appris	j'ai appris	j'avais appris
tu appris	tu as appris	tu avais appris
il apprit	il a appris	il avait appris
nous apprîmes	nous avons appris	nous avions appris
vous apprîtes	vous avez appris	vous aviez appris
ils apprirent	ils ont appris	ils avaient appris

PAST ANTERIOR	FUTURE PERFECT
j'eus appris etc	j'aurai appris etc

IMPERATIVE	*CONDITIONAL* PRESENT	PAST
apprends	j'apprendrais	j'aurais appris
apprenons	tu apprendrais	tu aurais appris
apprenez	il apprendrait	il aurait appris
	nous apprendrions	nous aurions appris
	vous apprendriez	vous auriez appris
	ils apprendraient	ils auraient appris

SUBJUNCTIVE

PRESENT	IMPERFECT	PERFECT
j'apprenne	j'apprisse	j'aie appris
tu apprennes	tu apprisses	tu aies appris
il apprenne	il apprît	il ait appris
nous apprenions	nous apprissions	nous ayons appris
vous appreniez	vous apprissiez	vous ayez appris
ils apprennent	ils apprissent	ils aient appris

INFINITIVE	*PARTICIPLE*
PRESENT	PRESENT
apprendre	apprenant
PAST	PAST
avoir appris	appris

17 APPRUTER
to push, to lean

PRESENT	IMPERFECT	FUTURE
j'appuie	j'appuyais	j'appuierai
tu appuies	tu appuyais	tu appuieras
il appuie	itl appuyait	il appuiera
nous appuyons	nous appuyions	nous appuierons
vous appuyez	vous appuyiez	vous appuierez
ils appuient	ils appuyaient	ils appuieront
PASSÉ SIMPLE	**PASSÉ COMPOSÉ**	**PLUS-QUE-PARFAIT**
j'appuyai	j'ai appuyé	j'avais appuyé
tu appuyas	tu as appuyé	tu avais appuyé
il appuya	il a appuyé	il avait appuyé
nous appuyâmes	nous avons appuyé	nous avions appuyé
vous appuyâtes	vous avez appuyé	vous aviez appuyé
ils appuyérent	ils ont appuyé	ils avaient appuyé
PAST ANTERIOR	**FUTURE PERFECT**	
j'eus appuyé etc	j'aurai appuyé etc	

IMPERATIVE	*CONDITIONAL* PRESENT	PAST
appuie	j'appuierais	j'aurais appuyé
appuyons	tu appuierais	tu aurais appuyé
appuyez	il appuierait	il aurait appuyé
	nous appuierions	nous aurions appuyé
	vous appuieriez	vous auriez appuyé
	ils appuieraient	ils auraient appuyé

SUBJUNCTIVE

PRESENT	IMPERFECT	PERFECT
j'appuie	j'appuyasse	j'aie appuyé
tu appuies	tu appuyasses	tu aies appuyé
il appuie	il appuyât	il ait appuyé
nous appuyions	nous appuyassions	nous ayons appuyé
vous appuyiez	vous appuyassiez	vous ayez appuyé
ils appuient	ils appuyassent	ils aient appuyé

INFINITIVE PRESENT	*PARTICIPLE* PRESENT
appuyer	appuyant
PAST	**PAST**
avoir appuyé	appuyé

ARGUER
to argue

18

PRESENT	IMPERFECT	FUTURE
j'argue	j'arguais	j'arguerai
tu argues	tu arguais	tu argueras
il argue	il arguait	il arguera
nous arguons	nous arguions	nous arguerons
vous arguez	vous arguiez	vous arguerez
ils arguent	ils arguaient	ils argueront
PASSÉ SIMPLE	**PASSÉ COMPOSÉ**	**PLUS-QUE-PARFAIT**
j'arguai	j'ai argué	j'avais argué
tu arguas	tu as argué	tu avais argué
il argua	il a argué	il avait argué
nous arguâmes	nous avons argué	nous avions argué
vous arguâtes	vous avez argué	vous aviez argué
ils arguèrent	ils ont argué	ils avaient argué
PAST ANTERIOR	**FUTURE PERFECT**	
j'eus argué etc	j'aurai argué etc	

IMPERATIVE	*CONDITIONAL* PRESENT	PAST
argue	j'arguerais	j'aurais argué
arguons	tu arguerais	tu aurais argué
arguez	il arguerait	il aurait argué
	nous arguerions	nous aurions argué
	vous argueriez	vous auriez argué
	ils argueraient	its auraient argué

SUBJUNCTIVE

PRESENT	IMPERFECT	PERFECT
j'argue	j'arguasse	j'aie argué
tu argues	tu arguasses	tu aies argué
il argue	il arguât	il ait argué
nous arguions	nous arguassions	nous ayons argué
vous arguiez	vous arguassiez	vous ayez argué
ils arguent	ils arguassent	ils aient argué

INFINITIVE PRESENT	*PARTICIPLE* PRESENT
arguer	arguant
PAST	**PAST**
avoir argué	argué

19 ARRIVER
to arrive, to happen

PRESENT	IMPERFECT	FUTURE
j'arrive	j'arrivais	j'arriverai
tu arrives	tu arrivais	tu arriveras
il arrive	il arrivait	il arrivera
nous arrivons	nous arrivions	nous arriverons
vous arrivez	vous arriviez	vous arriverez
ils arrivent	ils arrivaient	ils arriveront
PASSÉ SIMPLE	**PASSÉ COMPOSÉ**	**PLUS-QUE-PARFAIT**
j'arrivai	je suis arrivé	j'étais arrivé
tu arrivas	tu es arrivé	tu étais arrivé
il arriva	il est arrivé	il était arrivé
nous arrivâmes	nous sommes arrivés	nous étions arrivés
vous arrivâtes	vous êtes arrivé(s)	vous étiez arrivé(s)
ils arrivèrent	ils sont arrivés	ils étaient arrivés
PAST ANTERIOR	**FUTURE PERFECT**	
je fus arrivé etc	je serai arrivé etc	

IMPERATIVE	*CONDITIONAL* PRESENT	PAST
arrive	j'arriverais	je serais arrivé
arrivons	tu arriverais	tu serais arrivé
arrivez	il arriverait	il serait arrivé
	nous arriverions	nous serions arrivés
	vous arriveriez	vous seriez arrivé(s)
	ils arriveraient	ils seraient arrivés

SUBJUNCTIVE PRESENT	IMPERFECT	PERFECT
j'arrive	j'arrivasse	je sois arrivé
tu arrives	tu arrivasses	tu sois arrivé
il arrive	il arrivât	il soit arrivé
nous arrivions	nous arrivassions	nous soyons arrivés
vous arriviez	vous arrivassiez	vous soyez arrivé(s)
ils arrivent	ils arrivassent	ils soient arrivés

INFINITIVE PRESENT	*PARTICIPLE* PRESENT
arriver	arrivant
PAST	**PAST**
être arrivé	arrivé

ASSAILER
to attack
20

PRESENT	IMPERFECT	FUTURE
j'assaille	j'assaillais	j'assaillirai
tu assailles	tu assaillais	tu assailliras
il assaille	il assaillait	il assaillira
nous assaillons	nous assaillions	nous assaillirons
vous assaillez	vous assailliez	vous assaillirez
ils assaillent	ils assaillaient	ils assailliront
PASSÉ SIMPLE	**PASSÉ COMPOSÉ**	**PLUS-QUE-PARFAIT**
j'assaillis	j'ai assailli	j'avais assailli
tu assaillis	tu as assailli	tu avais assailli
il assaillit	il a assailli	il avait assailli
nous assaillîmes	nous avons assailli	nous avions assailli
vous assaillîtes	vous avez assailli	vous aviez assailli
ils assaillirent	ils ont assailli	ils avaient assailli
PAST ANTERIOR	**FUTURE PERFECT**	
j'eus assailli etc	j'aurai assailli etc	

IMPERATIVE	*CONDITIONAL* PRESENT	PAST
assaille	j'assaillirais	j'aurais assailli
assaillons	tu assaillirais	tu aurais assailli
assaillez	il assaillirait	il aurait assailli
	nous assaillirions	nous aurions assailli
	vous assailliriez	vous auriez assailli
	ils assailliraient	ils auraient assailli

SUBJUNCTIVE

PRESENT	IMPERFECT	PERFECT
j'assaille	j'assaillisse	j'aie assailli
tu assailles	tu assaillisses	tu aies assailli
il assaille	il assaillît	il ait assailli
nous assaillions	nous assaillissions	nous ayons assailli
vous assailliez	vous assaillissiez	vous ayez assailli
ils assaillent	ils assaillissent	ils aient assailli

INFINITIVE PRESENT	*PARTICIPLE* PRESENT
assaillir	assaillant
PAST	**PAST**
avoir assailli	assailli

21 S'ASSEOIR
to sit down

PRESENT	IMPERFECT	FUTURE
je m'assieds/assois	je m'asseyais	je m'assiérai
tu t'assieds/assois	tu t'asseyais	tu t'assiéras
il s'assied/assoit	il s'asseyait	il s'assiéra
nous ns. asseyons/assoyons	nous nous asseyions	nous nous assiérons
vous vs. asseyez/assoyez	vous vous asseyiez	vous vous assiérez
ils s'asseyent/assoient	ils s'asseyaient	ils s'assiéront

PASSÉ SIMPLE	PASSÉ COMPOSÉ	PLUS-QUE-PARFAIT
je m'assis	je me suis assis	je m'étais assis
tu t'assis	tu t'es assis	tu t'étais assis
il s'assit	il s'est assis	il s'était assis
nous nous assîmes	nous nous sommes assis	nous nous étions assis
vous vous assîtes	vous vous étes assis	vous vous étiez assis
ils s'assirent	ils se sont assis	ils s'étaient assis

PAST ANTERIOR	FUTURE PERFECT
je me fus assis etc	je me serai assis etc

IMPERATIVE	*CONDITIONAL* PRESENT	PAST
assieds/assois-toi	je m'assiérais	je me serais assis
asseyons/assoyons-nous	tu t'assiérais	tu te serais assis
asseyez/assoyez-vous	il s'assiérait	il se serait assis
	nous nous assiérions	nous nous serions assis
	vous vous assiériez	vous vous seriez assis
	ils s'assiéraient	ils se seraient assis

SUBJUNCTIVE PRESENT	IMPERFECT	PERFECT
je m'asseye	je m'assisse	je me sois assis
tu t'asseyes	tu t'assisses	tu te sois assis
il s'asseye	il s'assît	il se soit assis
nous nous asseyions	nous nous assissions	nous nous soyons assis
vous vous asseyiez	vous vous assissiez	vous vous soyez assis
ils s'asseyent	ils s'assissent	ils se soient assis

INFINITIVE PRESENT	*PARTICIPLE* PRESENT	*NOTE*
s'asseoir	s'asseyant/s'assoyant	*other alternative forms (less common) are imperfect:* je m'assoyais *etc, future:* je m'assoira *etc and subjunctive present:* je m'assoie *etc*
PAST	PAST	
s'être assis	assis	

ATTENDRE
to wait

22

PRESENT	IMPERFECT	FUTURE
j'attends	j'attendais	j'attendrai
tu attends	tu attendais	tu attendras
il attend	il attendait	il attendra
nous attendons	nous attendions	nous attendrons
vous attendez	vous attendiez	vous attendrez
ils attendent	ils attendaient	ils attendront
PASSÉ SIMPLE	**PASSÉ COMPOSÉ**	**PLUS-QUE-PARFAIT**
j'attendis	j'ai attendu	j'avais attendu
tu attendis	tu as attendu	tu avais attendu
il attendit	il a attendu	il avait attendu
nous attendimes	nous avons attendu	nous avions attendu
vous attendites	vous avez attendu	vous aviez attendu
ils attendirent	ils ont attendu	ils avalent attendu
PAST ANTERIOR	**FUTURE PERFECT**	
j'eus attendu etc	j'aurai attendu etc	

IMPERATIVE	*CONDITIONAL* PRESENT	PAST
attends	j'attendrais	j'aurais attendu
attendons	tu attendrais	tu aurais attendu
attendez	il attendrait	il aurait attendu
	nous attendrions	nous aurions attendu
	vous attendriez	vous auriez attendu
	ils attendraient	ils auraient attendu

SUBJUNCTIVE

PRESENT	IMPERFECT	PERFECT
j'attende	j'attendisse	j'aie attendu
tu attendes	tu attendisses	tu aies attendu
il attende	il attendît	il ait attendu
nous attendions	nous attendissions	nous ayons attendu
vous attendiez	vous attendissiez	vous ayez attendu
ils attendent	ils attendissent	ils aient attendu

INFINITIVE PRESENT	*PARTICIPLE* PRESENT
attendre	attendant
PAST	**PAST**
avoir attendu	attendu

23 AVANCER
to move forward

PRESENT	IMPERFECT	FUTURE
j'avance	j'avançais	j'avancerai
tu avances	tu avançais	tu avanceras
il avance	il avançait	il avancera
nous avançons	nous avancions	nous avancerons
vous avancez	vous avanciez	vous avancerez
ils avancent	ils avançaient	ils avanceront
PASSÉ SIMPLE	**PASSÉ COMPOSÉ**	**PLUS-QUE-PARFAIT**
j'avançai	j'ai avancé	j'avais avancé
tu avanças	tu as avancé	tu avais avancé
il avança	il a avancé	il avait avancé
nous avançâmes	nous avons avancé	nous avions avancé
vous avançâtes	vous avez avancé	vous aviez avancé
ils avancèrent	ils ont avancé	ils avaient avancé
PAST ANTERIOR	**FUTURE PERFECT**	
j'eus avancé etc	j'aurai avancé etc	

IMPERATIVE	*CONDITIONAL* PRESENT	PAST
avance	j'avancerais	j'aurais avancé
avançons	tu avancerais	tu aurais avancé
avancez	il avancerait	il aurait avancé
	nous avancerions	nous aurions avancé
	vous avanceriez	vous auriez avancé
	ils avanceraient	ils auraient avancé

SUBJUNCTIVE PRESENT	IMPERFECT	PERFECT
j'avance	j'avançasse	j'aie avancé
tu avances	tu avançasses	tu aies avancé
il avance	il avançât	il ait avancé
nous avancions	nous avançassions	nous ayons avancé
vous avanciez	vous avançassiez	vous ayez avancé
ils avancent	ils avançassent	ils aient avancé

INFINITIVE PRESENT	*PARTICIPLE* PRESENT
avancer	avançant
PAST	**PAST**
avoir avancé	avancé

AVOIR
to have

24

PRESENT	IMPERFECT	FUTURE
j'ai	j'avais	j'aurai
tu as	tu avais	tu auras
il a	il avait	il aura
nous avons	nous avions	nous aurons
vous avez	vous aviez	vous aurez
ils ont	ils avaient	ils auront
PASSÉ SIMPLE	**PASSÉ COMPOSÉ**	**PLUS-QUE-PARFAIT**
j'eus	j'ai eu	j'avais eu
tu eus	tu as eu	tu avais eu
il eut	il a eu	il avait eu
nous eûmes	nous avons eu	nous avions eu
vous eûtes	vous avez eu	vous aviez eu
ils eurent	ils ont eu	ils avaient eu
PAST ANTERIOR	**FUTURE PERFECT**	
j'eus eu etc	j'aurai eu etc	

IMPERATIVE	*CONDITIONAL* PRESENT	PAST
aie	j'aurais	j'aurais eu
ayons	tu aurais	tu aurais eu
ayez	il aurait	il aurait eu
	nous aurions	nous aurions eu
	vous auriez	vous auriez eu
	ils auraient	ils auraient eu

SUBJUNCTIVE

PRESENT	IMPERFECT	PERFECT
j'aie	j'eusse	j'aie eu
tu aies	tu eusses	tu aies eu
il ait	il eût	il ait eu
nous ayons	nous eussions	nous ayons eu
vous ayez	vous eussiez	vous ayez eu
ils aient	ils eussent	ils aient eu

INFINITIVE PRESENT	*PARTICIPLE* PRESENT
avoir	ayant
PAST	**PAST**
avoir eu	eu

25 BATTRE
to beat

PRESENT	IMPERFECT	FUTURE
je bats	je battais	je battrai
tu bats	tu battais	tu battras
il bat	il battait	il battra
nous battons	nous battions	nous battrons
vous battez	vous battiez	vous battrez
ils battent	ils battaient	ils battront
PASSÉ SIMPLE	**PASSÉ COMPOSÉ**	**PLUS-QUE-PARFAIT**
je battis	j'ai battu	j'avais battu
tu battis	tu as battu	tu avais battu
il battit	il a battu	il avait battu
nous battimes	nous avons battu	nous avions battu
vous battites	vous avez battu	vous aviez battu
ils battirent	ils ont battu	ils avaient battu
PAST ANTERIOR	**FUTURE PERFECT**	
j'eus battu etc	j'aurai battu etc	

IMPERATIVE	*CONDITIONAL* PRESENT	PAST
bats	je battrais	j'aurais battu
battons	tu battrais	tu aurais battu
battez	il battrait	il aurait battu
	nous battrions	nous aurions battu
	vous battriez	vous auriez battu
	ils battraient	ils auraient battu

SUBJUNCTIVE PRESENT	IMPERFECT	PERFECT
je batte	je battisse	j'aie battu
tu battes	tu battisses	tu aies battu
il batte	il battit	il ait battu
nous battions	nous battissions	nous ayons battu
vous battiez	vous battissiez	vous ayez battu
ils battent	ils battissent	ils aient battu

INFINITIVE PRESENT	*PARTICIPLE* PRESENT
battre	battant
PAST	**PAST**
avoir battu	battu

BOIRE
to drink

26

PRESENT	IMPERFECT	FUTURE
je bois	je buvais	je boirai
tu bois	tu buvais	tu boiras
il boit	il buvait	il boira
nous buvons	nous buvions	nous boirons
vous buvez	vous buviez	vous boirez
ils boivent	ils buvaient	ils boiront
PASSÉ SIMPLE	**PASSÉ COMPOSÉ**	**PLUS-QUE-PARFAIT**
je bus	j'ai bu	j'avais bu
tu bus	tu as bu	tu avais bu
il but	il a bu	il avait bu
nous bûmes	nous avons bu	nous avions bu
vous bûtes	vous avez bu	vous aviez bu
ils burent	ils ont bu	ils avaient bu
PAST ANTERIOR	**FUTURE PERFECT**	
j'eus bu etc	j'aurai bu etc	

IMPERATIVE	*CONDITIONAL* PRESENT	PAST
bois	je boirais	j'aurais bu
buvons	tu boirais	tu aurais bu
buvez	il boirait	il aurait bu
	nous boirions	nous aurions bu
	vous boiriez	vous auriez bu
	ils boiraient	ils auraient bu

SUBJUNCTIVE

PRESENT	IMPERFECT	PERFECT
je boive	je busse	j'aie bu
tu boives	tu busses	tu aies bu
il boive	il bût	il ait bu
nous buvions	nous bussions	nous ayons bu
vous buviez	vous bussiez	vous ayez bu
ils boivent	ils bussent	ils aient bu

INFINITIVE PRESENT	*PARTICIPLE* PRESENT
boire	buvant
PAST	**PAST**
avoir bu	bu

27 BOUILLIR
to boil

PRESENT	IMPERFECT	FUTURE
je bous	je bouillais	je bouillirai
tu bous	tu bouillais	tu bouilliras
il bout	il bouillait	il bouillira
nous bouillons	nous bouillions	nous bouillirons
vous bouillez	vous bouilliez	vous bouillirez
ils bouillent	ils bouillaient	ils bouilliront
PASSÉ SIMPLE	**PASSÉ COMPOSÉ**	**PLUS-QUE-PARFAIT**
je bouillis	j'ai bouilli	j'avais bouilli
tu bouillis	tu as bouilli	tu avais bouilli
il bouillit	il a bouilli	il avait bouilli
nous bouillîmes	nous avons bouilli	nous avions bouilli
vous bouillîtes	vous avez bouilli	vous aviez bouilli
ils bouillirent	ils ont bouilli	ils avaient bouilli
PAST ANTERIOR	**FUTURE PERFECT**	
j'eus bouilli etc	j'aurai bouilli etc	

IMPERATIVE	*CONDITIONAL*	
	PRESENT	**PAST**
bous	je bouillirais	j'aurais bouilli
bouillons	tu bouillirais	tu aurais bouilli
bouillez	il bouillirait	il aurait bouilli
	nous bouillirions	nous aurions bouilli
	vous bouilliriez	vous auriez bouilli
	ils bouilliraient	ils auraient bouilli

SUBJUNCTIVE

PRESENT	IMPERFECT	PERFECT
je bouille	je bouillisse	j'aie bouilli
tu bouilles	tu bouillisses	tu aies bouilli
il bouille	il bouillît	il ait bouilli
nous bouillions	nous bouillissions	nous ayons bouilli
vous bouilliez	vous bouillissiez	vous ayez bouilli
ils bouillent	ils bouillissent	ils aient bouilli

INFINITIVE	*PARTICIPLE*
PRESENT	**PRESENT**
bouillir	bouillant
PAST	**PAST**
avoir bouilli	bouilli

BRILLER 28

to shine

PRESENT	IMPERFECT	FUTURE
je brille	je brillais	je brillerai
tu brilles	tu brillais	tu brilleras
il brille	il brillait	il brillera
nous brillons	nous brillions	nous brillerons
vous brillez	vous brilliez	vous brillerez
ils brillent	ils brillaient	ils brilleront
PASSÉ SIMPLE	**PASSÉ COMPOSÉ**	**PLUS-QUE-PARFAIT**
je brillai	j'ai brillé	j'avais brillé
tu brillas	tu as brillé	tu avais brillé
il brilla	il a brillé	il avait brillé
nous brillâmes	nous avons brillé	nous avions brillé
vous brillâtes	vous avez brillé	vous aviez brillé
ils brillèrent	ils ont brillé	ils avaient brillé
PAST ANTERIOR	**FUTURE PERFECT**	
j'eus brillé etc	j'aurai brillé etc	

IMPERATIVE	*CONDITIONAL* PRESENT	PAST
brille	je brillerais	j'aurais brillé
brillons	tu brillerais	tu aurais brillé
brillez	il brillerait	il aurait brillé
	nous brillerions	nous aurions brillé
	vous brilleriez	vous auriez brillé
	ils brilleraient	ils auraient brillé

SUBJUNCTIVE PRESENT	IMPERFECT	PERFECT
je brille	je brillasse	j'aie brillé
tu brilles	tu brillasses	tu aies brillé
il brille	il brillât	il ait brillé
nous brillions	nous brillassions	nous ayons brillé
vous brilliez	vous brillassiez	vous ayez brillé
ils brillent	ils brillassent	ils aient brillé

INFINITIVE PRESENT	*PARTICIPLE* PRESENT
briller	brillant
PAST	**PAST**
avoir brillé	brillé

29 CEDER
to give in

PRESENT	IMPERFECT	FUTURE
je cède	je cédais	je céderai
tu cèdes	tu cédais	tu céderas
il cède	il cédait	il cédera
nous cédons	nous cédions	nous céderons
vous cédez	vous cédiez	vous céderez
ils cèdent	ils cédaient	ils céderont
PASSÉ SIMPLE	**PASSÉ COMPOSÉ**	**PLUS-QUE-PARFAIT**
je cédai	j'ai cédé	j'avais cédé
tu cédas	tu as cédé	tu avais cédé
il céda	il a cédé	il avait cédé
nous cédâmes	nous avons cédé	nous avions cédé
vous cédâtes	vous avez cédé	vous aviez cédé
ils cédèrent	ils ont cédé	ils avaient cédé
PAST ANTERIOR	**FUTURE PERFECT**	
j'eus cédé etc	j'aurai cédé etc	

IMPERATIVE	*CONDITIONAL* PRESENT	PAST
cède	je céderais	j'aurais cédé
cédons	tu céderais	tu aurais cédé
cédez	il céderait	il aurait cédé
	nous céderions	nous aurions cédé
	vous céderiez	vous auriez cédé
	ils céderaient	ils auraient cédé

SUBJUNCTIVE PRESENT	IMPERFECT	PERFECT
je cède	je cédasse	j'aie cédé
tu cèdes	tu cédasses	tu aies cédé
il cède	il cédât	il ait cédé
nous cédions	nous cédassions	nous ayons cédé
vous cédiez	vous cédassiez	vous ayez cédé
ils cèdent	ils cédassent	ils aient cédé

INFINITIVE PRESENT	*PARTICIPLE* PRESENT	*NOTE*
céder	cédant	décéder: *auxiliary* être
PAST	**PAST**	
avoir cédé	cédé	

CELEBRER
to celebrate

30

PRESENT	IMPERFECT	FUTURE
je célèbre	je célébrais	je célébrerai
tu célèbres	tu célébrais	tu célébreras
il célèbre	il célébrait	il célébrera
nous célébrons	nous célébrions	nous célébrerons
vous célébrez	vous célébriez	vous célébrerez
ils célèbrent	ils célébraient	ils célébreront
PASSÉ SIMPLE	**PASSÉ COMPOSÉ**	**PLUS-QUE-PARFAIT**
je célébrai	j'ai célébré	j'avais célébré
tu célébras	tu as célébré	tu avais célébré
il célébra	il a célébré	il avait célébré
nous célébrâmes	nous avons célébré	nous avions célébré
vous célébrâtes	vous avez célébré	vous aviez célébré
ils célébrèrent	ils ont célébré	ils avaient célébré
PAST ANTERIOR	**FUTURE PERFECT**	
j'eus célébré etc	j'aurai célébré etc	

IMPERATIVE	*CONDITIONAL* PRESENT	PAST
célèbre	je célébrerais	j'aurais célébré
célébrons	tu célébrerais	tu aurais célébré
célébrez	il célébrerait	il aurait célébré
	nous célébrerions	nous aurions célébré
	vous célébreriez	vous auriez célébré
	ils célébreraient	ils auraient célébré

SUBJUNCTIVE PRESENT	IMPERFECT	PERFECT
je célèbre	je célébrasse	j'aie célébré
tu célèbres	tu célébrasses	tu aies célébré
il célèbre	il célébrât	il ait célébré
nous célébrions	nous célébrassions	nous ayons célébré
vous célébriez	vous célébrassiez	vous ayez célébré
ils célèbrent	ils célébrassent	ils aient célébré

INFINITIVE PRESENT	*PARTICIPLE* PRESENT
célébrer	célébrant
PAST	**PAST**
avoir célébré	célébré

31 CHANTER
to sing

PRESENT	IMPERFECT	FUTURE
je chante	je chantais	je chanterai
tu chantes	tu chantais	tu chanteras
il chante	il chantait	il chantera
nous chantons	nous chantions	nous chanterons
vous chantez	vous chantiez	vous chanterez
ils chantent	ils chantaient	ils chanteront
PASSÉ SIMPLE	**PASSÉ COMPOSÉ**	**PLUS-QUE-PARFAIT**
je chantai	j'ai chanté	j'avais chanté
tu chantas	tu as chanté	tu avais chanté
il chanta	il a chanté	il avait chanté
nous chantâmes	nous avons chanté	nous avions chanté
vous chantâtes	vous avez chanté	vous aviez chanté
ils chantèrent	ils ont chanté	ils avaient chanté
PAST ANTERIOR	**FUTURE PERFECT**	
j'eus chanté etc	j'aurai chanté etc	

IMPERATIVE	*CONDITIONAL* PRESENT	PAST
chante	je chanterais	j'aurais chanté
chantons	tu chanterais	tu aurais chanté
chantez	il chanterait	il aurait chanté
	nous chanterions	nous aurions chanté
	vous chanteriez	vous auriez chanté
	ils chanteraient	ils auraient chanté

SUBJUNCTIVE PRESENT	IMPERFECT	PERFECT
je chante	je chantasse	j'aie chanté
tu chantes	tu chantasses	tu aies chanté
il chante	il chantât	il ait chanté
nous chantions	nous chantassions	nous ayons chanté
vous chantiez	vous chantassiez	vous ayez chanté
ils chantent	ils chantassent	ils aient chanté

INFINITIVE PRESENT	*PARTICIPLE* PRESENT	*NOTE*
chanter	chantant	demeurer: *auxilary* être *when it means 'to remain'* ressusciter: *auxilary* être *when intransitive*
PAST	**PAST**	
avoir chanté	chanté	

CHOIR
to fall

32

PRESENT

je chois
tu chois
il choit
ils choient

IMPERFECT

FUTURE

PASSÉ SIMPLE

il chut

PASSÉ COMPOSÉ

je suis chu
tu es chu
il est chu
nous sommes chus
vous êtes chu(s)
ils sont chus

PLUS-QUE-PARFAIT

j'étais chu
tu étais chu
il était chu
nous étions chus
vous étiez chu(s)
ils étaient chus

PAST ANTERIOR

il fut chu

FUTURE PERFECT

il sera chu

IMPERATIVE

CONDITIONAL

PRESENT

PAST

je serais chu
tu serais chu
il serait chu
nous serions chus
vous seriez chu(s)
ils seraient chus

SUBJUNCTIVE

PRESENT

IMPERFECT

il chût

PERFECT

je sois chu
tu sois chu
il soit chu
nous soyons chus
vous soyez chu(s)
ils soient chus

INFINITIVE

PRESENT

choir

PAST

être chu

PARTICIPLE

PRESENT

PAST

chu

33 CLORE
to close

PRESENT	IMPERFECT	FUTURE
je clos		je clorai
tu clos		tu cloras
il clôt		il clora
		nous clorons
		vous clorez
ils closent		ils cloront

PASSÉ SIMPLE	PASSÉ COMPOSÉ	PLUS-QUE-PARFAIT
	j'ai clos	j'avais clos
	tu as clos	tu avais clos
	il a clos	il avait clos
	nous avons clos	nous avions clos
	vous avez clos	vous aviez clos
	ils ont clos	ils avaient clos

PAST ANTERIOR	FUTURE PERFECT
j'eus clos etc	j'aurai clos etc

IMPERATIVE	*CONDITIONAL* PRESENT	PAST
clos	je clorais	j'aurais clos
	tu clorais	tu aurais clos
	il clorait	il aurait clos
	nous clorions	nous aurions clos
	vous cloriez	vous auriez clos
	ils cloraient	ils auraient clos

SUBJUNCTIVE PRESENT	IMPERFECT	PERFECT
je close		j'aie clos
tu closes		tu aies clos
il close		il ait clos
nous closions		nous ayons clos
vous closiez		vous ayez clos
ils closent		ils aient clos

INFINITIVE	*PARTICIPLE*
PRESENT	PRESENT
clore	
PAST	PAST
avoir clos	clos

COMMENCER 34
to start

PRESENT	IMPERFECT	FUTURE
je commence	je commençais	je commencerai
tu commences	tu commençais	tu commenceras
il commence	il commençait	il commencera
nous commençons	nous commencions	nous commencerons
vous commencez	vous commenciez	vous commencerez
ils commencent	ils commençaient	ils commenceront
PASSÉ SIMPLE	**PASSÉ COMPOSÉ**	**PLUS-QUE-PARFAIT**
je commençai	j'ai commencé	j'avais commencé
tu commenças	tu as commencé	tu avais commencé
il commença	il a commencé	il avait commencé
nous commençâmes	nous avons commencé	nous avions commencé
vous commençâtes	vous avez commencé	vous aviez commencé
ils commencèrent	ils ont commencé	ils avaient commencé
PAST ANTERIOR	**FUTURE PERFECT**	
j'eus commencé etc	j'aurai commencé etc	

IMPERATIVE	*CONDITIONAL* PRESENT	PAST
commence	je commencerais	j'aurais commencé
commençons	tu commencerais	tu aurais commencé
commencez	il commencerait	il aurait commencé
	nous commencerions	nous aurions commencé
	vous commenceriez	vous auriez commencé
	ils commenceraient	ils auraient commencé

SUBJUNCTIVE

PRESENT	IMPERFECT	PERFECT
je commence	je commençasse	j'aie commencé
tu commences	tu commençasses	tu aies commencé
il commence	il commençât	il ait commencé
nous commencions	nous commençassions	nous ayons commencé
vous commenciez	vous commençassiez	vous ayez commencé
ils commencent	ils commençassent	ils aient commencé

INFINITIVE PRESENT	*PARTICIPLE* PRESENT
commencer	commençant
PAST	**PAST**
avoir commencé	commencé

35 COMPLETER
to complete

PRESENT	IMPERFECT	FUTURE
je complète	je complétais	je compléterai
tu complètes	tu complétais	tu compléteras
il complète	il complétait	il complétera
nous complétons	nous complétions	nous compléterons
vous complétez	vous complétiez	vous compléterez
ils complètent	ils complétaient	ils compléteront
PASSÉ SIMPLE	**PASSÉ COMPOSÉ**	**PLUS-QUE-PARFAIT**
je complétai	j'ai complété	j'avais complété
tu complétas	tu as complété	tu avais complété
il compléta	il a complété	il avait complété
nous complétâmes	nous avons complété	nous avions complété
vous complétâtes	vous avez complété	vous aviez complété
ils complétèrent	ils ont complété	ils avaient complété
PAST ANTERIOR	**FUTURE PERFECT**	
j'eus complété etc	j'aurai complété etc	

IMPERATIVE	*CONDITIONAL* PRESENT	PAST
complète	je compléterais	j'aurais complété
complétons	tu compléterais	tu aurais complété
complétez	il compléterait	il aurait complété
	nous compléterions	nous aurions complété
	vous compléteriez	vous auriez complété
	ils compléteraient	ils auraient complété

SUBJUNCTIVE PRESENT	IMPERFECT	PERFECT
je complète	je complétasse	j'aie complété
tu complètes	tu complétasses	tu aies complété
il complète	il complétât	il ait complété
nous complétions	nous complétassions	nous ayons complété
vous complétiez	vous complétassiez	vous ayez complété
ils complètent	ils complétassent	ils aient complété

INFINITIVE	*PARTICIPLE*
PRESENT	**PRESENT**
compléter	complétant
PAST	**PAST**
avoir complété	complété

COMPRENDRE
to understand

PRESENT	IMPERFECT	FUTURE
je comprends	je comprenais	je comprendrai
tu comprends	tu comprenais	tu comprendras
il comprend	il comprenait	il comprendra
nous comprenons	nous comprenions	nous comprendrons
vous comprenez	vous compreniez	vous comprendrez
ils comprennent	ils comprenaient	ils comprendront
PASSÉ SIMPLE	**PASSÉ COMPOSÉ**	**PLUS-QUE-PARFAIT**
je compris	j'ai compris	j'avais compris
tu compris	tu as compris	tu avais compris
il comprit	il a compris	il avait compris
nous comprîmes	nous avons compris	nous avions compris
vous comprîtes	vous avez compris	vous aviez compris
ils comprirent	ils ont compris	ils avaient compris
PAST ANTERIOR	**FUTURE PERFECT**	
j'eus compris etc	j'aurai compris etc	

IMPERATIVE	*CONDITIONAL* PRESENT	PAST
comprends	je comprendrais	j'aurais compris
comprenons	tu comprendrais	tu aurais compris
comprenez	il comprendrait	il aurait compris
	nous comprendrions	nous aurions compris
	vous comprendriez	vous auriez compris
	ils comprendraient	ils auraient compris

SUBJUNCTIVE PRESENT	IMPERFECT	PERFECT
je comprenne	je comprisse	j'aie compris
tu comprennes	tu comprisses	tu aies compris
il comprenne	il comprît	il ait compris
nous comprenions	nous comprissions	nous ayons compris
vous compreniez	vous comprissiez	vous ayez compris
ils comprennent	ils comprissent	ils aient compris

INFINITIVE PRESENT	*PARTICIPLE* PRESENT
comprendre	comprenant
PAST	**PAST**
avoir compris	compris

37 CONCLURE
to conclude

PRESENT	IMPERFECT	FUTURE
je conclus	je concluais	je conclurai
tu conclus	tu concluais	tu concluras
il conclut	il concluait	il conclura
nous concluons	nous concluions	nous conclurons
vous concluez	vous concluiez	vous conclurez
ils concluent	ils concluaient	ils concluront
PASSÉ SIMPLE	**PASSÉ COMPOSÉ**	**PLUS-QUE-PARFAIT**
je conclus	j'ai conclu	j'avais conclu
tu conclus	tu as conclu	tu avais conclu
il conclut	il a conclu	il avait conclu
nous conclûmes	nous avons conclu	nous avions conclu
vous conclûtes	vous avez conclu	vous aviez conclu
ils conclurent	ils ont conclu	ils avaient conclu
PAST ANTERIOR	**FUTURE PERFECT**	
j'eus conclu etc	j'aurai conclu etc	

IMPERATIVE	*CONDITIONAL*	
	PRESENT	**PAST**
conclus	je conclurais	j'aurais conclu
concluons	tu conclurais	tu aurais conclu
concluez	il conclurait	il aurait conclu
	nous conclurions	nous aurions conclu
	vous concluriez	vous auriez conclu
	ils concluraient	ils auraient conclu

SUBJUNCTIVE

PRESENT	IMPERFECT	PERFECT
je conclue	je conclusse	j'aie conclu
tu conclues	tu conclusses	tu aies conclu
il conclue	il conclût	il ait conclu
nous concluions	nous conclussions	nous ayons conclu
vous concluiez	vous conclussiez	vous ayez conclu
ils concluent	ils conclussent	ils aient conclu

INFINITIVE	*PARTICIPLE*
PRESENT	**PRESENT**
conclure	concluant
PAST	**PAST**
avoir conclu	conclu

CONDUIRE
to lead, to drive
38

PRESENT	IMPERFECT	FUTURE
je conduis	je conduisais	je conduirai
tu conduis	tu conduisais	tu conduiras
il conduit	il conduisait	il conduira
nous conduisons	nous conduisions	nous conduirons
vous conduisez	vous conduisiez	vous conduirez
ils conduisent	ils conduisaient	ils conduiront
PASSÉ SIMPLE	**PASSÉ COMPOSÉ**	**PLUS-QUE-PARFAIT**
je conduisis	j'ai conduit	j'avais conduit
tu conduisis	tu as conduit	tu avais conduit
il conduisit	il a conduit	il avait conduit
nous conduisimes	nous avons conduit	nous avions conduit
vous conduisites	vous avez conduit	vous aviez conduit
ils conduisirent	ils ont conduit	ils avaient conduit
PAST ANTERIOR	**FUTURE PERFECT**	
j'eus conduit etc	j'aurai conduit etc	

IMPERATIVE	*CONDITIONAL* PRESENT	PAST
conduis	je conduirais	j'aurais conduit
conduisons	tu conduirais	tu aurais conduit
conduisez	il conduirait	il aurait conduit
	nous conduirions	nous aurions conduit
	vous conduiriez	vous auriez conduit
	ils conduiraient	ils auraient conduit

SUBJUNCTIVE

PRESENT	IMPERFECT	PERFECT
je conduise	je conduisisse	j'aie conduit
tu conduises	tu conduisisses	tu aies conduit
il conduise	il conduisit	il ait conduit
nous conduisions	nous conduisissions	nous ayons conduit
vous conduisiez	vous conduisissiez	vous ayez conduit
ils conduisent	ils conduisissent	ils aient conduit

INFINITIVE PRESENT	*PARTICIPLE* PRESENT
conduire	conduisant
PAST	**PAST**
avoir conduit	conduit

39 CONFIRE
to preserve

PRESENT	IMPERFECT	FUTURE
je confis	je confisais	je confirai
tu confis	tu confisais	tu confiras
il confit	il confisait	il confira
nous confisons	nous confisions	nous confirons
vous confisez	vous confisiez	vous confirez
ils confisent	ils confisaient	ils confiront
PASSÉ SIMPLE	**PASSÉ COMPOSÉ**	**PLUS-QUE-PARFAIT**
je confis	j'ai confit	j'avais confit
tu confis	tu as confit	tu avais confit
il confit	il a confit	il avait confit
nous confîmes	nous avons confit	nous avions confit
vous confîtes	vous avez confit	vous aviez confit
ils confirent	ils ont confit	ils avaient confit
PAST ANTERIOR	**FUTURE PERFECT**	
j'eus confit etc	j'aurai confit etc	

IMPERATIVE	*CONDITIONAL* PRESENT	PAST
confis	je confirais	j'aurais confit
confisons	tu confirais	tu aurais confit
confisez	il confirait	il aurait confit
	nous confirions	nous aurions confit
	vous confiriez	vous auriez confit
	ils confiraient	ils auraient confit

SUBJUNCTIVE

PRESENT	IMPERFECT	PERFECT
je confise	je confisse	j'aie confit
tu confises	tu confisses	tu aies confit
il confise	il confît	il ait confit
nous confisions	nous confissions	nous ayons confit
vous confisiez	vous confissiez	vous ayez confit
ils confisent	ils confissent	ils aient confit

INFINITIVE PRESENT	*PARTICIPLE* PRESENT
confire	confisant
PAST	**PAST**
avoir confit	confit

CONNAITRE
to know
40

PRESENT	IMPERFECT	FUTURE
je connais	je connaissais	je connaîtrai
tu connais	tu connaissais	tu connaîtras
il connaît	il connaissait	il connaîtra
nous connaissons	nous connaissions	nous connaîtrons
vous connaissez	vous connaissiez	vous connaîtrez
ils connaissent	ils connaissaient	ils connaîtront
PASSÉ SIMPLE	**PASSÉ COMPOSÉ**	**PLUS-QUE-PARFAIT**
je connus	j'ai connu	j'avais connu
tu connus	tu as connu	tu avais connu
il connut	il a connu	il avait connu
nous connûmes	nous avons connu	nous avions connu
vous connûtes	vous avez connu	vous aviez connu
ils connurent	ils ont connu	ils avaient connu
PAST ANTERIOR	**FUTURE PERFECT**	
j'eus connu etc	j'aurai connu etc	

IMPERATIVE	*CONDITIONAL* PRESENT	PAST
connais	je connaîtrais	j'aurais connu
connaissons	tu connaîtrais	tu aurais connu
connaissez	il connaîtrait	il aurait connu
	nous connaîtrions	nous aurions connu
	vous connaîtriez	vous auriez connu
	ils connaîtraient	ils auraient connu

SUBJUNCTIVE PRESENT	IMPERFECT	PERFECT
je connaisse	je connusse	j'aie connu
tu connaisses	tu connusses	tu aies connu
il connaisse	il connût	il ait connu
nous connaissions	nous connussions	nous ayons connu
vous connaissiez	vous connussiez	vous ayez connu
ils connaissent	ils connussent	ils aient connu

INFINITIVE PRESENT	*PARTICIPLE* PRESENT
connaître	connaissant
PAST	**PAST**
avoir connu	connu

41 CONSEILLER
to advise

PRESENT	IMPERFECT	FUTURE
je conseille	je conseillais	je conseillerai
tu conseilles	tu conseillais	tu conseilleras
il conseille	il conseillait	il conseillera
nous conseillons	nous conseillions	nous conseillerons
vous conseillez	vous conseilliez	vous conseillerez
ils conseillent	ils conseillaient	ils conseilleront
PASSÉ SIMPLE	**PASSÉ COMPOSÉ**	**PLUS-QUE-PARFAIT**
je conseillai	j'ai conseillé	j'avais conseillé
tu conseillas	tu as conseillé	tu avais conseillé
il conseilla	il a conseillé	il avait conseillé
nous conseillâmes	nous avons conseillé	nous avions conseillé
vous conseillâtes	vous avez conseillé	vous aviez conseillé
ils conseillèrent	ils ont conseillé	ils avaient conseillé
PAST ANTERIOR	**FUTURE PERFECT**	
j'eus conseillé etc	j'aurai conseillé etc	

IMPERATIVE	*CONDITIONAL* PRESENT	PAST
conseille	je conseillerais	j'aurais conseillé
conseillons	tu conseillerais	tu aurais conseillé
conseillez	il conseillerait	il aurait conseillé
	nous conseillerions	nous aurions conseillé
	vous conseilleriez	vous auriez conseillé
	ils conseilleraient	ils auraient conseillé

SUBJUNCTIVE PRESENT	IMPERFECT	PERFECT
je conseille	je conseillasse	j'aie conseillé
tu conseilles	tu conseillasses	tu aies conseillé
il conseille	il conseillât	il ait conseillé
nous conseillions	nous conseillassions	nous ayons conseillé
vous conseilliez	vous conseillassiez	vous ayez conseillé
ils conseillent	ils conseillassent	ils aient conseillé

INFINITIVE PRESENT	*PARTICIPLE* PRESENT
conseiller	conseillant
PAST	**PAST**
avoir conseillé	conseillé

COUDRE
to sew

42

PRESENT	IMPERFECT	FUTURE
je couds	je cousais	je coudrai
tu couds	tu cousais	tu coudras
il coud	il cousait	il coudra
nous cousons	nous cousions	nous coudrons
vous cousez	vous cousiez	vous coudrez
ils cousent	ils cousaient	ils coudront
PASSÉ SIMPLE	**PASSÉ COMPOSÉ**	**PLUS-QUE-PARFAIT**
je cousis	j'ai cousu	j'avais cousu
tu cousis	tu as cousu	tu avais cousu
il cousit	il a cousu	il avait cousu
nous cousîmes	nous avons cousu	nous avions cousu
vous cousîtes	vous avez cousu	vous aviez cousu
ils cousirent	ils ont cousu	ils avaient cousu
PAST ANTERIOR	**FUTURE PERFECT**	
j'eus cousu etc	j'aurai cousu etc	

IMPERATIVE	*CONDITIONAL* PRESENT	PAST
couds	je coudrais	j'aurais cousu
cousons	tu coudrais	tu aurais cousu
cousez	il coudrait	il aurait cousu
	nous coudrions	nous aurions cousu
	vous coudriez	vous auriez cousu
	ils coudraient	ils auraient cousu

SUBJUNCTIVE

PRESENT	IMPERFECT	PERFECT
je couse	je cousisse	j'aie cousu
tu couses	tu cousisses	tu aies cousu
il couse	il cousît	il ait cousu
nous cousions	nous cousissions	nous ayons cousu
vous cousiez	vous cousissiez	vous ayez cousu
ils cousent	ils cousissent	ils aient cousu

INFINITIVE PRESENT	*PARTICIPLE* PRESENT
coudre	cousant
PAST	**PAST**
avoir cousu	cousu

43 COURIR
to run

PRESENT	IMPERFECT	FUTURE
je cours	je courais	je courrai
tu cours	tu courais	tu courras
il court	il courait	il courra
nous courons	nous courions	nous courrons
vous courez	vous couriez	vous courrez
ils courent	ils couraient	ils courront
PASSÉ SIMPLE	**PASSÉ COMPOSÉ**	**PLUS-QUE-PARFAIT**
je courus	j'ai couru	j'avais couru
tu courus	tu as couru	tu avais couru
il courut	il a couru	il avait couru
nous courûmes	nous avons couru	nous avions couru
vous courûtes	vous avez couru	vous aviez couru
ils coururent	ils ont couru	ils avaient couru
PAST ANTERIOR	**FUTURE PERFECT**	
j'eus couru etc	j'aurai couru etc	

IMPERATIVE	*CONDITIONAL* PRESENT	PAST
	je courrais	j'aurais couru
cours	tu courrais	tu aurais couru
courons	il courrait	il aurait couru
courez	nous courrions	nous aurions couru
	vous courriez	vous auriez couru
	ils courraient	ils auraient couru

SUBJUNCTIVE PRESENT	IMPERFECT	PERFECT
je coure	je courusse	j'aie couru
tu coures	tu courusses	tu aies couru
il coure	il courût	il ait couru
nous courions	nous courussions	nous ayons couru
vous couriez	vous courussiez	vous ayez couru
ils courent	ils courussent	ils aient couru

INFINITIVE PRESENT	*PARTICIPLE* PRESENT	*NOTE*
courir	courant	accourir: *auxiliary* avoir *or* être
PAST	**PAST**	
avoir couru	couru	

COUVRIR
to cover

44

PRESENT	IMPERFECT	FUTURE
je couvre	je couvrais	je couvrirai
tu couvres	tu couvrais	tu couvriras
il couvre	il couvrait	il couvrira
nous couvrons	nous couvrions	nous couvrirons
vous couvrez	vous couvriez	vous couvrirez
ils couvrent	ils couvraient	ils couvriront
PASSÉ SIMPLE	**PASSÉ COMPOSÉ**	**PLUS-QUE-PARFAIT**
je couvris	j'ai couvert	j'avais couvert
tu couvris	tu as couvert	tu avais couvert
il couvrit	il a couvert	il avait couvert
nous couvrîmes	nous avons couvert	nous avions couvert
vous couvrîtes	vous avez couvert	vous aviez couvert
ils couvrirent	ils ont couvert	ils avaient couvert
PAST ANTERIOR	**FUTURE PERFECT**	
j'eus couvert etc	j'aurai couvert etc	

IMPERATIVE	*CONDITIONAL*	
	PRESENT	**PAST**
couvre	je couvrirais	j'aurais couvert
couvrons	tu couvrirais	tu aurais couvert
couvrez	il couvrirait	il aurait couvert
	nous couvririons	nous aurions couvert
	vous couvririez	vous auriez couvert
	ils couvriraient	ils auraient couvert

SUBJUNCTIVE

PRESENT	IMPERFECT	PERFECT
je couvre	je couvrisse	j'aie couvert
tu couvres	tu couvrisses	tu aies couvert
il couvre	il couvrît	il ait couvert
nous couvrions	nous couvrissions	nous ayons couvert
vous couvriez	vous couvrissiez	vous ayez couvert
ils couvrent	ils couvrissent	ils aient couvert

INFINITIVE	*PARTICIPLE*
PRESENT	**PRESENT**
couvrir	couvrant
PAST	**PAST**
avoir couvert	couvert

45 CRAINDRE
to fear

PRESENT	IMPERFECT	FUTURE
je crains	je craignais	je craindrai
tu crains	tu craignais	tu craindras
il craint	il craignait	il craindra
nous craignons	nous craignions	nous craindrons
vous craignez	vous craigniez	vous craindrez
ils craignent	ils craignaient	ils craindront

PASSÉ SIMPLE	PASSÉ COMPOSÉ	PLUS-QUE-PARFAIT
je craignis	j'ai craint	j'avais craint
tu craignis	tu as craint	tu avais craint
il craignit	il a craint	il avait craint
nous craignîmes	nous avons craint	nous avions craint
vous craignîtes	vous avez craint	vous aviez craint
ils craignirent	ils ont craint	ils avaient craint

PAST ANTERIOR	FUTURE PERFECT
j'eus craint etc	j'aurai craint etc

IMPERATIVE	*CONDITIONAL* PRESENT	PAST
crains	je craindrais	j'aurais craint
craignons	tu craindrais	tu aurais craint
craignez	il craindrait	il aurait craint
	nous craindrions	nous aurions craint
	vous craindriez	vous auriez craint
	ils craindraient	ils auraient craint

SUBJUNCTIVE

PRESENT	IMPERFECT	PERFECT
je craigne	je craignisse	j'aie craint
tu craignes	tu craignisses	tu aies craint
il craigne	il craignît	il ait craint
nous craignions	nous craignissions	nous ayons craint
vous craigniez	vous craignissiez	vous ayez craint
ils craignent	ils craignissent	ils aient craint

INFINITIVE	*PARTICIPLE*
PRESENT	PRESENT
craindre	craignant
PAST	PAST
avoir craint	craint

CREER
to create

46

PRESENT	IMPERFECT	FUTURE
je crée	je créais	je créerai
tu crées	tu créais	tu créeras
il crée	il créait	il créera
nous créons	nous créions	nous créerons
vous créez	vous créiez	vous créerez
ils créent	ils créaient	ils créeront
PASSÉ SIMPLE	**PASSÉ COMPOSÉ**	**PLUS-QUE-PARFAIT**
je créai	j'ai créé	j'avais créé
tu créas	tu as créé	tu avais créé
il créa	il a créé	il avait créé
nous créâmes	nous avons créé	nous avions créé
vous créâtes	vous avez créé	vous aviez créé
ils créèrent	ils ont créé	ils avaient créé
PAST ANTERIOR	**FUTURE PERFECT**	
j'eus créé etc	j'aurai créé etc	

IMPERATIVE	*CONDITIONAL*	
	PRESENT	**PAST**
crée	je créerais	j'aurais créé
créons	tu créerais	tu aurais créé
créez	il créerait	il aurait créé
	nous créerions	nous aurions créé
	vous créeriez	vous auriez créé
	ils créeraient	ils auraient créé

SUBJUNCTIVE

PRESENT	IMPERFECT	PERFECT
je crée	je créasse	j'aie créé
tu crées	tu créasses	tu aies créé
il crée	il créât	il ait créé
nous créions	nous créassions	nous ayons créé
vous créiez	vous créassiez	vous ayez créé
ils créent	ils créassent	ils aient créé

INFINITIVE	*PARTICIPLE*
PRESENT	**PRESENT**
créer	créant
PAST	**PAST**
avoir créé	créé

47 CRIER
to shout

PRESENT	IMPERFECT	FUTURE
je crie	je criais	je crierai
tu cries	tu criais	tu crieras
il crie	il criait	il criera
nous crions	nous criions	nous crierons
vous criez	vous criiez	vous crierez
ils crient	ils criaient	ils crieront
PASSÉ SIMPLE	**PASSÉ COMPOSÉ**	**PLUS-QUE-PARFAIT**
je criai	j'ai crié	j'avais crié
tu crias	tu as crié	tu avais crié
il cria	il a crié	il avait crié
nous criâmes	nous avons crié	nous avions crié
vous criâtes	vous avez crié	vous aviez crié
ils crièrent	ils ont crié	ils avaient crié
PAST ANTERIOR	**FUTURE PERFECT**	
j'eus crié etc	j'aurai crié etc	

IMPERATIVE	*CONDITIONAL* PRESENT	PAST
crie	je crierais	j'aurais crié
crions	tu crierais	tu aurais crié
criez	il crierait	il aurait crié
	nous crierions	nous aurions crié
	vous crieriez	vous auriez crié
	ils crieraient	ils auraient crié

SUBJUNCTIVE

PRESENT	IMPERFECT	PERFECT
je crie	je criasse	j'aie crié
tu cries	tu criasses	tu aies crié
il crie	il criât	il ait crié
nous criions	nous criassions	nous ayons crié
vous criiez	vous criassiez	vous ayez crié
ils crient	ils criassent	ils aient crié

INFINITIVE PRESENT	*PARTICIPLE* PRESENT
crier	criant
PAST	**PAST**
avoir crié	crié

CROIRE
to believe

48

PRESENT	IMPERFECT	FUTURE
je crois	je croyais	je croirai
tu crois	tu croyais	tu croiras
il croit	il croyait	il croira
nous croyons	nous croyions	nous croirons
vous croyez	vous croyiez	vous croirez
ils croient	ils croyaient	ils croiront
PASSÉ SIMPLE	**PASSÉ COMPOSÉ**	**PLUS-QUE-PARFAIT**
je crus	j'ai cru	j'avais cru
tu crus	tu as cru	tu avais cru
il crut	il a cru	il avait cru
nous crûmes	nous avons cru	nous avions cru
vous crûtes	vous avez cru	vous aviez cru
ils crurent	ils ont cru	ils avaient cru
PAST ANTERIOR	**FUTURE PERFECT**	
j'eus cru etc	j'aurai cru etc	

IMPERATIVE	*CONDITIONAL* PRESENT	PAST
crois	je croirais	j'aurais cru
croyons	tu croirais	tu aurais cru
croyez	il croirait	il aurait cru
	nous croirions	nous aurions cru
	vous croiriez	vous auriez cru
	ils croiraient	ils auraient cru

SUBJUNCTIVE

PRESENT	IMPERFECT	PERFECT
je croie	je crusse	j'aie cru
tu croies	tu crusses	tu aies cru
il croie	il crût	il ait cru
nous croyions	nous crussions	nous ayons cru
vous croyiez	vous crussiez	vous ayez cru
ils croient	ils crussent	ils aient cru

INFINITIVE PRESENT	*PARTICIPLE* PRESENT
croire	croyant
PAST	**PAST**
avoir cru	cru

49 CROITRE
to grow

PRESENT	IMPERFECT	FUTURE
je croîs	je croissais	je croîtrai
tu croîs	tu croissais	tu croîtras
il croît	il croissait	il croîtra
nous croissons	nous croissions	nous croîtrons
vous croissez	vous croissiez	vous croîtrez
ils croissent	ils croissaient	ils croîtront
PASSÉ SIMPLE	**PASSÉ COMPOSÉ**	**PLUS-QUE-PARFAIT**
je crûs	j'ai crû	j'avais crû
tu crûs	tu as crû	tu avais crû
il crût	il a crû	il avait crû
nous crûmes	nous avons crû	nous avions crû
vous crûtes	vous avez crû	vous aviez crû
ils crûrent	ils ont crû	ils avaient crû
PAST ANTERIOR	**FUTURE PERFECT**	
j'eus crû etc	j'aurai crû etc	

IMPERATIVE	*CONDITIONAL* PRESENT	PAST
croîs	je croîtrais	j'aurais crû
croissons	tu croîtrais	tu aurais crû
croissez	il croîtrait	il aurait crû
	nous croîtrions	nous aurions crû
	vous croîtriez	vous auriez crû
	ils croîtraient	ils auraient crû

SUBJUNCTIVE

PRESENT	IMPERFECT	PERFECT
je croisse	je crûsse	j'aie crû
tu croisses	tu crûsses	tu aies crû
il croisse	il crût	il ait crû
nous croissions	nous crûssions	nous ayons crû
vous croissiez	vous crûssiez	vous ayez crû
ils croissent	ils crûssent	ils aient crû

INFINITIVE PRESENT	*PARTICIPLE* PRESENT
croître	croissant
PAST	**PAST**
avoir crû	crû (crue, crus)

CUEILLIR
to pick
50

PRESENT	IMPERFECT	FUTURE
je cueille	je cueillais	je cueillerai
tu cueilles	tu cueillais	tu cueilleras
il cueille	il cueillait	il cueillera
nous cueillons	nous cueillions	nous cueillerons
vous cueillez	vous cueilliez	vous cueillerez
ils cueillent	ils cueillaient	ils cueilleront
PASSÉ SIMPLE	**PASSÉ COMPOSÉ**	**PLUS-QUE-PARFAIT**
je cueillis	j'ai cueilli	j'avais cueilli
tu cueillis	tu as cueilli	tu avais cueilli
il cueillit	il a cueilli	il avait cueilli
nous cueillîmes	nous avons cueilli	nous avions cueilli
vous cueillîtes	vous avez cueilli	vous aviez cueilli
ils cueillirent	ils ont cueilli	ils avaient cueilli
PAST ANTERIOR	**FUTURE PERFECT**	
j'eus cueilli etc	j'aurai cueilli etc	

IMPERATIVE	*CONDITIONAL*	
	PRESENT	**PAST**
cueille	je cueillerais	j'aurais cueilli
cueillons	tu cueillerais	tu aurais cueilli
cueillez	il cueillerait	il aurait cueilli
	nous cueillerions	nous aurions cueilli
	vous cueilleriez	vous auriez cueilli
	ils cueilleraient	ils auraient cueilli

SUBJUNCTIVE

PRESENT	IMPERFECT	PERFECT
je cueille	je cueillisse	j'aie cueilli
tu cueilles	tu cueillisses	tu aies cueilli
il cueille	il cueillît	il ait cueilli
nous cueillions	nous cueillissions	nous ayons cueilli
vous cueilliez	vous cueillissiez	vous ayez cueilli
ils cueillent	ils cueillissent	ils aient cueilli

INFINITIVE	*PARTICIPLE*
PRESENT	**PRESENT**
cueillir	cueillant
PAST	**PAST**
avoir cueilli	cueilli

51 CUIRE
to cook

PRESENT	IMPERFECT	FUTURE
je cuis	je cuisais	je cuirai
tu cuis	tu cuisais	tu cuiras
il cuit	il cuisait	il cuira
nous cuisons	nous cuisions	nous cuirons
vous cuisez	vous cuisiez	vous cuirez
ils cuisent	ils cuisaient	ils cuiront
PASSÉ SIMPLE	**PASSÉ COMPOSÉ**	**PLUS-QUE-PARFAIT**
je cuisis	j'ai cuit	j'avais cuit
tu cuisis	tu as cuit	tu avais cuit
il cuisit	il a cuit	il avait cuit
nous cuisîmes	nous avons cuit	nous avions cuit
vous cuisîtes	vous avez cuit	vous aviez cuit
ils cuisirent	ils ont cuit	ils avaient cuit
PAST ANTERIOR	**FUTURE PERFECT**	
j'eus cuit etc	j'aurai cuit etc	

IMPERATIVE	*CONDITIONAL* PRESENT	PAST
cuis	je cuirais	j'aurais cuit
cuisons	tu cuirais	tu aurais cuit
cuisez	il cuirait	il aurait cuit
	nous cuirions	nous aurions cuit
	vous cuiriez	vous auriez cuit
	ils cuiraient	ils auraient cuit

SUBJUNCTIVE

PRESENT	IMPERFECT	PERFECT
je cuise	je cuisisse	j'aie cuit
tu cuises	tu cuisisses	tu aies cuit
il cuise	il cuisît	il ait cuit
nous cuisions	nous cuisissions	nous ayons cuit
vous cuisiez	vous cuisissiez	vous ayez cuit
ils cuisent	ils cuisissent	ils aient cuit

INFINITIVE PRESENT	*PARTICIPLE* PRESENT
cuire	cuisant
PAST	**PAST**
avoir cuit	cuit

DECHOR
to decline
52

PRESENT	IMPERFECT	FUTURE
je déchois		je déchoirai
tu déchois		tu déchoiras
il déchoit		il déchoira
nous déchoyons		nous déchoirons
vous déchoyez		vous déchoirez
ils déchoient		ils déchoiront
PASSÉ SIMPLE	**PASSÉ COMPOSÉ**	**PLUS-QUE-PARFAIT**
je déchus	j'ai déchu	j'avais déchu
tu déchus	tu as déchu	tu avais déchu
il déchut	il a déchu	il avait déchu
nous déchûmes	nous avons déchu	nous avions déchu
vous déchûtes	vous avez déchu	vous aviez déchu
ils déchurent	ils ont déchu	ils avaient déchu
PAST ANTERIOR	**FUTURE PERFECT**	
j'eus déchu etc	j'aurai déchu etc	

IMPERATIVE	*CONDITIONAL* PRESENT	PAST
	je déchoirais	j'aurais déchu
	tu déchoirais	tu aurais déchu
	il déchoirait	il aurait déchu
	nous déchoirions	nous aurions déchu
	vous déchoiriez	vous auriez déchu
	ils déchoiraient	ils auraient déchu

SUBJUNCTIVE

PRESENT	IMPERFECT	PERFECT
je déchoie	je déchusse	j'aie déchu
tu déchoies	tu déchusses	tu aies déchu
il déchoie	il déchût	il ait déchu
nous déchoyions	nous déchussions	nous ayons déchu
vous déchoyiez	vous déchussiez	vous ayez déchu
ils déchoient	ils déchussent	ils aient déchu

INFINITIVE PRESENT	*PARTICIPLE* PRESENT	*NOTE*
déchoir		*can also take auxiliary* être
PAST	**PAST**	
avoir déchu	déchu	

53 DECOUVRIR
to discover

PRESENT	IMPERFECT	FUTURE
je découvre	je découvrais	je découvrirai
tu découvres	tu découvrais	tu découvriras
il découvre	il découvrait	il découvrira
nous découvrons	nous découvrions	nous découvrirons
vous découvrez	vous découvriez	vous découvrirez
ils découvrent	ils découvraient	ils découvriront
PASSÉ SIMPLE	**PASSÉ COMPOSÉ**	**PLUS-QUE-PARFAIT**
je découvris	j'ai découvert	j'avais découvert
tu découvris	tu as découvert	tu avais découvert
il découvrit	il a découvert	il avait découvert
nous découvrîmes	nous avons découvert	nous avions découvert
vous découvrîtes	vous avez découvert	vous aviez découvert
ils découvrirent	ils ont découvert	ils avaient découvert
PAST ANTERIOR	**FUTURE PERFECT**	
j'eus découvert etc	j'aurai découvert etc	

IMPERATIVE	*CONDITIONAL* PRESENT	PAST
découvre	je découvrirais	j'aurais découvert
découvrons	tu découvrirais	tu aurais découvert
découvrez	il découvrirait	il aurait découvert
	nous découvririons	nous aurions découvert
	vous découvririez	vous auriez découvert
	ils découvriraient	ils auraient découvert

SUBJUNCTIVE PRESENT	IMPERFECT	PERFECT
je découvre	je découvrisse	j'aie découvert
tu découvres	tu découvrisses	tu aies découvert
il découvre	il découvrît	il ait découvert
nous découvrions	nous découvrissions	nous ayons découvert
vous découvriez	vous découvrissiez	vous ayez découvert
ils découvrent	ils découvrissent	ils aient découvert

INFINITIVE PRESENT	*PARTICIPLE* PRESENT
découvrir	découvrant
PAST	**PAST**
avoir découvert	découvert

DECRIRE
to describe
54

PRESENT	IMPERFECT	FUTURE
je décris	je décrivais	je décrirai
tu décris	tu décrivais	tu décriras
il décrit	il décrivait	il décrira
nous décrivons	nous décrivions	nous décrirons
vous décrivez	vous décriviez	vous décrirez
ils décrivent	ils décrivaient	ils décriront
PASSÉ SIMPLE	**PASSÉ COMPOSÉ**	**PLUS-QUE-PARFAIT**
je décrivis	j'ai décrit	j'avais décrit
tu décrivis	tu as décrit	tu avais décrit
il décrivit	il a décrit	il avait décrit
nous décrivîmes	nous avons décrit	nous avions décrit
vous décrivîtes	vous avez décrit	vous aviez décrit
ils décrivirent	ils ont décrit	ils avaient décrit
PAST ANTERIOR	**FUTURE PERFECT**	
j'eus décrit etc	j'aurai décrit etc	

IMPERATIVE	*CONDITIONAL* PRESENT	PAST
décris	je décrirais	j'aurais décrit
décrivons	tu décrirais	tu aurais décrit
décrivez	il décrirait	il aurait décrit
	nous décririons	nous aurions décrit
	vous décririez	vous auriez décrit
	ils décriraient	ils auraient décrit

SUBJUNCTIVE

PRESENT	IMPERFECT	PERFECT
je décrive	je décrivisse	j'aie décrit
tu décrives	tu décrivisses	tu aies décrit
il décrive	il décrivît	il ait décrit
nous décrivions	nous décrivissions	nous ayons décrit
vous décriviez	vous décrivissiez	vous ayez décrit
ils décrivent	ils décrivissent	ils aient décrit

INFINITIVE PRESENT	*PARTICIPLE* PRESENT
décrire	décrivant
PAST	**PAST**
avoir décrit	décrit

55 DEFAILLIR
to faint

PRESENT	IMPERFECT	FUTURE
je défaille	je défaillais	je défaillirai
tu défailles	tu défaillais	tu défailliras
il défaille	il défaillait	il défaillira
nous défaillons	nous défaillions	nous défaillirons
vous défaillez	vous défailliez	vous défaillirez
ils défaillent	ils défaillaient	ils défailliront
PASSÉ SIMPLE	**PASSÉ COMPOSÉ**	**PLUS-QUE-PARFAIT**
je défaillis	j'ai défailli	j'avais défailli
tu défaillis	tu as défailli	tu avais défailli
il défaillit	il a défailli	il avait défailli
nous défaillîmes	nous avons défailli	nous avions défailli
vous défaillîtes	vous avez défailli	vous aviez défailli
ils défaillirent	ils ont défailli	ils avaient défailli
PAST ANTERIOR	**FUTURE PERFECT**	
j'eus défailli etc	j'aurai défailli etc	

IMPERATIVE	*CONDITIONAL* PRESENT	PAST
défaille	je défaillirais	j'aurais défailli
défaillons	tu défaillirais	tu aurais défailli
défaillez	il défaillirait	il aurait défailli
	nous défaillirions	nous aurions défailli
	vous défailliriez	vous auriez défailli
	ils défailliraient	ils auraient défailli

SUBJUNCTIVE

PRESENT	IMPERFECT	PERFECT
je défaille	je défaillisse	j'aie défailli
tu défailles	tu défaillisses	tu aies défailli
il défaille	il défaillît	il ait défailli
nous défaillions	nous défaillissions	nous ayons défailli
vous défailliez	vous défaillissiez	vous ayez défailli
ils défaillent	ils défaillissent	ils aient défailli

INFINITIVE	*PARTICIPLE*
PRESENT	**PRESENT**
défaillir	défaillant
PAST	**PAST**
avoir défailli	défailli

DEFENDRE
to defend, to forbid

56

PRESENT	IMPERFECT	FUTURE
je défends	je défendais	je défendrai
tu défends	tu défendais	tu défendras
il défend	il défendait	il défendra
nous défendons	nous défendions	nous défendrons
vous défendez	vous défendiez	vous défendrez
ils défendent	ils défendaient	ils défendront
PASSÉ SIMPLE	**PASSÉ COMPOSÉ**	**PLUS-QUE-PARFAIT**
je défendis	j'ai défendu	j'avais défendu
tu défendis	tu as défendu	tu avais défendu
il défendit	il a défendu	il avait défendu
nous défendîmes	nous avons défendu	nous avions défendu
vous défendîtes	vous avez défendu	vous aviez défendu
ils défendirent	ils ont défendu	ils avaient défendu
PAST ANTERIOR	**FUTURE PERFECT**	
j'eus défendu etc	j'aurai défendu etc	

IMPERATIVE	*CONDITIONAL* PRESENT	PAST
défends	je défendrais	j'aurais défendu
défendons	tu défendrais	tu aurais défendu
défendez	il défendrait	il aurait défendu
	nous défendrions	nous aurions défendu
	vous défendriez	vous auriez défendu
	ils défendraient	ils auraient défendu

SUBJUNCTIVE PRESENT	IMPERFECT	PERFECT
je défende	je défendisse	j'aie défendu
tu défendes	tu défendisses	tu aies défendu
il défende	il défendît	il ait défendu
nous défendions	nous défendissions	nous ayons défendu
vous défendiez	vous défendissiez	vous ayez défendu
ils défendent	ils défendissent	ils aient défendu

INFINITIVE PRESENT	*PARTICIPLE* PRESENT
défendre	défendant
PAST	**PAST**
avoir défendu	défendu

57 DEMONTER
to dismantle

PRESENT	IMPERFECT	FUTURE
je démonte	je démontais	je démonterai
tu démontes	tu démontais	tu démonteras
il démonte	il démontait	il démontera
nous démontons	nous démontions	nous démonterons
vous démontez	vous démontiez	vous démonterez
ils démontent	ils démontaient	ils démonteront
PASSÉ SIMPLE	**PASSÉ COMPOSÉ**	**PLUS-QUE-PARFAIT**
je démontai	j'ai démonté	j'avais démonté
tu démontas	tu as démonté	tu avais démonté
il démonta	il a démonté	il avait démonté
nous démontâmes	nous avons démonté	nous avions démonté
vous démontâtes	vous avez démonté	vous aviez démonté
ils démontèrent	ils ont démonté	ils avaient démonté
PAST ANTERIOR	**FUTURE PERFECT**	
j'eus démonté etc	j'aurai démonté etc	

IMPERATIVE	*CONDITIONAL* PRESENT	PAST
démonte	je démonterais	j'aurais démonté
démontons	tu démonterais	tu aurais démonté
démontez	il démonterait	il aurait démonté
	nous démonterions	nous aurions démonté
	vous démonteriez	vous auriez démonté
	ils démonteraient	ils auraient démonté

SUBJUNCTIVE PRESENT	IMPERFECT	PERFECT
je démonte	je démontasse	j'aie démonté
tu démontes	tu démontasses	tu aies démonté
il démonte	il démontât	il ait démonté
nous démontions	nous démontassions	nous ayons démonté
vous démontiez	vous démontassiez	vous ayez démonté
ils démontent	ils démontassent	ils aient démonté

INFINITIVE PRESENT	*PARTICIPLE* PRESENT
démonter	démontant
PAST	**PAST**
avoir démonté	démonté

DEPECER
to cut up

58

PRESENT	IMPERFECT	FUTURE
je dépèce	je dépeçais	je dépècerai
tu dépèces	tu dépeçais	tu dépèceras
il dépèce	il dépeçait	il dépècera
nous dépeçons	nous dépecions	nous dépècerons
vous dépecez	vous dépeciez	vous dépècerez
ils dépècent	ils dépeçaient	ils dépèceront
PASSÉ SIMPLE	**PASSÉ COMPOSÉ**	**PLUS-QUE-PARFAIT**
je dépeçai	j'ai dépecé	j'avais dépecé
tu dépeças	tu as dépecé	tu avais dépecé
il dépeça	il a dépecé	il avait dépecé
nous depeçâmes	nous avons dépecé	nous avions dépecé
vous dépeçâtes	vous avez dépecé	vous aviez dépecé
ils dépecèrent	ils ont dépecé	ils avaient dépecé
PAST ANTERIOR	**FUTURE PERFECT**	
j'eus dépecé etc	j'aurai dépecé etc	

IMPERATIVE	*CONDITIONAL* PRESENT	PAST
dépèce	je dépècerais	j'aurais dépecé
dépeçons	tu dépècerais	tu aurais dépecé
dépecez	il dépècerait	il aurait dépecé
	nous dépècerions	nous aurions dépecé
	vous dépèceriez	vous auriez dépecé
	ils dépèceraient	ils auraient dépecé

SUBJUNCTIVE PRESENT	IMPERFECT	PERFECT
je dépèce	je dépeçasse	j'aie dépecé
tu dépèces	tu dépeçasses	tu aies dépecé
il dépèce	il dépeçât	il ait dépecé
nous dépecions	nous dépeçassions	nous ayons dépecé
vous dépeciez	vous dépeçassiez	vous ayez dépecé
ils dépècent	ils dépeçassent	ils aient dépecé

INFINITIVE PRESENT	*PARTICIPLE* PRESENT
dépecer	dépeçant
PAST	**PAST**
avoir dépecé	dépecé

59 DESCENDRE
to go down

PRESENT	IMPERFECT	FUTURE
je descends	je descendais	je descendrai
tu descends	tu descendais	tu descendras
il descend	il descendait	il descendra
nous descendons	nous descendions	nous descendrons
vous descendez	vous descendiez	vous descendrez
ils descendent	ils descendaient	ils descendront

PASSÉ SIMPLE	PASSÉ COMPOSÉ	PLUS-QUE-PARFAIT
je descendis	je suis descendu	j'étais descendu
tu descendis	tu es descendu	tu étais descendu
il descendit	il est descendu	il était descendu
nous descendîmes	nous sommes descendus	nous étions descendus
vous descendîtes	vous êtes descendu(s)	vous étiez descendu(s)
ils descendirent	ils sont descendus	ils étaient descendus

PAST ANTERIOR	FUTURE PERFECT
je fus descendu etc	je serai descendu etc

IMPERATIVE	*CONDITIONAL* PRESENT	PAST
descends	je descendrais	je serais descendu
descendons	tu descendrais	tu serais descendu
descendez	il descendrait	il serait descendu
	nous descendrions	nous serions descendus
	vous descendriez	vous seriez descendu(s)
	ils descendraient	ils seraient descendus

SUBJUNCTIVE PRESENT	IMPERFECT	PERFECT
je descende	je descendisse	je sois descendu
tu descendes	tu descendisses	tu sois descendu
il descende	il descendît	il soit descendu
nous descendions	nous descendissions	nous soyons descendus
vous descendiez	vous descendissiez	vous soyez descendu(s)
ils descendent	ils descendissent	ils soient descendus

INFINITIVE PRESENT	*PARTICIPLE* PRESENT	*NOTE*
descendre	descendant	*auxiliary* avoir *when transitive*
PAST	PAST	
être descendu	descendu	

DETRUIRE
to destroy

60

PRESENT	IMPERFECT	FUTURE
je détruis	je détruisais	je détruirai
tu détruis	tu détruisais	tu détruiras
il détruit	il détruisait	il détruira
nous détruisons	nous détruisions	nous détruirons
vous détruisez	vous détruisiez	vous détruirez
ils détruisent	ils détruisaient	ils détruiront

PASSÉ SIMPLE	PASSÉ COMPOSÉ	PLUS-QUE-PARFAIT
je détruisis	j'ai détruit	j'avais détruit
tu détruisis	tu as détruit	tu avais détruit
il détruisit	il a détruit	il avait détruit
nous détruisîmes	nous avons détruit	nous avions détruit
vous détruisîtes	vous avez détruit	vous aviez détruit
ils détruisirent	ils ont détruit	ils avaient détruit

PAST ANTERIOR	FUTURE PERFECT
j'eus détruit etc	j'aurai détruit etc

IMPERATIVE	*CONDITIONAL* PRESENT	PAST
détruis	je détruirais	j'aurais détruit
détruisons	tu détruirais	tu aurais détruit
détruisez	il détruirait	il aurait détruit
	nous détruirions	nous aurions détruit
	vous détruiriez	vous auriez détruit
	ils détruiraient	ils auraient détruit

SUBJUNCTIVE

PRESENT	IMPERFECT	PERFECT
je détruise	je détruisisse	j'aie détruit
tu détruises	tu détruisisses	tu aies détruit
il détruise	il détruisît	il ait détruit
nous détruisions	nous détruisissions	nous ayons détruit
vous détruisiez	vous détruisissiez	vous ayez détruit
ils détruisent	ils détruisissent	ils aient détruit

INFINITIVE	*PARTICIPLE*
PRESENT	PRESENT
détruire	détruisant
PAST	PAST
avoir déruit	détruit

61 DEVENIR
to become

PRESENT	IMPERFECT	FUTURE
je deviens	je devenais	je deviendrai
tu deviens	tu devenais	tu deviendras
il devient	il devenait	il deviendra
nous devenons	nous devenions	nous deviendrons
vous devenez	vous deveniez	vous deviendrez
ils deviennent	ils devenaient	ils deviendront
PASSÉ SIMPLE	**PASSÉ COMPOSÉ**	**PLUS-QUE-PARFAIT**
je devins	je suis devenu	j'étais devenu
tu devins	tu es devenu	tu étais devenu
il devint	il est devenu	il était devenu
nous devînmes	nous sommes devenus	nous étions devenus
vous devîntes	vous êtes devenu(s)	vous étiez devenu(s)
ils devinrent	ils sont devenus	ils étaient devenus
PAST ANTERIOR	**FUTURE PERFECT**	
je fus devenu etc	je serai devenu etc	

IMPERATIVE	*CONDITIONAL* PRESENT	PAST
deviens	je deviendrais	je serais devenu
devenons	tu deviendrais	tu serais devenu
devenez	il deviendrait	il serait devenu
	nous deviendrions	nous serions devenus
	vous deviendriez	vous seriez devenu(s)
	ils deviendraient	ils seraient devenus

SUBJUNCTIVE PRESENT	IMPERFECT	PERFECT
je devienne	je devinsse	je sois devenu
tu deviennes	tu devinsses	tu sois devenu
il devienne	il devînt	il soit devenu
nous devenions	nous devinssions	nous soyons devenus
vous deveniez	vous devinssiez	vous soyez devenu(s)
ils deviennent	ils devinssent	ils soient devenus

INFINITIVE PRESENT	*PARTICIPLE* PRESENT
devenir	devenant
PAST	**PAST**
être devenu	devenu

DEVOIR
to have to

62

PRESENT	IMPERFECT	FUTURE
je dois	je devais	je devrai
tu dois	tu devais	tu devras
il doit	il devait	il devra
nous devons	nous devions	nous devrons
vous devez	vous deviez	vous devrez
ils doivent	ils devaient	ils devront

PASSÉ SIMPLE	PASSÉ COMPOSÉ	PLUS-QUE-PARFAIT
je dus	j'aidû	j'avais dû
tu dus	tu as dû	tu avais dû
il dut	il a dû	il avait dû
nous dûmes	nous avons dû	nous avions dû
vous dûtes	vous avez dû	vous aviez dû
ils durent	ils ont dû	ils avaient dû

PAST ANTERIOR	FUTURE PERFECT
j'eus dû etc	j'aurai dû etc

IMPERATIVE	*CONDITIONAL* PRESENT	PAST
dois	je devrais	j'aurais dû
devons	tu devrais	tu aurais dû
devez	il devrait	il aurait dû
	nous devrions	nous aurions dû
	vous devriez	vous auriez dû
	ils devraient	ils auraient dû

SUBJUNCTIVE

PRESENT	IMPERFECT	PERFECT
je doive	je dusse	j'aie dû
tu doives	tu dusses	tu aies dû
il doive	il dût	il ait dû
nous devions	nous dussions	nous ayons dû
vous deviez	vous dussiez	vous ayez dû
ils doivent	ils dussent	ils aient dû

INFINITIVE PRESENT	*PARTICIPLE* PRESENT
devoir	devant
PAST	**PAST**
avoir dû	dû (due, dus)

63 DIRE
to say

PRESENT	IMPERFECT	FUTURE
je dis	je disais	je dirai
tu dis	tu disais	tu diras
il dit	il disait	il dira
nous disons	nous disions	nous dirons
vous dites	vous disiez	vous direz
ils disent	ils disaient	ils diront

PASSÉ SIMPLE	PASSÉ COMPOSÉ	PLUS-QUE-PARFAIT
je dis	j'ai dit	j'avais dit
tu dis	tu as dit	tu avais dit
il dit	il a dit	il avait dit
nous dîmes	nous avons dit	nous avions dit
vous dîtes	vous avez dit	vous aviez dit
ils dirent	ils ont dit	ils avaient dit

PAST ANTERIOR	FUTURE PERFECT
j'eus dit etc	j'aurai dit etc

IMPERATIVE	*CONDITIONAL* PRESENT	PAST
dis	je dirais	j'aurais dit
disons	tu dirais	tu aurais dit
dites	il dirait	il aurait dit
	nous dirions	nous aurions dit
	vous diriez	vous auriez dit
	ils diraient	ils auraient dit

SUBJUNCTIVE

PRESENT	IMPERFECT	PERFECT
je dise	je disse	j'aie dit
tu dises	tu disses	tu aies dit
il dise	il dît	il ait dit
nous disions	nous dissions	nous ayons dit
vous disiez	vous dissiez	vous ayez dit
ils disent	ils dissent	ils aient dit

INFINITIVE PRESENT	*PARTICIPLE* PRESENT
dire	disant
PAST	**PAST**
avoir dit	dit

DISSEQUER 64

to dissect

PRESENT	IMPERFECT	FUTURE
je dissèque	je disséquais	je disséquerai
tu dissèques	tu disséquais	tu disséqueras
il dissèque	il disséquait	il disséquera
nous disséquons	nous disséquions	nous disséquerons
vous disséquez	vous disséquiez	vous disséquerez
ils dissèquent	ils disséquaient	ils disséqueront

PASSÉ SIMPLE	PASSÉ COMPOSÉ	PLUS-QUE-PARFAIT
je disséquai	j'ai disséqué	j'avais disséqué
tu disséquas	tu as disséqué	tu avais disséqué
il disséqua	il a disséqué	il avait disséqué
nous disséquâmes	nous avons disséqué	nous avions disséqué
vous disséquâtes	vous avez disséqué	vous aviez disséqué
ils disséquèrent	ils ont disséqué	ils avaient disséqué

PAST ANTERIOR	FUTURE PERFECT
j'eus disséqué etc	j'aurai disséqué etc

IMPERATIVE	*CONDITIONAL* PRESENT	PAST
dissèque	je disséquerais	j'aurais disséqué
disséquons	tu disséquerais	tu aurais disséqué
disséquez	il disséquerait	il aurait disséqué
	nous disséquerions	nous aurions disséqué
	vous disséqueriez	vous auriez disséqué
	ils disséqueraient	ils auraient disséqué

SUBJUNCTIVE PRESENT	IMPERFECT	PERFECT
je disséque	je disséquasse	j'aie disséqué
tu dissèques	tu disséquasses	tu aies disséqué
il dissèque	il disséquât	il ait disséqué
nous disséquions	nous disséquassions	nous ayons disséqué
vous disséquiez	vous disséquassiez	vous ayez disséqué
ils dissèquent	ils disséquassent	ils aient disséqué

INFINITIVE PRESENT	*PARTICIPLE* PRESENT
disséquer	disséquant
PAST	**PAST**
avoir disséqué	disséqué

65 DISSOUDRE

to dissolve

PRESENT	IMPERFECT	FUTURE
je dissous	je dissolvais	je dissoudrai
tu dissous	tu dissolvais	tu dissoudras
il dissout	il dissolvait	il dissoudra
nous dissolvons	nous dissolvions	nous dissoudrons
vous dissolvez	vous dissolviez	vous dissoudrez
ils dissolvent	ils dissolvaient	ils dissoudront
PASSÉ SIMPLE	**PASSÉ COMPOSÉ**	**PLUS-QUE-PARFAIT**
je dissolus	j'ai dissous	j'avais dissous
tu dissolus	tu as dissous	tu avais dissous
il dissolut	il a dissous	il avait dissous
nous dissolûmes	nous avons dissous	nous avions dissous
vous dissolûtes	vous avez dissous	vous aviez dissous
ils dissolurent	ils ont dissous	ils avaient dissous
PAST ANTERIOR	**FUTURE PERFECT**	
j'eus dissous etc	j'aurai dissous etc	

IMPERATIVE	*CONDITIONAL* PRESENT	PAST
dissous	je dissoudrais	j'aurais dissous
dissolvons	tu dissoudrais	tu aurais dissous
dissolvez	il dissoudrait	il aurait dissous
	nous dissoudrions	nous aurions dissous
	vous dissoudriez	vous auriez dissous
	ils dissoudraient	ils auraient dissous

SUBJUNCTIVE

PRESENT	IMPERFECT	PERFECT
je dissolve	je dissolusse	j'aie dissous
tu dissolves	tu dissolusses	tu aies dissous
il dissolve	il dissolût	il ait dissous
nous dissolvions	nous dissolussions	nous ayons dissous
vous dissolviez	vous dissolussiez	vous ayez dissous
ils dissolvent	ils dissolussent	ils aient dissous

INFINITIVE PRESENT	*PARTICIPLE* PRESENT
dissoudre	dissolvant
PAST	**PAST**
avoir dissous	dissous (dissoute)

DISTRAIRE
to distract

66

PRESENT	IMPERFECT	FUTURE
je distrais	je distrayais	je distrairai
tu distrais	tu distrayais	tu distrairas
il distrait	il distrayait	il distraira
nous distrayons	nous distrayions	nous distrairons
vous distrayez	vous distrayiez	vous distrairez
ils distraient	ils distrayaient	ils distrairont

PASSÉ SIMPLE	PASSÉ COMPOSÉ	PLUS-QUE-PARFAIT
	j'ai distrait	j'avais distrait
	tu as distrait	tu avais distrait
	il a distrait	il avait distrait
	nous avons distrait	nous avions distrait
	vous avez distrait	vous aviez distrait
	ils ont distrait	ils avaient distrait

PAST ANTERIOR	FUTURE PERFECT
j'eus distrait etc	j'aurai distrait etc

IMPERATIVE	*CONDITIONAL* PRESENT	PAST
distrais	je distrairais	j'aurais distrait
distrayons	tu distrairais	tu aurais distrait
distrayez	il distrairait	il aurait distrait
	nous distrairions	nous aurions distrait
	vous distrairiez	vous auriez distrait
	ils distrairaient	ils auraient distrait

SUBJUNCTIVE PRESENT	IMPERFECT	PERFECT
je distraie		j'aie distrait
tu distraies		tu aies distrait
il distraie		il ait distrait
nous distrayions		nous ayons distrait
vous distrayiez		vous ayez distrait
ils distraient		ils aient distrait

INFINITIVE PRESENT	*PARTICIPLE* PRESENT	*NOTE*
distraire	distrayant	braire *and* traire: *no Passé Simple or subjunctive imperfect*
PAST	**PAST**	
avoir distrait	distrait	

67 DONNER
to give

PRESENT	IMPERFECT	FUTURE
je donne	je donnais	je donnerai
tu donnes	tu donnais	tu donneras
il donne	il donnait	il donnera
nous donnons	nous donnions	nous donnerons
vous donnez	vous donniez	vous donnerez
ils donnent	ils donnaient	ils donneront
PASSÉ SIMPLE	**PASSÉ COMPOSÉ**	**PLUS-QUE-PARFAIT**
je donnai	j'ai donné	j'avais donné
tu donnas	tu as donné	tu avais donné
il donna	il a donné	il avait donné
nous donnâmes	nous avons donné	nous avions donné
vous donnâtes	vous avez donné	vous aviez donné
ils donnèrent	ils ont donné	ils avaient donné
PAST ANTERIOR	**FUTURE PERFECT**	
j'eus donné etc	j'aurai donné etc	

IMPERATIVE	*CONDITIONAL* PRESENT	PAST
donne	je donnerais	j'aurais donné
donnons	tu donnerais	tu aurais donné
donnez	il donnerait	il aurait donné
	nous donnerions	nous aurions donné
	vous donneriez	vous auriez donné
	ils donneraient	ils auraient donné

SUBJUNCTIVE PRESENT	IMPERFECT	PERFECT
je donne	je donnasse	j'aie donné
tu donnes	tu donnasses	tu aies donné
il donne	il donnât	il ait donné
nous donnions	nous donnassions	nous ayons donné
vous donniez	vous donnassiez	vous ayez donné
ils donnent	ils donnassent	ils aient donné

INFINITIVE PRESENT	*PARTICIPLE* PRESENT
donner	donnant
PAST	**PAST**
avoir donné	donné

DORMIR 68
to sleep

PRESENT	IMPERFECT	FUTURE
je dors	je dormais	je dormirai
tu dors	tu dormais	tu dormiras
il dort	il dormait	il dormira
nous dormons	nous dormions	nous dormirons
vous dormez	vous dormiez	vous dormirez
ils dorment	ils dormaient	ils dormiront
PASSÉ SIMPLE	**PASSÉ COMPOSÉ**	**PLUS-QUE-PARFAIT**
je dormis	j'ai dormi	j'avais dormi
tu dormis	tu as dormi	tu avais dormi
il dormit	il a dormi	il avait dormi
nous dormîmes	nous avons dormi	nous avions dormi
vous dormîtes	vous avez dormi	vous aviez dormi
ils dormirent	ils ont dormi	ils avaient dormi
PAST ANTERIOR	**FUTURE PERFECT**	
j'eus dormi etc	j'aurai dormi etc	

IMPERATIVE	*CONDITIONAL* PRESENT	PAST
dors	je dormirais	j'aurais dormi
dormons	tu dormirais	tu aurais dormi
dormez	il dormirait	il aurait dormi
	nous dormirions	nous aurions dormi
	vous dormiriez	vous auriez dormi
	ils dormiraient	ils auraient dormi

SUBJUNCTIVE

PRESENT	IMPERFECT	PERFECT
je dorme	je dormisse	j'aie dormi
tu dormes	tu dormisses	tu aies dormi
il dorme	il dormît	il ait dormi
nous dormions	nous dormissions	nous ayons dormi
vous dormiez	vous dormissiez	vous ayez dormi
ils dorment	ils dormissent	ils aient dormi

INFINITIVE PRESENT	*PARTICIPLE* PRESENT
dormir	dormant
PAST	**PAST**
avoir dormi	dormi

69 ECHOIR
to expire

PRESENT	IMPERFECT	FUTURE
il échoit		il échoira
PASSÉ SIMPLE	**PASSÉ COMPOSÉ**	**PLUS-QUE-PARFAIT**
il échut	il est échu	il était échu
PAST ANTERIOR	**FUTURE PERFECT**	
il fut échu	il sera échu	

IMPERATIVE	*CONDITIONAL*	
	PRESENT	**PAST**
	il échoirait ils échoiraient	il serait échu

SUBJUNCTIVE		
PRESENT	**IMPERFECT**	**PERFECT**
	il échût	il soit échu

INFINITIVE	*PARTICIPLE*
PRESENT	**PRESENT**
échoir	échéant
PAST	**PAST**
être échu	échu

ECLORE
to hatch, to open

70

PRESENT	IMPERFECT	FUTURE
il éclôt ils éclosent		il éclora ils écloront
PASSÉ SIMPLE	**PASSÉ COMPOSÉ**	**PLUS-QUE-PARFAIT**
	il est éclos ils sont éclos	il était éclos ils étaient éclos
PAST ANTERIOR	**FUTURE PERFECT**	
il fut éclos etc	il sera éclos etc	
IMPERATIVE	***CONDITIONAL*** **PRESENT**	**PAST**
	il éclorait ils écloraient	il serait éclos ils seraient éclos

SUBJUNCTIVE PRESENT	IMPERFECT	PERFECT$_{14}$
il éclose ils éclosent		il soit éclos ils soient éclos

INFINITIVE PRESENT	*PARTICIPLE* PRESENT
éclore	
PAST	**PAST**
être éclos	éclos

71 ECREMER
to skim

PRESENT	IMPERFECT	FUTURE
j'écrème	j'écrémais	j'écrémerai
tu écrèmes	tu écrémais	tu écrémeras
il écrème	il écrémait	il écrémera
nous écrémons	nous écrémions	nous écrémerons
vous écrémez	vous écrémiez	vous écrémerez
ils écrèment	ils écrémaient	ils écrémeront
PASSÉ SIMPLE	**PASSÉ COMPOSÉ**	**PLUS-QUE-PARFAIT**
j'écrémai	j'ai écrémé	j'avais écrémé
tu écrémas	tu as écrémé	tu avais écrémé
il écréma	il a écrémé	il avait écrémé
nous écrémâmes	nous avons écrémé	nous avions écrémé
vous écrémâtes	vous avez écrémé	vous aviez écrémé
ils écrémèrent	ils ont écrémé	ils avaient écrémé
PAST ANTERIOR	**FUTURE PERFECT**	
j'eus écrémé etc	j'aurai écrémé etc	

IMPERATIVE	*CONDITIONAL*	
	PRESENT	**PAST**
écrème	j'écrémerais	j'aurais écrémé
écrémons	tu écrémerais	tu aurais écrémé
écrémez	il écrémerait	il aurait écrémé
	nous écrémerions	nous aurions écrémé
	vous écrémeriez	vous auriez écrémé
	ils écrémeraient	ils auraient écrémé

SUBJUNCTIVE

PRESENT	IMPERFECT	PERFECT
j'écrème	j'écrémasse	j'aie écrémé
tu écrèmes	tu écrémasses	tu aies écrémé
il écrème	il écrémât	il ait écrémé
nous écrémions	nous écrémassions	nous ayons écrémé
vous écrémiez	vous écrémassiez	vous ayez écrémé
ils écrèment	ils écrémassent	ils aient écrémé

INFINITIVE	*PARTICIPLE*
PRESENT	**PRESENT**
écrémer	écrémant
PAST	**PAST**
avoir écrémé	écrémé

ECRIRE
to write

72

PRESENT	IMPERFECT	FUTURE
j'écris	j'écrivais	j'écrirai
tu écris	tu écrivais	tu écriras
il écrit	il écrivait	il écrira
nous écrivons	nous écrivions	nous écrirons
vous écrivez	vous écriviez	vous écrirez
ils écrivent	ils écrivaient	ils écriront
PASSÉ SIMPLE	**PASSÉ COMPOSÉ**	**PLUS-QUE-PARFAIT**
j'écrivis	j'ai écrit	j'avais écrit
tu écrivis	tu as écrit	tu avais écrit
il écrivit	il a écrit	il avait écrit
nous écrivîmes	nous avons écrit	nous avions écrit
vous écrivîtes	vous avez écrit	vous aviez écrit
ils écrivirent	ils ont écrit	ils avaient écrit
PAST ANTERIOR	**FUTURE PERFECT**	
j'eus écrit etc	j'aurai écrit etc	

IMPERATIVE	*CONDITIONAL* PRESENT	PAST
écris	j'écrirais	j'aurais écrit
écrivons	tu écrirais	tu aurais écrit
écrivez	il écrirait	il aurait écrit
	nous écririons	nous aurions écrit
	vous écririez	vous auriez écrit
	ils écriraient	ils auraient écrit

SUBJUNCTIVE PRESENT	IMPERFECT	PERFECT
j'écrive	j'écrivisse	j'aie écrit
tu écrives	tu écrivisses	tu aies écrit
il écrive	il écrivît	il ait écrit
nous écrivions	nous écrivissions	nous ayons écrit
vous écriviez	vous écrivissiez	vous ayez écrit
ils écrivent	ils écrivissent	ils aient écrit

INFINITIVE PRESENT	*PARTICIPLE* PRESENT
écrire	écrivant
PAST	**PAST**
avoir écrit	écrit

73 ELEVER
to raise

PRESENT	IMPERFECT	FUTURE
j'élève	j'élevais	j'élèverai
tu élèves	tu élevais	tu élèveras
il élève	il élevait	il élèvera
nous élevons	nous élevions	nous élèverons
vous élevez	vous éleviez	vous élèverez
ils élèvent	ils élevaient	ils élèveront

PASSÉ SIMPLE	PASSÉ COMPOSÉ	PLUS-QUE-PARFAIT
j'élevai	j'ai élevé	j'avais élevé
tu élevas	tu as élevé	tu avais élevé
il éleva	il a élevé	il avait élevé
nous élevâmes	nous avons élevé	nous avions élevé
vous élevâtes	vous avez élevé	vous aviez élevé
ils élevérent	ils ont élevé	ils avaient élevé

PAST ANTERIOR	FUTURE PERFECT
j'eus élevé etc	j'aurai élevé etc

IMPERATIVE	*CONDITIONAL* PRESENT	PAST
élève	j'élèverais	j'aurais élevé
élevons	tu élèverais	tu aurais élevé
élevez	il élèverait	il aurait élevé
	nous élèverions	nous aurions élevé
	vous élèveriez	vous auriez élevé
	ils élèveraient	ils auraient élevé

SUBJUNCTIVE

PRESENT	IMPERFECT	PERFECT
j'élève	j'élevasse	j'aie élevé
tu élèves	tu élevasses	tu aies élevé
il élève	il élevât	il ait élevé
nous élevions	nous élevassions	nous ayons élevé
vous éleviez	vous élévassiez	vous ayez élévé
ils élèvent	ils élevassent	ils aient élevé

INFINITIVE PRESENT	*PARTICIPLE* PRESENT
élever	élevant
PAST	**PAST**
avoir élevé	élevé

EMOUVOIR 74

to move (emotionally)

PRESENT	IMPERFECT	FUTURE
j'émeus	j'émouvais	j'émouvrai
tu émeus	tu émouvais	tu émouvras
il émeut	il émouvait	il émouvra
nous émouvons	nous émouvions	nons émouvrons
vous émouvez	vous émouviez	vous émouvrez
ils émeuvent	ils émouvaient	ils émouvront

PASSÉ SIMPLE	PASSÉ COMPOSÉ	PLUS-QUE-PARFAIT
j'émus	j'ai ému	j'avais ému
tu émus	tu as ému	tu avais ému
il émut	il a ému	il avait ému
nous émûmes	nous avons ému	nous avions ému
vous émûtes	vous avez ému	vous aviez ému
ils émurent	ils ont ému	ils avaient ému

PAST ANTERIOR	FUTURE PERFECT
j'eus ému etc	j'aurai ému etc

IMPERATIVE	*CONDITIONAL* PRESENT	PAST
émeus	j'émouvrais	j'aurais ému
émouvons	tu émouvrais	tu aurais ému
émouvez	il émouvrait	il aurait ému
	nous émouvrions	nous aurions ému
	vous émouvriez	vous auriez ému
	ils émouvraient	ils auraient ému

SUBJUNCTIVE

PRESENT	IMPERFECT	PERFECT
j'émeuve	j'émusse	j'aie ému
tu émeuves	tu émusses	tu aies ému
il émeuve	il émût	il ait ému
nous émouvions	nous émussions	nous ayons ému
vous émouviez	vous émussiez	vous ayez ému
ils émeuvent	ils émussent	ils aient ému

INFINITIVE	*PARTICIPLE*
PRESENT	**PRESENT**
émouvoir	émouvant
PAST	**PAST**
avoir ému	ému

75 ENCLORE
to enclose

PRESENT	IMPERFECT	FUTURE
j'enclos		j'enclorai
tu enclos		tu encloras
il enclôt		il enclora
nous enclosons		nous enclorons
vous enclosez		vous enclorez
ils enclosent		ils encloront
PASSÉ SIMPLE	**PASSÉ COMPOSÉ**	**PLUS-QUE-PARFAIT**
	j'ai enclos	j'avais enclos
	tu as enclos	tu avais enclos
	il a enclos	il avait enclos
	nous avons enclos	nous avions enclos
	vous avez enclos	vous aviez enclos
	ils ont enclos	ils avaient enclos
PAST ANTERIOR	**FUTURE PERFECT**	
j'eus enclos etc	j'aurai enclos etc	

IMPERATIVE	*CONDITIONAL* PRESENT	PAST
enclos	j'enclorais	j'aurais enclos
	tu enclorais	tu aurais enclos
	il enclorait	il aurait enclos
	nous enclorions	nous aurions enclos
	vous encloriez	vous auriez enclos
	ils encloraient	ils auraient enclos

SUBJUNCTIVE PRESENT	IMPERFECT	PERFECT
j'enclose		j'aie enclos
tu encloses		tu aies enclos
il enclose		il ait enclos
nous enclosions		nous ayons enclos
vous enclosiez		vous ayez enclos
ils enclosent		ils aient enclos

INFINITIVE PRESENT	*PARTICIPLE* PRESENT
enclore	
PAST	**PAST**
avoir enclos	enclos

S'ENDORMIR
to fall asleep

76

PRESENT	IMPERFECT	FUTURE
je m'endors	je m'endormais	je m'endormirai
tu t'endors	tu t'endormais	tu t'endormiras
il s'endort	il s'endormait	il s'endormira
nous nous endormons	nous nous endormions	nous nous endormirons
vous vous endormez	vous vous endormiez	vous vous endormirez
ils s'endorment	ils s'endormaient	ils s'endormiront
PASSÉ SIMPLE	**PASSÉ COMPOSÉ**	**PLUS-QUE-PARFAIT**
je m'endormis	je me suis endormi	je m'étais endormi
tu t'endormis	tu t'es endormi	tu t'étais endormi
il s'endormit	il s'est endormi	il s'était endormi
nous nous endormîmes	nous ns. sommes endormis	nous ns. étions endormis
vous vous endormîtes	vous vs. êtes endormi(s)	vous vs. étiez endormi(s)
ils s'endormirent	ils se sont endormis	ils s'étaient endormis
PAST ANTERIOR	**FUTURE PERFECT**	
je me fus endormi etc	je me serai endormi etc	

IMPERATIVE	*CONDITIONAL* PRESENT	PAST
endors-toi	je m'endormirais	je me serais endormi
endormons-nous	tu t'endormirais	tu te serais endormi
endormez-vous	il s'endormirait	il se serait endormi
	nous nous endormirions	nous ns. serions endormis
	vous vous endormiriez	vous vs. seriez endormi(s)
	ils s'endormiraient	ils se seraient endormis

SUBJUNCTIVE PRESENT	IMPERFECT	PERFECT
je m'endorme	je m'endormisse	je me sois endormi
tu t'endormes	tu t'endormisses	tu te sois endormi
il s'endorme	il s'endormît	il se soit endormi
nous nous endormions	nous nous endormissions	nous ns. soyons endormis
vous vous endormiez	vous vous endormissiez	vous vs. soyez endormi(s)
ils s'endorment	ils s'endormissent	ils se soient endormis

INFINITIVE PRESENT	*PARTICIPLE* PRESENT
s'endormir	s'endormant
PAST	**PAST**
s'être endormi	endormi

77 S'ENFUIR
to flee

PRESENT	IMPERFECT	FUTURE
je m'enfuis	je m'enfuyais	je m'enfuirai
tu t'enfuis	tu t'enfuyais	tu t'enfuiras
il s'enfuit	il s'enfuyait	il s'enfuira
nous nous enfuyons	nous nous enfuyions	nous nous enfuirons
vous vous enfuyez	vous vous enfuyiez	vous vous enfuirez
ils s'enfuient	ils s'enfuyaient	ils s'enfuiront
PASSÉ SIMPLE	**PASSÉ COMPOSÉ**	**PLUS-QUE-PARFAIT**
je m'enfuis	je me suis enfui	je m'étais enfui
tu t'enfuis	tu t'es enfui	tu t'étais enfui
il s'enfuit	il s'est enfui	il s'était enfui
nous nous enfuîmes	nous nous sommes enfuis	nous nous étions enfuis
vous vous enfuîtes	vous vous êtes enfui(s)	vous vous étiez enfui(s)
ils s'enfuirent	ils se sont enfuis	ils s'étaient enfuis
PAST ANTERIOR	**FUTURE PERFECT**	
je me fus enfui etc	je me serai enfui etc	

IMPERATIVE	*CONDITIONAL* PRESENT	PAST
enfuis-toi	je m'enfuirais	je me serais enfui
enfuyons-nous	tu t'enfuirais	tu te serais enfui
enfuyez-vous	il s'enfuirait	il se serait enfui
	nous nous enfuirions	nous nous serions enfuis
	vous vous enfuiriez	vous vous seriez enfui(s)
	ils s'enfuiraient	ils se seraient enfuis

SUBJUNCTIVE PRESENT	IMPERFECT	PERFECT
je m'enfuie	je m'enfuisse	je me sois enfui
tu t'enfuies	tu t'enfuisses	tu te sois enfui
il s'enfuie	il s'enfuît	il se soit enfui
nous nous enfuyions	nous nous enfuissions	nous nous soyons enfuis
vous vous enfuyiez	vous vous enfuissiez	vous vous soyez enfui(s)
ils s'enfuient	ils s'enfuissent	ils se soient enfuis

INFINITIVE PRESENT	*PARTICIPLE* PRESENT
s'enfuir	s'enfuyant
PAST	**PAST**
s'être enfui	enfui

ENNUYER 78

to bother, to bore

PRESENT	IMPERFECT	FUTURE
j'ennuie	j'ennuyais	j'ennuierai
tu ennuies	tu ennuyais	tu ennuieras
il ennuie	il ennuyait	il ennuiera
nous ennuyons	nous ennuyions	nous ennuierons
vous ennuyez	vous ennuyiez	vous ennuierez
ils ennuient	ils ennuyaient	ils ennuieront
PASSÉ SIMPLE	**PASSÉ COMPOSÉ**	**PLUS-QUE-PARFAIT**
j'ennuyai	j'ai ennuyé	j'avais ennuyé
tu ennuyas	tu as ennuyé	tu avais ennuyé
il ennuya	il a ennuyé	il avait ennuyé
nous ennuyâmes	nous avons ennuyé	nous avions ennuyé
vous ennuyâtes	vous avez ennuyé	vous aviez ennuyé
ils ennuyèrent	ils ont ennuyé	ils avaient ennuyé
PAST ANTERIOR	**FUTURE PERFECT**	
j'eus ennuyé etc	j'aurai ennuyé etc	

IMPERATIVE	*CONDITIONAL* PRESENT	PAST
ennuie	j'ennuierais	j'aurais ennuyé
ennuyons	tu ennuierais	tu aurais ennuyé
ennuyez	il ennuierait	il aurait ennuyé
	nous ennuierions	nous aurions ennuyé
	vous ennuieriez	vous auriez ennuyé
	ils ennuieraient	ils auraient ennuyé

SUBJUNCTIVE

PRESENT	IMPERFECT	PERFECT
j'ennuie	j'ennuyasse	j'aie ennuyé
tu ennuies	tu ennuyasses	tu aies ennuyé
il ennuie	il ennuyât	il ait ennuyé
nous ennuyions	nous ennuyassions	nous ayons ennuyé
vous ennuyiez	vous ennuyassiez	vous ayez ennuyé
ils ennuient	ils ennuyassent	ils aient ennuyé

INFINITIVE PRESENT	*PARTICIPLE* PRESENT
ennuyer	ennuyant
PAST	**PAST**
avoir ennuyé	ennuyé

79 S'ENSUIVRE
to ensue

PRESENT	IMPERFECT	FUTURE
il s'ensuit	il s'ensuivait	il s'ensuivra
ils s'ensuivent	ils s'ensuivaient	ils s'ensuivront
PASSÉ SIMPLE	**PASSÉ COMPOSÉ**	**PLUS-QUE-PARFAIT**
il s'ensuivit	il s'est ensuivi	il s'était ensuivi
ils s'ensuivirent	ils se sont ensuivis	ils s'étaient ensuivis
PAST ANTERIOR	**FUTURE PERFECT**	
il se fut ensuivi etc	il se sera ensuivi etc	

IMPERATIVE	*CONDITIONAL*	
	PRESENT	**PAST**
	il s'ensuivrait	il se serait ensuivi
	ils s'ensuivraient	ils se seraient ensuivis

SUBJUNCTIVE		
PRESENT	**IMPERFECT**	**PERFECT**
il s'ensuive	il s'ensuivît	il se soit ensuivi
ils s'ensuivent	ils s'ensuivissent	ils se soient ensuivis

INFINITIVE	*PARTICIPLE*
PRESENT	**PRESENT**
s'ensuivre	
PAST	**PAST**
s'être ensuivi	ensuivi

ENTENDRE
to hear

80

PRESENT	IMPERFECT	FUTURE
j'entends	j'entendais	j'entendrai
tu entends	tu entendais	tu entendras
il entend	il entendait	il entendra
nous entendons	nous entendions	nous entendrons
vous entendez	vous entendiez	vous entendrez
ils entendent	ils entendaient	ils entendront
PASSÉ SIMPLE	**PASSÉ COMPOSÉ**	**PLUS-QUE-PARFAIT**
j'entendis	j'ai entendu	j'avais entendu
tu entendis	tu as entendu	tu avais entendu
il entendit	il a entendu	il avait entendu
nous entendîmes	nous avons entendu	nous avions entendu
vous entendîtes	vous avez entendu	vous aviez entendu
ils entendirent	ils ont entendu	ils avaient entendu
PAST ANTERIOR	**FUTURE PERFECT**	
j'eus entendu etc	j'aurai entendu etc	

IMPERATIVE	*CONDITIONAL*	
	PRESENT	**PAST**
entends	j'entendrais	j'aurais entendu
entendons	tu entendrais	tu aurais entendu
entendez	il entendrait	il aurait entendu
	nous entendrions	nous aurions entendu
	vous entendriez	vous auriez entendu
	ils entendraient	ils auraient entendu

SUBJUNCTIVE

PRESENT	IMPERFECT	PERFECT
j'entende	j'entendisse	j'aie entendu
tu entendes	tu entendisses	tu aies entendu
il entende	il entendît	il ait entendu
nous entendions	nous entendissions	nous ayons entendu
vous entendiez	vous entendissiez	vous ayez entendu
ils entendent	ils entendissent	ils aient entendu

INFINITIVE	*PARTICIPLE*
PRESENT	**PRESENT**
entendre	entendant
PAST	**PAST**
avoir entendu	entendu

81 ENTRER
to enter

PRESENT	IMPERFECT	FUTURE
j'entre	j'entrais	j'entrerai
tu entres	tu entrais	tu entreras
il entre	il entrait	il entrera
nous entrons	nous entrions	nous entrerons
vous entrez	vous entriez	vous entrerez
ils entrent	ils entraient	ils entreront
PASSÉ SIMPLE	**PASSÉ COMPOSÉ**	**PLUS-QUE-PARFAIT**
j'entrai	je suis entré	j'étais entré
tu entras	tu es entré	tu étais entré
il entra	il est entré	il était entré
nous entrâmes	nous sommes entrés	nous étions entrés
vous entrâtes	vous êtes entré(s)	vous étiez entré(s)
ils entrèrent	ils sont entrés	ils étaient entrés
PAST ANTERIOR	**FUTURE PERFECT**	
je fus entré etc	je serai entré etc	

IMPERATIVE	*CONDITIONAL* PRESENT	PAST
entre	j'entrerais	je serais entré
entrons	tu entrerais	tu serais entré
entrez	il entrerait	il serait entré
	nous entrerions	nous serions entrés
	vous entreriez	vous seriez entré(s)
	ils entreraient	ils seraient entrés

SUBJUNCTIVE PRESENT	IMPERFECT	PERFECT
j'entre	j'entrasse	je sois entré
tu entres	tu entrasses	tu sois entré
il entre	il entrât	il soit entré
nous entrions	nous entrassions	nous soyons entrés
vous entriez	vous entrassiez	vous soyez entré(s)
ils entrent	ils entrassent	ils soient entrés

INFINITIVE PRESENT	*PARTICIPLE* PRESENT	*NOTE*
entrer	entrant	*auxiliary* avoir *when transitive*
PAST	**PAST**	
être entré	entré	

ENVAHIR
to invade

82

PRESENT	IMPERFECT	FUTURE
j'envahis	j'envahissais	j'envahirai
tu envahis	tu envahissais	tu envahiras
il envahit	il envahissait	il envahira
nous envahissons	nous envahissions	nous envahirons
vous envahissez	vous envahissiez	vous envahirez
ils envahissent	ils envahissaient	ils envahiront
PASSÉ SIMPLE	**PASSÉ COMPOSÉ**	**PLUS-QUE-PARFAIT**
j'envahis	j'ai envahi	j'avais envahi
tu envahis	tu as envahi	tu avais envahi
il envahit	il a envahi	il avait envahi
nous envahîmes	nous avons envahi	nous avions envahi
vous envahîtes	vous avez envahi	vous aviez envahi
ils envahirent	ils ont envahi	ils avaient envahi
PAST ANTERIOR	**FUTURE PERFECT**	
j'eus envahi etc	j'aurai envahi etc	

IMPERATIVE	*CONDITIONAL* PRESENT	PAST
envahis	j'envahirais	j'aurais envahi
envahissons	tu envahirais	tu aurais envahi
envahissez	il envahirait	il aurait envahi
	nous envahirions	nous aurions envahi
	vous envahiriez	vous auriez envahi
	ils envahiraient	ils auraient envahi

SUBJUNCTIVE

PRESENT	IMPERFECT	PERFECT
j'envahisse	j'envahisse	j'aie envahi
tu envahisses	tu envahisses	tu aies envahi
il envahisse	il envahît	il ait envahi
nous envahissions	nous envahissions	nous ayons envahi
vous envahissiez	vous envahissiez	vous ayez envahi
ils envahissent	ils envahissent	ils aient envahi

INFINITIVE PRESENT	*PARTICIPLE* PRESENT
envahir	envahissant
PAST	**PAST**
avoir envahi	envahi

83 ENVOYER
to send

PRESENT	IMPERFECT	FUTURE
j'envoie	j'envoyais	j'enverrai
tu envoies	tu envoyais	tu enverras
il envoie	il envoyait	il enverra
nous envoyons	nous envoyions	nous enverrons
vous envoyez	vous envoyiez	vous enverrez
ils envoient	ils envoyaient	ils enverront
PASSÉ SIMPLE	**PASSÉ COMPOSÉ**	**PLUS-QUE-PARFAIT**
j'envoyai	j'ai envoyé	j'avais envoyé
tu envoyas	tu as envoyé	tu avais envoyé
il envoya	il a envoyé	il avait envoyé
nous envoyâmes	nous avons envoyé	nous avions envoyé
vous envoyâtes	vous avez envoyé	vous aviez envoyé
ils envoyèrent	ils ont envoyé	ils avaient envoyé
PAST ANTERIOR	**FUTURE PERFECT**	
j'eus envoyé etc	j'aurai envoyé etc	

IMPERATIVE	*CONDITIONAL* PRESENT	PAST
envoie	j'enverrais	j'aurais envoyé
envoyons	tu enverrais	tu aurais envoyé
envoyez	il enverrait	il aurait envoyé
	nous enverrions	nous aurions envoyé
	vous enverriez	vous auriez envoyé
	ils enverraient	ils auraient envoyé

SUBJUNCTIVE PRESENT	IMPERFECT	PERFECT
j'envoie	j'envoyasse	j'aie envoyé
tu envoies	tu envoyasses	tu aies envoyé
il envoie	il envoyât	il ait envoyé
nous envoyions	nous envoyassions	nous ayons envoyé
vous envoyiez	vous envoyassiez	vous ayez envoyé
ils envoient	ils envoyassent	ils aient envoyé

INFINITIVE PRESENT	*PARTICIPLE* PRESENT
envoyer	envoyant
PAST	**PAST**
avoir envoyé	envoyé

ESPERER
to hope

84

PRESENT	IMPERFECT	FUTURE
j'espère	j'espérais	j'espérerai
tu espères	tu espérais	tu espéreras
il espère	il espérait	il espérera
nous espérons	nous espérions	nous espérerons
vous espérez	vous espériez	vous espérerez
ils espèrent	ils espéraient	ils espéreront
PASSÉ SIMPLE	**PASSÉ COMPOSÉ**	**PLUS-QUE-PARFAIT**
j'espérai	j'ai espéré	j'avais espéré
tu espéras	tu as espéré	tu avais espéré
il espéra	il a espéré	il avait espéré
nous espérâmes	nous avons espéré	nous avions espéré
vous espérâtes	vous avez espéré	vous aviez espéré
ils espérèrent	ils ont espéré	ils avaient espéré
PAST ANTERIOR	**FUTURE PERFECT**	
j'eus espéré etc	j'aurai espéré etc	

IMPERATIVE	*CONDITIONAL* PRESENT	PAST
espère	j'espérerais	j'aurais espéré
espérons	tu espérerais	tu aurais espéré
espérez	il espérerait	il aurait espéré
	nous espérerions	nous aurions espéré
	vous espéreriez	vous auriez espéré
	ils espéreraient	ils auraient espéré

SUBJUNCTIVE

PRESENT	IMPERFECT	PERFECT
j'espère	j'espérasse	j'aie espéré
tu espères	tu espérasses	tu aies espéré
il espère	il espérât	il ait espéré
nous espérions	nous espérassions	nous ayons espéré
vous espériez	vous espérassiez	vous ayez espéré
ils espèrent	ils espérassent	ils aient espéré

INFINITIVE PRESENT	*PARTICIPLE* PRESENT
espérer	espérant
PAST	**PAST**
avoir espéré	espéré

85 ETRE

to be

PRESENT	IMPERFECT	FUTURE
je suis	j'étais	je serai
tu es	tu étais	tu seras
il est	il était	il sera
nous sommes	nous étions	nous serons
vous êtes	vous étiez	vous serez
ils sont	ils étaient	ils seront
PASSÉ SIMPLE	**PASSÉ COMPOSÉ**	**PLUS-QUE-PARFAIT**
je fus	j'ai été	j'avais été
tu fus	tu as été	tu avais été
il fut	il a été	il avait été
nous fûmes	nous avons été	nous avions été
vous fûtes	vous avez été	vous aviez été
ils furent	ils ont été	ils avaient été
PAST ANTERIOR	**FUTURE PERFECT**	
j'eus été etc	j'aurai été etc	

IMPERATIVE	*CONDITIONAL* PRESENT	PAST
sois	je serais	j'aurais été
soyons	tu serais	tu aurais été
soyez	il serait	il aurait été
	nous serions	nous aurions été
	vous seriez	vous auriez été
	ils seraient	ils auraient été

SUBJUNCTIVE

PRESENT	IMPERFECT	PERFECT
je sois	je fusse	j'aie été
tu sois	tu fusses	tu aies été
il soit	il fût	il ait été
nous soyons	nous fussions	nous ayons été
vous soyez	vous fussiez	vous ayez été
ils soient	ils fussent	ils aient été

INFINITIVE PRESENT	*PARTICIPLE* PRESENT
être	étant
PAST	**PAST**
avoir été	été

ETUDIER
to study

86

PRESENT	IMPERFECT	FUTURE
j'étudie	j'étudiais	j'étudierai
tu étudies	tu étudiais	tu étudieras
il étudie	il étudiait	il étudiera
nous étudions	nous étudiions	nous étudierons
vous étudiez	vous étudiiez	vous étudierez
ils étudient	ils étudiaient	ils étudieront
PASSÉ SIMPLE	**PASSÉ COMPOSÉ**	**PLUS-QUE-PARFAIT**
j'étudiai	j'ai étudié	j'avais étudié
tu étudias	tu as étudié	tu avais étudié
il étudia	il a étudié	il avait étudié
nous étudiâmes	nous avons étudié	nous avions étudié
vous étudiâtes	vous avez étudié	vous aviez étudié
ils étudièrent	ils ont étudié	ils avaient étudié
PAST ANTERIOR	**FUTURE PERFECT**	
j'eus étudié etc	j'aurai étudié etc	

IMPERATIVE	*CONDITIONAL* PRESENT	PAST
étudie	j'étudierais	j'aurais étudié
étudions	tu étudierais	tu aurais étudié
étudiez	il étudierait	il aurait étudié
	nous étudierions	nous aurions étudié
	vous étudieriez	vous auriez étudié
	ils étudieraient	ils auraient étudié

SUBJUNCTIVE PRESENT	IMPERFECT	PERFECT
j'étudie	j'étudiasse	j'aie étudié
tu étudies	tu étudiasses	tu aies étudié
il étudie	il étudiât	il ait étudié
nous étudiions	nous étudiassions	nous ayons étudié
vous étudiiez	vous étudiassiez	vous ayez étudié
ils étudient	ils étudiassent	ils aient étudié

INFINITIVE PRESENT	*PARTICIPLE* PRESENT
étudier	étudiant
PAST	**PAST**
avoir étudié	étudié

87 S'EVANOUIR
to faint

PRESENT	IMPERFECT	FUTURE
je m'évanouis	je m'évanouissais	je m'évanouirai
tu t'évanouis	tu t'évanouissais	tu t'évanouiras
il s'évanouit	il s'évanouissait	il s'évanouira
nous nous évanouissons	nous nous évanouissons	nous nous évanouirons
vous vous évanouissez	vous vous évanouissiez	vous vous évanouirez
ils s'évanouissent	ils s'évanouissaient	ils s'évanouiront
PASSÉ SIMPLE	**PASSÉ COMPOSÉ**	**PLUS-QUE-PARFAIT**
je m'évanouis	je me suis évanoui	je m'étais évanoui
tu t'évanouis	tu t'esévanoui	tu t'étais évanoui
il s'évanouit	il s'est évanoui	il s'était évanoui
nous nous évanouîmes	nous ns. sommes évanouis	nous nous étions évanouis
vous vous évanouîtes	vous vs. êtes évanoui(s)	vous vous étiez évanoui(s)
ils s'évanouirent	ils se sont évanouis	ils s'étaient évanouis
PAST ANTERIOR	**FUTURE PERFECT**	
je me fus évanoui etc	je me serai évanoui etc	

IMPERATIVE	*CONDITIONAL* PRESENT	PAST
évanouis-toi	je m'évanouirais	je me serais évanoui
évanouissons-nous	tu t'évanouirais	tu te serais évanoui
évanouissez-vous	il s'évanouirait	il se serait évanoui
	nous nous évanouirions	nous nous serions évanouis
	vous vous évanouiriez	vous vous seriez évanoui(s)
	ils s'évanouiraient	ils se seraient évanouis

SUBJUNCTIVE PRESENT	IMPERFECT	PERFECT
je m'évanouisse	je m'évanouisse	je me sois évanoui
tu t'évanouisses	tu t'évanouisses	tu te sois évanoui
il s'évanouisse	il s'évanouît	il se soit évanoui
nous nous évanouissions	nous nous évanouissions	nous nous soyons évanouis
vous vous évanouissiez	vous vous évanouissiez	vous vous soyez évanoui(s)
ils s'évanouissent	ils s'évanouissent	ils se soient évanouis

INFINITIVE PRESENT	*PARTICIPLE* PRESENT
s'évanouir	s'évanouissant
PAST	**PAST**
s'être évanoui	évanoui

EXECRER
to abhor
88

PRESENT	IMPERFECT	FUTURE
j'exècre	j'exécrais	j'exécrerai
tu exècres	tu exécrais	tu exécreras
il exècre	il exécrait	il exécrera
nous exécrons	nous exécrions	nous exécrerons
vous exécrez	vous exécriez	vous exécrerez
ils exècrent	ils exécraient	ils exécreront
PASSÉ SIMPLE	**PASSÉ COMPOSÉ**	**PLUS-QUE-PARFAIT**
j'exécrai	j'aiexécré	j'avais exécré
tu exécras	tu as exécré	tu avais exécré
il exécra	il a exécré	il avait exécré
nous exécrâmes	nous avons exécré	nous avions exécré
vous exécrâtes	vous avez exécré	vous aviez exécré
ils exécrèrent	ils ont exécré	ils avaient exécré
PAST ANTERIOR	**FUTURE PERFECT**	
j'eus exécré etc	j'aurai exécré etc	

IMPERATIVE	*CONDITIONAL* PRESENT	PAST
exècre	j'exécrerais	j'aurais exécré
exécrons	tu exécrerais	tu aurais exécré
exécrez	il exécrerait	il aurait exécré
	nous exécrerions	nous aurions exécré
	vous exécreriez	vous auriez exécré
	ils exécreraient	ils auraient exécré

SUBJUNCTIVE PRESENT	IMPERFECT	PERFECT
j'exècre	j'exécrasse	j'aie exécré
tu exècres	tu exécrasses	tu aies exécré
il exècre	il exécrât	il ait exécré
nous exécrions	nous exécrassions	nous ayons exécré
vous exécriez	vous exécrassiez	vous ayez exécré
ils exécrent	ils exécrassent	ils aient exécré

INFINITIVE PRESENT	*PARTICIPLE* PRESENT
exécrer	exécrant
PAST	**PAST**
avoir exécré	exécré

89 FAILLIR
to fail, to nearly (do something)

PRESENT	IMPERFECT	FUTURE
		je faillirai
		tu failliras
		il faillira
		nous faillirons
		vous faillirez
		ils failliront

PASSÉ SIMPLE	PASSÉ COMPOSÉ	PLUS-QUE-PARFAIT
je faillis	j'ai failli	j'avais failli
tu faillis	tu as failli	tu avais failli
il faillit	il a failli	il avait failli
nous faillîmes	nous avons failli	nous avions failli
vous faillîtes	vous avez failli	vous aviez failli
ils faillirent	ils ont failli	ils avaient failli

PAST ANTERIOR	FUTURE PERFECT
j'eus failli etc	j'aurai failli etc

IMPERATIVE

CONDITIONAL

PRESENT	PAST
je faillirais	j'aurais failli
tu faillirais	tu aurais failli
il faillirait	il aurait failli
nous faillirions	nous aurions failli
vous failliriez	vous auriez failli
ils failliraient	ils auraient failli

SUBJUNCTIVE

PRESENT	IMPERFECT	PERFECT
		j'aie failli
		tu aies failli
		il ait failli
		nous ayons failli
		vous ayez failli
		ils aient failli

INFINITIVE

PRESENT

faillir

PAST

avoir failli

PARTICIPLE

PRESENT

PAST

failli

NOTE

j'ai failli = *I nearly fell; follows model of* FINIR (92) *when it means 'to go bankrupt'*

FAIRE
to do, to make

PRESENT	IMPERFECT	FUTURE
je fais	je faisais	je ferai
tu fais	tu faisais	tu feras
il fait	il faisait	il fera
nous faisons	nous faisions	nous ferons
vous faites	vous faisiez	vous ferez
ils font	ils faisaient	ils feront

PASSÉ SIMPLE	PASSÉ COMPOSÉ	PLUS-QUE-PARFAIT
je fis	j'ai fait	j'avais fait
tu fis	tu as fait	tu avais fait
il fit	il a fait	il avait fait
nous fîmes	nous avons fait	nous avions fait
vous fîtes	vous avez fait	vous aviez fait
ils firent	ils ont fait	ils avaient fait

PAST ANTERIOR	FUTURE PERFECT
j'eus fait etc	j'aurai fait etc

IMPERATIVE	*CONDITIONAL* PRESENT	PAST
fais	je ferais	j'aurais fait
faisons	tu ferais	tu aurais fait
faites	il ferait	il aurait fait
	nous ferions	nous aurions fait
	vous feriez	vous auriez fait
	ils feraient	ils auraient fait

SUBJUNCTIVE

PRESENT	IMPERFECT	PERFECT
je fasse	je fisse	j'aie fait
tu fasses	tu fisses	tu aies fait
il fasse	il fît	il ait fait
nous fassions	nous fissions	nous ayons fait
vous fassiez	vous fissiez	vous ayez fait
ils fassent	ils fissent	ils aient fait

INFINITIVE	*PARTICIPLE*
PRESENT	PRESENT
faire	faisant
PAST	PAST
avoir fait	fait

91 FALLOIR
to be necessary

PRESENT	IMPERFECT	FUTURE
il faut	il fallait	il faudra
PASSÉ SIMPLE	**PASSÉ COMPOSÉ**	**PLUS-QUE-PARFAIT**
il fallut	il a fallu	il avait fallu
PAST ANTERIOR	**FUTURE PERFECT**	
il eut fallu	il aura fallu	

IMPERATIVE	*CONDITIONAL*	
	PRESENT	**PAST**
	il faudrait	il aurait fallu

SUBJUNCTIVE

PRESENT	IMPERFECT	PERFECT
il faille	il fallût	il ait fallu

INFINITIVE	*PARTICIPLE*
PRESENT	**PRESENT**
falloir	
PAST	**PAST**
avoir fallu	fallu

FINIR
to finish

92

PRESENT	IMPERFECT	FUTURE
je finis	je finissais	je finirai
tu finis	tu finissais	tu finiras
il finit	il finissait	il finira
nous finissons	nous finissions	nous finirons
vous finissez	vous finissiez	vous finirez
ils finissent	ils finissaient	ils finiront
PAST HISTORIC	**PERFECT**	**PLUPERFECT**
je finis	j'ai fini	j'avais fini
tu finis	tu as fini	tu avais fini
il finit	il a fini	il avait fini
nous finîmes	nous avons fini	nous avions fini
vous finîtes	vous avez fini	vous aviez fini
ils finirent	ils ont fini	ils avaient fini
PAST ANTERIOR	**FUTURE PERFECT**	
j'eus fini etc	j'aurai fini etc	

IMPERATIVE	*CONDITIONAL*	
	PRESENT	**PAST**
finis	je finirais	j'aurais fini
finissons	tu finirais	tu aurais fini
finissez	il finirait	il aurait fini
	nous finirions	nous aurions fini
	vous finiriez	vous auriez fini
	ils finiraient	ils auraient fini

SUBJUNCTIVE		
PRESENT	**IMPERFECT**	**PERFECT**
je finisse	je finisse	j'aie fini
tu finisses	tu finisses	tu aies fini
il finisse	il finît	il ait fini
nous finissions	nous finissions	nous ayons fini
vous finissiez	vous finissiez	vous ayez fini
ils finissent	ils finissent	ils aient fini

INFINITIVE	*PARTICIPLE*
PRESENT	**PRESENT**
finir	finissant
PAST	**PAST**
avoir fini	fini

93 FOUILLER
to search

PRESENT	IMPERFECT	FUTURE
je fouille	je fouillais	je fouillerai
tu fouilles	tu fouillais	tu fouilleras
il fouille	il fouillait	il fouillera
nous fouillons	nous fouillions	nous fouillerons
vous fouillez	vous fouilliez	vous fouillerez
ils fouillent	ils fouillaient	ils fouilleront
PAST HISTORIC	**PERFECT**	**PLUPERFECT**
je fouillai	j'ai fouillé	j'avais fouillé
tu fouillas	tu as fouillé	tu avais fouillé
il fouilla	il a fouillé	il avait fouillé
nous fouillâmes	nous avons fouillé	nous avions fouillé
vous fouillâtes	vous avez fouillé	vous aviez fouillé
ils fouillèrent	ils ont fouillé	ils avaient fouillé
PAST ANTERIOR	**FUTURE PERFECT**	
j'eus fouillé etc	j'aurai fouillé etc	

IMPERATIVE	*CONDITIONAL* PRESENT	PAST
fouille	je fouillerais	j'aurais fouillé
fouillons	tu fouillerais	tu aurais fouillé
fouillez	il fouillerait	il aurait fouillé
	nous fouillerions	nous aurions fouillé
	vous fouilleriez	vous auriez fouillé
	ils fouilleraient	ils auraient fouillé

SUBJUNCTIVE PRESENT	IMPERFECT	PERFECT
je fouille	je fouillasse	j'aie fouillé
tu fouilles	tu fouillasses	tu aies fouillé
il fouille	il fouillât	il ait fouillé
nous fouillions	nous fouillassions	nous ayons fouillé
vous fouilliez	vous fouillassiez	vous ayez fouillé
ils fouillent	ils fouillassent	ils aient fouillé

INFINITIVE PRESENT	*PARTICIPLE* PRESENT
fouiller	fouillant
PAST	**PAST**
avoir fouillé	fouillé

FOUTRE*

to throw/shove (colloquial); to have sex (vulgar)

94

PRESENT	IMPERFECT	FUTURE
je fous	je foutais	je foutrai
tu fous	tu foutais	tu foutras
il fout	il foutait	il foutra
nous foutons	nous foutions	nous foutrons
vous foutez	vous foutiez	vous foutrez
ils foutent	ils foutaient	ils foutront
PASSÉ SIMPLE	**PASSÉ COMPOSÉ**	**PLUS-QUE-PARFAIT**
	j'ai foutu	j'avais foutu
	tu as foutu	tu avais foutu
	il a foutu	il avait foutu
	nous avons foutu	nous avions foutu
	vous avez foutu	vous aviez foutu
	ils ont foutu	ils avaient foutu
PAST ANTERIOR	**FUTURE PERFECT**	
j'eus foutu etc	j'aurai foutu etc	

IMPERATIVE	*CONDITIONAL*	
	PRESENT	**PAST**
fous	je foutrais	j'aurais foutu
foutons	tu foutrais	tu aurais foutu
foutez	il foutrait	il aurait foutu
	nous foutrions	nous aurions foutu
	vous foutriez	vous auriez foutu
	ils foutraient	ils auraient foutu

SUBJUNCTIVE		
PRESENT	**IMPERFECT**	**PERFECT**
je foute		j'aie foutu
tu foutes		tu aies foutu
il foute		il ait foutu
nous foutions		nous ayons foutu
vous foutiez		vous ayez foutu
ils foutent		ils aient foutu

INFINITIVE	*PARTICIPLE*
PRESENT	**PRESENT**
foutre	foutant
PAST	**PAST**
avoir foutu	foutu

*WARNING: This verb appears in a variety of expressions ranging from colloquial to extremely offensive in tone. It should be used with *extreme* caution.

95 FRIRE
to fry

PRESENT	IMPERFECT	FUTURE
je fris		
tu fris		
il frit		

PASSÉ SIMPLE	PASSÉ COMPOSÉ	PLUS-QUE-PARFAIT
	j'ai frit	j'avais frit
	tu as frit	tu avais frit
	il a frit	il avait frit
	nous avons frit	nous avions frit
	vous avez frit	vous aviez frit
	ils ont frit	ils avaient frit

PAST ANTERIOR	FUTURE PERFECT
j'eus frit etc	j'aurai frit etc

IMPERATIVE	*CONDITIONAL* PRESENT	PAST
fris		j'aurais frit
		tu aurais frit
		il aurait frit
		nous aurions frit
		vous auriez frit
		ils auraient frit

SUBJUNCTIVE PRESENT	IMPERFECT	PERFECT
		j'aie frit
		tu aies frit
		il ait frit
		nous ayons frit
		vous ayez frit
		ils aient frit

INFINITIVE	*PARTICIPLE*	*NOTE*
PRESENT	PRESENT	
frire		
PAST	PAST	
avoir frit	frit	

FUIR
to flee

96

PRESENT	IMPERFECT	FUTURE
je fuis	je fuyais	je fuirai
tu fuis	tu fuyais	tu fuiras
il fuit	il fuyait	il fuira
nous fuyons	nous fuyions	nous fuirons
vous fuyez	vous fuyiez	vous fuirez
ils fuient	ils fuyaient	ils fuiront
PASSÉ SIMPLE	**PASSÉ COMPOSÉ**	**PLUS-QUE-PARFAIT**
je fuis	j'ai fui	j'avais fui
tu fuis	tu as fui	tu avais fui
il fuit	il a fui	il avait fui
nous fuîmes	nous avons fui	nous avions fui
vous fuîtes	vous avez fui	vous aviez fui
ils fuirent	ils ont fui	ils avaient fui
PAST ANTERIOR	**FUTURE PERFECT**	
j'eus fui etc	j'aurai fui etc	

IMPERATIVE	*CONDITIONAL*	
	PRESENT	**PAST**
fuis	je fuirais	j'aurais fui
fuyons	tu fuirais	tu aurais fui
fuyez	il fuirait	il aurait fui
	nous fuirions	nous aurions fui
	vous fuiriez	vous auriez fui
	ils fuiraient	ils auraient fui

SUBJUNCTIVE

PRESENT	IMPERFECT	PERFECT
je fuie	je fuisse	j'aie fui
tu fuies	tu fuisses	tu aies fui
il fuie	il fuît	il ait fui
nous fuyions	nous fuissions	nous ayons fui
vous fuyiez	vous fuissiez	vous ayez fui
ils fuient	ils fuissent	ils aient fui

INFINITIVE	*PARTICIPLE*
PRESENT	**PRESENT**
fuir	fuyant
PAST	**PAST**
avoir fui	fui

97 GAGNER
to win

PRESENT	IMPERFECT	FUTURE
je gagne	je gagnais	je gagnerai
tu gagnes	tu gagnais	tu gagneras
il gagne	il gagnait	il gagnera
nous gagnons	nous gagnions	nous gagnerons
vous gagnez	vous gagniez	vous gagnerez
ils gagnent	ils gagnaient	ils gagneront
PASSÉ SIMPLE	**PASSÉ COMPOSÉ**	**PLUS-QUE-PARFAIT**
je gagnai	j'ai gagné	j'avais gagné
tu gagnas	tu as gagné	tu avais gagné
il gagna	il a gagné	il avait gagné
nous gagnâmes	nous avons gagné	nous avions gagné
vous gagnâtes	vous avez gagné	vous aviez gagné
ils gagnèrent	ils ont gagné	ils avaient gagné
PAST ANTERIOR	**FUTURE PERFECT**	
j'eus gagné etc	j'aurai gagné etc	

IMPERATIVE	*CONDITIONAL* PRESENT	PAST
gagne	je gagnerais	j'aurais gagné
gagnons	tu gagnerais	tu aurais gagné
gagnez	il gagnerait	il aurait gagné
	nous gagnerions	nous aurions gagné
	vous gagneriez	vous auriez gagné
	ils gagneraient	ils auraient gagné

SUBJUNCTIVE PRESENT	IMPERFECT	PERFECT
je gagne	je gagnasse	j'aie gagné
tu gagnes	tu gagnasses	tu aies gagné
il gagne	il gagnât	il ait gagné
nous gagnions	nous gagnassions	nous ayons gagné
vous gagniez	vous gagnassiez	vous ayez gagné
ils gagnent	ils gagnassent	ils aient gagné

INFINITIVE	*PARTICIPLE*
PRESENT	**PRESENT**
gagner	gagnant
PAST	**PAST**
avoir gagné	gagné

GESIR
to be lying (*position*)

98

PRESENT	IMPERFECT	FUTURE
je gis	je gisais	
tu gis	tu gisais	
il gît	il gisait	
nous gisons	nous gisions	
vous gisez	vous gisiez	
ils gisent	ils gisaient	

PASSÉ SIMPLE	PASSÉ COMPOSÉ	PLUS-QUE-PARFAIT

PAST ANTERIOR	FUTURE PERFECT

IMPERATIVE

CONDITIONAL

PRESENT	PAST

SUBJUNCTIVE

PRESENT	IMPERFECT	PERFECT

INFINITIVE	***PARTICIPLE***
PRESENT	**PRESENT**
gésir	gisant
PAST	**PAST**

99 HAIR
to hate

PRESENT	IMPERFECT	FUTURE
je hais	je haïssais	je haïrai
tu hais	tu haïssais	tu haïras
il hait	il haïssait	il haïra
nous haïssons	nous haïssions	nous haïrons
vous haïssez	vous haïssiez	vous haïrez
ils haïssent	ils haïssaient	ils haïront
PASSÉ SIMPLE	**PASSÉ COMPOSÉ**	**PLUS-QUE-PARFAIT**
je haïs	j'ai haï	j'avais haï
tu haïs	tu as haï	tu avais haï
il haït	il a haï	il avait haï
nous haïmes	nous avons haï	nous avions haï
vous haïtes	vous avez haï	vous aviez haï
ils haïrent	ils ont haï	ils avaient haï
PAST ANTERIOR	**FUTURE PERFECT**	
j'eus haï etc	j'aurai haï etc	

IMPERATIVE	*CONDITIONAL* PRESENT	PAST
	je haïrais	j'aurais haï
hais	tu haïrais	tu aurais haï
haïssons	il haïrait	il aurait haï
haïssez	nous haïrions	nous aurions haï
	vous haïriez	vous auriez haï
	ils haïraient	ils auraient haï

SUBJUNCTIVE

PRESENT	IMPERFECT	PERFECT
je haïsse	je haïsse	j'aie haï
tu haïsses	tu haïsses	tu aies haï
il haïsse	il haït	il ait haï
nous haïssions	nous haïssions	nous ayons haï
vous haïssiez	vous haïssiez	vous ayez haï
ils haïssent	ils haïssent	ils aient haï

INFINITIVE	*PARTICIPLE*
PRESENT	**PRESENT**
haïr	haïssant
PAST	**PAST**
avoir haï	haï

HESITER
to hesitate

100

PRESENT	IMPERFECT	FUTURE
j'hésite	j'hésitais	j'hésiterai
tu hésites	tu hésitais	tu hésiteras
il hésite	il hésitait	il hésitera
nous hésitons	nous hésitions	nous hésiterons
vous hésitez	vous hésitiez	vous hésiterez
ils hésitent	ils hésitaient	ils hésiteront

PASSÉ SIMPLE	PASSÉ COMPOSÉ	PLUS-QUE-PARFAIT
j'hésitai	j'ai hésité	j'avais hésité
tu hésitas	tu as hésité	tu avais hésité
il hésita	il a hésité	il avait hésité
nous hésitâmes	nous avons hésité	nous avions hésité
vous hésitâtes	vous avez hésité	vous aviez hésité
ils hésitèrent	ils ont hésité	ils avaient hésité

PAST ANTERIOR	FUTURE PERFECT
j'eus hésité etc	j'aurai hésité etc

IMPERATIVE	*CONDITIONAL* PRESENT	PAST
hésite	j'hésiterais	j'aurais hésité
hésitons	tu hésiterais	tu aurais hésité
hésitez	il hésiterait	il aurait hésité
	nous hésiterions	nous aurions hésité
	vous hésiteriez	vous auriez hésité
	ils hésiteraient	ils auraient hésité

SUBJUNCTIVE

PRESENT	IMPERFECT	PERFECT
j'hésite	j'hésitasse	j'aie hésité
tu hésites	tu hésitasses	tu aies hésité
il hésite	il hésitât	il ait hésité
nous hésitions	nous hésitassions	nous ayons hésité
vous hésitiez	vous hésitassiez	vous ayez hésité
ils hésitent	ils hésitassent	ils aient hésité

INFINITIVE PRESENT	*PARTICIPLE* PRESENT
hésiter	hésitant
PAST	**PAST**
avoir hésité	hésité

101 HURLER
to yell

PRESENT	IMPERFECT	FUTURE
je hurle	je hurlais	je hurlerai
tu hurles	tu hurlais	tu hurleras
il hurle	il hurlait	il hurlera
nous hurlons	nous hurlions	nous hurlerons
vous hurlez	vous hurliez	vous hurlerez
ils hurlent	ils hurlaient	ils hurleront
PASSÉ SIMPLE	**PASSÉ COMPOSÉ**	**PLUS-QUE-PARFAIT**
je hurlai	j'ai hurlé	j'avais hurlé
tu hurlas	tu as hurlé	tu avais hurlé
il hurla	il a hurlé	il avait hurlé
nous hurlâmes	nous avons hurlé	nous avions hurlé
vous hurlâtes	vous avez hurlé	vous aviez hurlé
ils hurlèrent	ils ont hurlé	ils avaient hurlé
PAST ANTERIOR	**FUTURE PERFECT**	
j'eus hurlé etc	j'aurai hurlé etc	

IMPERATIVE	*CONDITIONAL* PRESENT	PAST
hurle	je hurlerais	j'aurais hurlé
hurlons	tu hurlerais	tu aurais hurlé
hurlez	il hurlerait	il aurait hurlé
	nous hurlerions	nous aurions hurlé
	vous hurleriez	vous auriez hurlé
	ils hurleraient	ils auraient hurlé

SUBJUNCTIVE PRESENT	IMPERFECT	PERFECT
je hurle	je hurlasse	j'aie hurlé
tu hurles	tu hurlasses	tu aies hurlé
il hurle	il hurlât	il ait hurlé
nous hurlions	nous hurlassions	nous ayons hurlé
vous hurliez	vous hurlassiez	vous ayez hurlé
ils hurlent	ils hurlassent	ils aient hurlé

INFINITIVE PRESENT	*PARTICIPLE* PRESENT
hurler	hurlant
PAST	**PAST**
avoir hurlé	hurlé

INCLURE 102
to include

PRESENT	IMPERFECT	FUTURE
j'inclus	j'incluais	j'inclurai
tu inclus	tu incluais	tu incluras
il inclut	il incluait	il inclura
nous incluons	nous incluions	nous inclurons
vous incluez	vous incluiez	vous inclurez
ils incluent	ils incluaient	ils incluront
PASSÉ SIMPLE	**PASSÉ COMPOSÉ**	**PLUS-QUE-PARFAIT**
j'inclus	j'ai inclus	j'avais inclus
tu inclus	tu as inclus	tu avais inclus
il inclut	il a inclus	il avait inclus
nous inclûmes	nous avons inclus	nous avions inclus
vous inclûtes	vous avez inclus	vous aviez inclus
ils inclurent	ils ont inclus	ils avaient inclus
PAST ANTERIOR	**FUTURE PERFECT**	
j'eus inclus etc	j'aurai inclus etc	

IMPERATIVE	*CONDITIONAL* PRESENT	PAST
inclus	j'inclurais	j'aurais inclus
incluons	tu inclurais	tu aurais inclus
incluez	il inclurait	il aurait inclus
	nous inclurions	nous aurions inclus
	vous incluriez	vous auriez inclus
	ils incluraient	ils auraient inclus

SUBJUNCTIVE PRESENT	IMPERFECT	PERFECT
j'inclue	j'inclusse	j'aie inclus
tu inclues	tu inclusses	tu aies inclus
il inclue	il inclût	il ait inclus
nous incluions	nous inclussions	nous ayons inclus
vous incluiez	vous inclussiez	vous ayez inclus
ils incluent	ils inclussent	ils aient inclus

INFINITIVE PRESENT	*PARTICIPLE* PRESENT
inclure	incluant
PAST	**PAST**
avoir inclus	inclus

103 INDIQUER
to indicate

PRESENT	IMPERFECT	FUTURE
j'indique	j'indiquais	j'indiquerai
tu indiques	tu indiquais	tu indiqueras
il indique	il indiquait	il indiquera
nous indiquons	nous indiquions	nous indiquerons
vous indiquez	vous indiquiez	vous indiquerez
ils indiquent	ils indiquaient	ils indiqueront
PASSÉ SIMPLE	**PASSÉ COMPOSÉ**	**PLUS-QUE-PARFAIT**
j'indiquai	j'ai indiqué	j'avais indiqué
tu indiquas	tu as indiqué	tu avais indiqué
il indiqua	il a indiqué	il avait indiqué
nous indiquâmes	nous avons indiqué	nous avions indiqué
vous indiquâtes	vous avez indiqué	vous aviez indiqué
ils indiquèrent	ils ont indiqué	ils avaient indiqué
PAST ANTERIOR	**FUTURE PERFECT**	
j'eus indiqué etc	j'aurai indiqué etc	

IMPERATIVE	*CONDITIONAL* PRESENT	PAST
indique	j'indiquerais	j'aurais indiqué
indiquons	tu indiquerais	tu aurais indiqué
indiquez	il indiquerait	il aurait indiqué
	nous indiquerions	nous aurions indiqué
	vous indiqueriez	vous auriez indiqué
	ils indiqueraient	ils auraient indiqué

SUBJUNCTIVE PRESENT	IMPERFECT	PERFECT
j'indique	j'indiquasse	j'aie indiqué
tu indiques	tu indiquasses	tu aies indiqué
il indique	il indiquât	il ait indiqué
nous indiquions	nous indiquassions	nous ayons indiqué
vous indiquiez	vous indiquassiez	vous ayez indiqué
ils indiquent	ils indiquassent	ils aient indiqué

INFINITIVE PRESENT	*PARTICIPLE* PRESENT
indiquer	indiquant
PAST	**PAST**
avoir indiqué	indiqué

INTEGRER
to integrate
104

PRESENT	IMPERFECT	FUTURE
j'intègre	j'intégrais	j'intégrerai
tu intègres	tu intégrais	tu intégreras
il intègre	il intégrait	il intégrera
nous intégrons	nous intégrions	nous intégrerons
vous intégrez	vous intégriez	vous intégrerez
ils intègrent	ils intégraient	ils intégreront
PASSÉ SIMPLE	**PASSÉ COMPOSÉ**	**PLUS-QUE-PARFAIT**
j'intégrai	j'ai intégré	j'avais intégré
tu intégras	tu as intégré	tu avais intégré
il intégra	il a intégré	il avait intégré
nous intégrâmes	nous avons intégré	nous avions intégré
vous intégrâtes	vous avez intégré	vous aviez intégré
ils intégrèrent	ils ont intégré	ils avaient intégré
PAST ANTERIOR	**FUTURE PERFECT**	
j'eus intégré etc	j'aurai intégré etc	

IMPERATIVE	*CONDITIONAL*	
	PRESENT	**PAST**
intègre	j'intégrerais	j'aurais intégré
intégrons	tu intégrerais	tu aurais intégré
intégrez	il intégrerait	il aurait intégré
	nous intégrerions	nous aurions intégré
	vous intégreriez	vous auriez intégré
	ils intégreraient	ils auraient intégré

SUBJUNCTIVE		
PRESENT	**IMPERFECT**	**PERFECT**
j'intègre	j'intégrasse	j'aie intégré
tu intègres	tu intégrasses	tu aies intégré
il intègre	il intégrât	il ait intégré
nous intégrions	nous intégrassions	nous ayons intégré
vous intégriez	vous intégrassiez	vous ayez intégré
ils intègrent	ils intégrassent	ils aient intégré

INFINITIVE	*PARTICIPLE*
PRESENT	**PRESENT**
intégrer	intégrant
PAST	**PAST**
avoir intégré	intégré

105 INTERDIRE
to forbid

PRESENT	IMPERFECT	FUTURE
j'interdis	j'interdisais	j'interdirai
tu interdis	tu interdisais	tu interdiras
il interdit	il interdisait	il interdira
nous interdisons	nous interdisions	nous interdirons
vous interdisez	vous interdisiez	vous interdirez
ils interdisent	ils interdisaient	ils interdiront
PASSÉ SIMPLE	**PASSÉ COMPOSÉ**	**PLUS-QUE-PARFAIT**
j'interdis	j'ai interdit	j'avais interdit
tu interdis	tu as interdit	tu avais interdit
il interdit	il a interdit	il avait interdit
nous interdîmes	nous avons interdit	nous avions interdit
vous interdîtes	vous avez interdit	vous aviez interdit
ils interdirent	ils ont interdit	ils avaient interdit
PAST ANTERIOR	**FUTURE PERFECT**	
j'eus interdit etc	j'aurai interdit etc	

IMPERATIVE	*CONDITIONAL*	
	PRESENT	**PAST**
interdis	j'interdirais	j'aurais interdit
interdisons	tu interdirais	tu aurais interdit
interdisez	il interdirait	il aurait interdit
	nous interdirions	nous aurions interdit
	vous interdiriez	vous auriez interdit
	ils interdiraient	ils auraient interdit

SUBJUNCTIVE

PRESENT	IMPERFECT	PERFECT
j'interdise	j'interdisse	j'aie interdit
tu interdises	tu interdisses	tu aies interdit
il interdise	il interdît	il ait interdit
nous interdisions	nous interdissions	nous ayons interdit
vous interdisiez	vous interdissiez	vous ayez interdit
ils interdisent	ils interdissent	ils aient interdit

INFINITIVE	*PARTICIPLE*	*NOTE*
PRESENT	**PRESENT**	
interdire	interdisant	
PAST	**PAST**	
avoir interdit	interdit	

INTERPELLER
to call out to

106

PRESENT	IMPERFECT	FUTURE
j'interpelle	j'interpellais	j'interpellerai
tu interpelles	tu interpellais	tu interpelleras
il interpelle	il interpellait	il interpellera
nous interpellons	nous interpellions	nous interpellerons
vous interpellez	vous interpelliez	vous interpellerez
ils interpellent	ils interpellaient	ils interpelleront
PASSÉ SIMPLE	**PASSÉ COMPOSÉ**	**PLUS-QUE-PARFAIT**
j'interpellai	j'ai interpellé	j'avais interpellé
tu interpellas	tu as interpellé	tu avais interpellé
il interpella	il a interpellé	il avait interpellé
nous interpellâmes	nous avons interpellé	nous avions interpellé
vous interpellâtes	vous avez interpellé	vous aviez interpellé
ils interpellèrent	ils ont interpellé	ils avaient interpellé
PAST ANTERIOR	**FUTURE PERFECT**	
j'eus interpellé etc	j'aurai interpellé etc	

IMPERATIVE	*CONDITIONAL* PRESENT	PAST
interpelle	j'interpellerais	j'aurais interpellé
interpellons	tu interpellerais	tu aurais interpellé
interpellez	il interpellerait	il aurait interpellé
	nous interpellerions	nous aurions interpellé
	vous interpelleriez	vous auriez interpellé
	ils interpelleraient	ils auraient interpellé

SUBJUNCTIVE PRESENT	IMPERFECT	PERFECT
j'interpelle	j'interpellasse	j'aie interpellé
tu interpelles	tu interpellasses	tu aies interpellé
il interpelle	il interpellât	il ait interpellé
nous interpellions	nous interpellassions	nous ayons interpellé
vous interpelliez	vous interpellassiez	vous ayez interpellé
ils interpellent	ils interpellassent	ils aient interpellé

INFINITIVE PRESENT	*PARTICIPLE* PRESENT
interpeller	interpellant
PAST	**PAST**
avoir interpellé	interpellé

107 INTRODUIRE
to introduce

PRESENT	IMPERFECT	FUTURE
j'introduis	j'introduisais	j'introduirai
tu introduis	tu introduisais	tu introduiras
il introduit	il introduisait	il introduira
nous introduisons	nous introduisions	nous introduirons
vous introduisez	vous introduisiez	vous introduirez
ils introduisent	ils introduisaient	ils introduiront
PASSÉ SIMPLE	**PASSÉ COMPOSÉ**	**PLUS-QUE-PARFAIT**
j'introduisis	j'ai introduit	j'avais introduit
tu introduisis	tu as introduit	tu avais introduit
il introduisit	il a introduit	il avait introduit
nous introduisîmes	nous avons introduit	nous avions introduit
vous introduisîtes	vous avez introduit	vous aviez introduit
ils introduisirent	ils ont introduit	ils avaient introduit
PAST ANTERIOR	**FUTURE PERFECT**	
j'eus introduit etc	j'aurai introduit etc	

IMPERATIVE	*CONDITIONAL* PRESENT	PAST
introduis	j'introduirais	j'aurais introduit
introduisons	tu introduirais	tu aurais introduit
introduisez	il introduirait	il aurait introduit
	nous introduirions	nous aurions introduit
	vous introduiriez	vous auriez introduit
	ils introduiraient	ils auraient introduit

SUBJUNCTIVE

PRESENT	IMPERFECT	PERFECT
j'introduise	j'introduisisse	j'aie introduit
tu introduises	tu introduisisses	tu aies introduit
il introduise	il introduisît	il ait introduit
nous introduisions	nous introduisissions	nous ayons introduit
vous introduisiez	vous introduisissiez	vous ayez introduit
ils introduisent	ils introduisissent	ils aient introduit

INFINITIVE PRESENT	*PARTICIPLE* PRESENT
introduire	introduisant
PAST	**PAST**
avoir introduit	introduit

JETER
to throw (away)

108

PRESENT	IMPERFECT	FUTURE
je jette	je jetais	je jetterai
tu jettes	tu jetais	tu jetteras
il jette	il jetait	il jettera
nous jetons	nous jetions	nous jetterons
vous jetez	vous jetiez	vous jetterez
ils jettent	ils jetaient	ils jetteront
PASSÉ SIMPLE	**PASSÉ COMPOSÉ**	**PLUS-QUE-PARFAIT**
je jetai	j'ai jeté	j'avais jeté
tu jetas	tu as jeté	tu avais jeté
il jeta	il a jeté	il avait jeté
nous jetâmes	nous avons jeté	nous avions jeté
vous jetâtes	vous avez jeté	vous aviez jeté
ils jetèrent	ils ont jeté	ils avaient jeté
PAST ANTERIOR	**FUTURE PERFECT**	
j'eus jeté etc	j'aurai jeté etc	

IMPERATIVE	*CONDITIONAL* PRESENT	PAST
jette	je jetterais	j'aurais jeté
jetons	tu jetterais	tu aurais jeté
jetez	il jetterait	il aurait jeté
	nous jetterions	nous aurions jeté
	vous jetteriez	vous auriez jeté
	ils jetteraient	ils auraient jeté

SUBJUNCTIVE PRESENT	IMPERFECT	PERFECT
je jette	je jetasse	j'aie jeté
tu jettes	tu jetasses	tu aies jeté
il jette	il jetât	il ait jeté
nous jetions	nous jetassions	nous ayons jeté
vous jetiez	vous jetassiez	vous ayez jeté
ils jettent	ils jetassent	ils aient jeté

INFINITIVE PRESENT	*PARTICIPLE* PRESENT
jeter	jetant
PAST	**PAST**
avoir jeté	jeté

109 JOINDRE
to join

PRESENT	IMPERFECT	FUTURE
je joins	je joignais	je joindrai
tu joins	tu joignais	tu joindras
il joint	il joignait	il joindra
nous joignons	nous joignions	nous joindrons
vous joignez	vous joigniez	vous joindrez
ils joignent	ils joignaient	ils joindront
PASSÉ SIMPLE	**PASSÉ COMPOSÉ**	**PLUS-QUE-PARFAIT**
je joignis	j'ai joint	j'avais joint
tu joignis	tu as joint	tu avais joint
il joignit	il a joint	il avait joint
nous joignîmes	nous avons joint	nous avions joint
vous joignîtes	vous avez joint	vous aviez joint
ils joignirent	ils ont joint	ils avaient joint
PAST ANTERIOR	**FUTURE PERFECT**	
j'eus joint etc	j'aurai joint etc	

IMPERATIVE	*CONDITIONAL* PRESENT	PAST
joins	je joindrais	j'aurais joint
joignons	tu joindrais	tu aurais joint
joignez	il joindrait	il aurait joint
	nous joindrions	nous aurions joint
	vous joindriez	vous auriez joint
	ils joindraient	ils auraient joint

SUBJUNCTIVE

PRESENT	IMPERFECT	PERFECT
je joigne	je joignisse	j'aie joint
tu joignes	tu joignisses	tu aies joint
il joigne	il joignît	il ait joint
nous joignions	nous joignissions	nous ayons joint
vous joigniez	vous joignissiez	vous ayez joint
ils joignent	ils joignissent	ils aient joint

INFINITIVE PRESENT	*PARTICIPLE* PRESENT	*NOTE*
joindre	joignant	oindre: *only infinitive and past participle are used*
PAST	**PAST**	
avoir joint	joint	

JOUER 110
to play

PRESENT	IMPERFECT	FUTURE
je joue	je jouais	je jouerai
tu joues	tu jouais	tu joueras
il joue	il jouait	il jouera
nous jouons	nous jouions	nous jouerons
vous jouez	vous jouiez	vous jouerez
ils jouent	ils jouaient	ils joueront
PASSÉ SIMPLE	**PASSÉ COMPOSÉ**	**PLUS-QUE-PARFAIT**
je jouai	j'ai joué	j'avais joué
tu jouas	tu as joué	tu avais joué
il joua	il a joué	il avait joué
nous jouâmes	nous avons joué	nous avions joué
vous jouâtes	vous avez joué	vous aviez joué
ils jouèrent	ils ont joué	ils avaient joué
PAST ANTERIOR	**FUTURE PERFECT**	
j'eus joué etc	j'aurai joué etc	

IMPERATIVE	*CONDITIONAL* PRESENT	PAST
joue	je jouerais	j'aurais joué
jouons	tu jouerais	tu aurais joué
jouez	il jouerait	il aurait joué
	nous jouerions	nous aurions joué
	vous joueriez	vous auriez joué
	ils joueraient	ils auraient joué

SUBJUNCTIVE

PRESENT	IMPERFECT	PERFECT
je joue	je jouasse	j'aie joué
tu joues	tu jouasses	tu aies joué
il joue	il jouât	il ait joué
nous jouions	nous jouassions	nous ayons joué
vous jouiez	vous jouassiez	vous ayez joué
ils jouent	ils jouassent	ils aient joué

INFINITIVE PRESENT	*PARTICIPLE* PRESENT
jouer	jouant
PAST	**PAST**
avoir joué	joué

111 JUGER
to judge

PRESENT	IMPERFECT	FUTURE
je juge	je jugeais	je jugerai
tu juges	tu jugeais	tu jugeras
il juge	il jugeait	il jugera
nous jugeons	nous jugions	nous jugerons
vous jugez	vous jugiez	vous jugerez
ils jugent	ils jugeaient	ils jugeront
PASSÉ SIMPLE	**PASSÉ COMPOSÉ**	**PLUS-QUE-PARFAIT**
je jugeai	j'ai jugé	j'avais jugé
tu jugeas	tu as jugé	tu avais jugé
il jugea	il a jugé	il avait jugé
nous jugeâmes	nous avons jugé	nous avions jugé
vous jugeâtes	vous avez jugé	vous aviez jugé
ils jugèrent	ils ont jugé	ils avaient jugé
PAST ANTERIOR	**FUTURE PERFECT**	
j'eus jugé etc	j'aurai jugé etc	

IMPERATIVE	*CONDITIONAL* PRESENT	PAST
juge	je jugerais	j'aurais jugé
jugeons	tu jugerais	tu aurais jugé
jugez	il jugerait	il aurait jugé
	nous jugerions	nous aurions jugé
	vous jugeriez	vous auriez jugé
	ils jugeraient	ils auraient jugé

SUBJUNCTIVE

PRESENT	IMPERFECT	PERFECT
je juge	je jugeasse	j'aie jugé
tu juges	tu jugeasses	tu aies jugé
il juge	il jugeât	il ait jugé
nous jugions	nous jugeassions	nous ayons jugé
vous jugiez	vous jugeassiez	vous ayez jugé
ils jugent	ils jugeassent	ils aient jugé

INFINITIVE PRESENT	*PARTICIPLE* PRESENT
juger	jugeant
PAST	**PAST**
avoir jugé	jugé

LANCER 112
to throw

PRESENT	IMPERFECT	FUTURE
je lance	je lançais	je lancerai
tu lances	tu lançais	tu lanceras
il lance	il lançait	il lancera
nous lançons	nous lancions	nous lancerons
vous lancez	vous lanciez	vous lancerez
ils lancent	ils lançaient	ils lanceront
PASSÉ SIMPLE	**PASSÉ COMPOSÉ**	**PLUS-QUE-PARFAIT**
je lançai	j'ai lancé	j'avais lancé
tu lanças	tu as lancé	tu avais lancé
il lança	il a lancé	il avait lancé
nous lançâmes	nous avons lancé	nous avions lancé
vous lançâtes	vous avez lancé	vous aviez lancé
ils lancèrent	ils ont lancé	ils avaient lancé
PAST ANTERIOR	**FUTURE PERFECT**	
j'eus lancé etc	j'aurai lancé etc	

IMPERATIVE	*CONDITIONAL* PRESENT	PAST
lance	je lancerais	j'aurais lancé
lançons	tu lancerais	tu aurais lancé
lancez	il lancerait	il aurait lancé
	nous lancerions	nous aurions lancé
	vous lanceriez	vous auriez lancé
	ils lanceraient	ils auraient lancé

SUBJUNCTIVE PRESENT	IMPERFECT	PERFECT
je lance	je lançasse	j'aie lancé
tu lances	tu lançasses	tu aies lancé
il lance	il lançât	il ait lancé
nous lancions	nous lançassions	nous ayons lancé
vous lanciez	vous lançassiez	vous ayez lancé
ils lancent	ils lançassent	ils aient lancé

INFINITIVE PRESENT	*PARTICIPLE* PRESENT
lancer	lançant
PAST	**PAST**
avoir lancé	lancé

113 LEGUER
to bequeath

PRESENT	IMPERFECT	FUTURE
je lègue	je léguais	je léguerai
tu lègues	tu léguais	tu légueras
il lègue	il léguait	il léguera
nous léguons	nous léguions	nous léguerons
vous léguez	vous léguiez	vous léguerez
ils lèguent	ils léguaient	ils légueront
PASSÉ SIMPLE	**PASSÉ COMPOSÉ**	**PLUS-QUE-PARFAIT**
je léguai	j'ai légué	j'avais légué
tu léguas	tu as légué	tu avais légué
il légua	il a légué	il avait légué
nous léguâmes	nous avons légué	nous avions légué
vous léguâtes	vous avez légué	vous aviez légué
ils léguèrent	ils ont légué	ils avaient légué
PAST ANTERIOR	**FUTURE PERFECT**	
j'eus légué etc	j'aurai légué etc	

IMPERATIVE	*CONDITIONAL* PRESENT	PAST
lègue	je léguerais	j'aurais légué
léguons	tu léguerais	tu aurais légué
léguez	il léguerait	il aurait légué
	nous léguerions	nous aurions légué
	vous légueriez	vous auriez légué
	ils légueraient	ils auraient légué

SUBJUNCTIVE PRESENT	IMPERFECT	PERFECT
je lègue	je léguasse	j'aie légué
tu lègues	tu léguasses	tu aies légué
il lègue	il léguât	il ait légué
nous léguions	nous léguassions	nous ayons légué
vous léguiez	vous léguassiez	vous ayez légué
ils lèguent	ils léguassent	ils aient légué

INFINITIVE PRESENT	*PARTICIPLE* PRESENT
léguer	léguant
PAST	**PAST**
avoir légué	légué

LESER
to wrong

114

PRESENT	IMPERFECT	FUTURE
je lèse	je lésais	je léserai
tu lèses	tu lésais	tu léseras
il lèse	il lésait	il lésera
nous lésons	nous lésions	nous léserons
vous lésez	vous lésiez	vous léserez
ils lèsent	ils lésaient	ils léseront
PASSÉ SIMPLE	**PASSÉ COMPOSÉ**	**PLUS-QUE-PARFAIT**
je lésai	j'ai lésé	j'avais lésé
tu lésas	tu as lésé	tu avais lésé
il lésa	il a lésé	il avait lésé
nous lésâmes	nous avons lésé	nous avions lésé
vous lésâtes	vous avez lésé	vous aviez lésé
ils lésèrent	ils ont lésé	ils avaient lésé
PAST ANTERIOR	**FUTURE PERFECT**	
j'eus lésé etc	j'aurai lésé etc	

IMPERATIVE	*CONDITIONAL*	
	PRESENT	**PAST**
lèse	je léserais	j'aurais lésé
lésons	tu léserais	tu aurais lésé
lésez	il léserait	il aurait lésé
	nous léserions	nous aurions lésé
	vous léseriez	vous auriez lésé
	ils léseraient	ils auraient lésé

SUBJUNCTIVE

PRESENT	IMPERFECT	PERFECT
je lèse	je lésasse	j'aie lésé
tu lèses	tu lésasses	tu aies lésé
il lèse	il lésât	il ait lésé
nous lésions	nous lésassions	nous ayons lésé
vous lésiez	vous lésassiez	vous ayez lésé
ils lèsent	ils lésassent	ils aient lésé

INFINITIVE	*PARTICIPLE*
PRESENT	**PRESENT**
léser	lésant
PAST	**PAST**
avoir lésé	lésé

115 LIRE
to read

PRESENT	IMPERFECT	FUTURE
je lis	je lisais	je lirai
tu lis	tu lisais	tu liras
il lit	il lisait	il lira
nous lisons	nous lisions	nous lirons
vous lisez	vous lisiez	vous lirez
ils lisent	ils lisaient	ils liront
PASSÉ SIMPLE	**PASSÉ COMPOSÉ**	**PLUS-QUE-PARFAIT**
je lus	j'ai lu	j'avais lu
tu lus	tu as lu	tu avais lu
il lut	il a lu	il avait lu
nous lûmes	nous avons lu	nous avions lu
vous lûtes	vous avez lu	vous aviez lu
ils lurent	ils ont lu	ils avaient lu
PAST ANTERIOR	**FUTURE PERFECT**	
j'eus lu etc	j'aurai lu etc	

IMPERATIVE	*CONDITIONAL* PRESENT	PAST
	je lirais	j'aurais lu
lis	tu lirais	tu aurais lu
lisons	il lirait	il aurait lu
lisez	nous lirions	nous aurions lu
	vous liriez	vous auriez lu
	ils liraient	ils auraient lu

SUBJUNCTIVE PRESENT	IMPERFECT	PERFECT
je lise	je lusse	j'aie lu
tu lises	tu lusses	tu aies lu
il lise	il lût	il ait lu
nous lisions	nous lussions	nous ayons lu
vous lisiez	vous lussiez	vous ayez lu
ils lisent	ils lussent	ils aient lu

INFINITIVE PRESENT	*PARTICIPLE* PRESENT
lire	lisant
PAST	**PAST**
avoir lu	lu

MANGER
to eat

116

PRESENT	IMPERFECT	FUTURE
je mange	je mangeais	je mangerai
tu manges	tu mangeais	tu mangeras
il mange	il mangeait	il mangera
nous mangeons	nous mangions	nous mangerons
vous mangez	vous mangiez	vous mangerez
ils mangent	ils mangeaient	ils mangeront
PASSÉ SIMPLE	**PASSÉ COMPOSÉ**	**PLUS-QUE-PARFAIT**
je mangeai	j'ai mangé	j'avais mangé
tu mangeas	tu as mangé	tu avais mangé
il mangea	il a mangé	il avait mangé
nous mangeâmes	nous avons mangé	nous avions mangé
vous mangeâtes	vous avez mangé	vous aviez mangé
ils mangèrent	ils ont mangé	ils avaient mangé
PAST ANTERIOR	**FUTURE PERFECT**	
j'eus mangé etc	j'aurai mangé etc	

IMPERATIVE	*CONDITIONAL* PRESENT	PAST
mange	je mangerais	j'aurais mangé
mangeons	tu mangerais	tu aurais mangé
mangez	il mangerait	il aurait mangé
	nous mangerions	nous aurions mangé
	vous mangeriez	vous auriez mangé
	ils mangeraient	ils auraient mangé

SUBJUNCTIVE

PRESENT	IMPERFECT	PERFECT
je mange	je mangeasse	j'aie mangé
tu manges	tu mangeasses	tu aies mangé
il mange	il mangeât	il ait mangé
nous mangions	nous mangeassions	nous ayons mangé
vous mangiez	vous mangeassiez	vous ayez mangé
ils mangent	ils mangeassent	ils aient mangé

INFINITIVE PRESENT	*PARTICIPLE* PRESENT
manger	mangeant
PAST	**PAST**
avoir mangé	mangé

117 MAUDIRE
to curse

PRESENT	IMPERFECT	FUTURE
je maudis	je maudissais	je maudirai
tu maudis	tu maudissais	tu maudiras
il maudit	il maudissait	il maudira
nous maudissons	nous maudissions	nous maudirons
vous maudissez	vous maudissiez	vous maudirez
ils maudissent	ils maudissaient	ils maudiront
PASSÉ SIMPLE	**PASSÉ COMPOSÉ**	**PLUS-QUE-PARFAIT**
je maudis	j'ai maudit	j'avais maudit
tu maudis	tu as maudit	tu avais maudit
il maudit	il a maudit	il avait maudit
nous maudîmes	nous avons maudit	nous avions maudit
vous maudîtes	vous avez maudit	vous aviez maudit
ils maudirent	ils ont maudit	ils avaient maudit
PAST ANTERIOR	**FUTURE PERFECT**	
j'eus maudit etc	j'aurai maudit etc	

IMPERATIVE	*CONDITIONAL* PRESENT	PAST
maudis	je maudirais	j'aurais maudit
maudissons	tu maudirais	tu aurais maudit
maudissez	il maudirait	il aurait maudit
	nous maudirions	nous aurions maudit
	vous maudiriez	vous auriez maudit
	ils maudiraient	ils auraient maudit

SUBJUNCTIVE

PRESENT	IMPERFECT	PERFECT
je maudisse	je maudisse	j'aie maudit
tu maudisses	tu maudisses	tu aies maudit
il maudisse	il maudît	il ait maudit
nous maudissions	nous maudissions	nous ayons maudit
vous maudissiez	vous maudissiez	vous ayez maudit
ils maudissent	ils maudissent	ils aient maudit

INFINITIVE	*PARTICIPLE*
PRESENT	**PRESENT**
maudire	maudissant
PAST	**PAST**
avoir maudit	maudit

SE MEFIER 118

to be suspicious

PRESENT	IMPERFECT	FUTURE
je me méfie	je me méfiais	je me méfierai
tu te méfies	tu te méfiais	tu te méfieras
il se méfie	il se méfiait	il se méfiera
nous nous méfions	nous nous méfiions	nous nous méfierons
vous vous méfiez	vous vous méfiiez	vous vous méfierez
ils se méfient	ils se méfiaient	ils se méfieront
PASSÉ SIMPLE	**PASSÉ COMPOSÉ**	**PLUS-QUE-PARFAIT**
je me méfiai	je me suis méfié	je m'étais méfié
tu te méfias	tu t'es méfié	tu t'étais méfié
il se méfia	ils' est méfié	ils' était méfié
nous nous méfiâmes	nous ns. sommesméfiés	nous ns. étions méfiés
vous vous méfiâtes	vous vs. êtes méfié(s)	vous vs. étiez méfié(s)
ils se méfièrent	ils se sont méfiés	ils s'étaient méfiés
PAST ANTERIOR	**FUTURE PERFECT**	
je me fus méfié etc	je me serai méfié etc	

IMPERATIVE	*CONDITIONAL* PRESENT	PAST
méfie–toi	je me méfierais	je me serais méfié
méfions–nous	tu te méfierais	tu te serais méfié
méfiez–vous	il se méfierait	il se serait méfié
	nous nous méfierions	nous ns. serions méfiés
	vous vous méfieriez	vous vs. seriez méfié(s).
	ils se méfieraient	ils se seraient méfiés

SUBJUNCTIVE

PRESENT	IMPERFECT	PERFECT
je me méfie	je me méfiasse	je me sois méfié
tu te méfies	tu te méfiasses	tu te sois méfié
il se méfie	il se méfiât	il se soit méfié
nous nous méfiions	nous nous méfiassions	nous ns. soyons méfiés
vous vous méfiiez	vous vous méfiassiez	vous vs. soyez méfié(s)
ils se méfient	ils se méfiassent	ils se soient méfiés

INFINITIVE PRESENT	*PARTICIPLE* PRESENT
se méfier	se méfiant
PAST	**PAST**
s'être méfié	méfié

119 MENER
to lead

PRESENT	IMPERFECT	FUTURE
je mène	je menais	je mènerai
tu mènes	tu menais	tu mèneras
il mène	il menait	il mènera
nous menons	nous menions	nous mènerons
vous menez	vous meniez	vous mènerez
ils mènent	ils menaient	ils mèneront
PASSÉ SIMPLE	**PASSÉ COMPOSÉ**	**PLUS-QUE-PARFAIT**
je menai	j'ai mené	j'avais mené
tu menais	tu as mené	tu avais mené
il mena	il a mené	il avait mené
nous menâmes	nous avons mené	nous avions mené
vous menâtes	vous avez mené	vous aviez mené
ils menèrent	ils ont mené	ils avaient mené
PAST ANTERIOR	**FUTURE PERFECT**	
j'eus mené etc	j'aurai mené etc	

IMPERATIVE	*CONDITIONAL* PRESENT	PAST
mène	je mènerais	j'aurais mené
menons	tu mènerais	tu aurais mené
menez	il mènerait	il aurait mené
	nous mènerions	nous aurions mené
	vous méneriez	vous auriez mené
	ils mèneraient	ils auraient mené

SUBJUNCTIVE

PRESENT	IMPERFECT	PERFECT
je mène	je menasse	j'aie mené
tu mènes	tu menasses	tu aies mené
il mène	il menât	il ait mené
nous menions	nous menassions	nous ayons mené
vous meniez	vous menassiez	vous ayez mené
ils mènent	ils menassent	ils aient mené

INFINITIVE	*PARTICIPLE*
PRESENT	**PRESENT**
mener	menant
PAST	**PAST**
avoir mené	mené

MENTIR
to lie

120

PRESENT	IMPERFECT	FUTURE
je mens	je mentais	je mentirai
tu mens	tu mentais	tu mentiras
il ment	il mentait	il mentira
nous mentons	nous mentions	nous mentirons
vous mentez	vous mentiez	vous mentirez
ils mentent	ils mentaient	ils mentiront
PASSÉ SIMPLE	**PASSÉ COMPOSÉ**	**PLUS-QUE-PARFAIT**
je mentis	j'ai menti	j'avais menti
tu mentis	tu as menti	tu avais menti
il mentit	il a menti	il avait menti
nous mentîmes	nous avons menti	nous avions menti
vous mentîtes	vous avez menti	vous aviez menti
ils mentirent	ils ont menti	ils avaient menti
PAST ANTERIOR	**FUTURE PERFECT**	
j'eus menti etc	j'aurai menti etc	

IMPERATIVE	*CONDITIONAL* PRESENT	PAST
mens	je mentirais	j'aurais menti
mentons	tu mentirais	tu aurais menti
mentez	il mentirait	il aurait menti
	nous mentirions	nous aurions menti
	vous mentiriez	vous auriez menti
	ils mentiraient	ils auraient menti

SUBJUNCTIVE

PRESENT	IMPERFECT	PERFECT
je mente	je mentisse	j'aie menti
tu mentes	tu mentisses	tu aies menti
il mente	il mentît	il ait menti
nous mentions	nous mentissions	nous ayons menti
vous mentiez	vous mentissiez	vous ayez menti
ils mentent	ils mentissent	ils aient menti

INFINITIVE	*PARTICIPLE*
PRESENT	**PRESENT**
mentir	mentant
PAST	**PAST**
avoir menti	menti

121 METTRE
to put

PRESENT	IMPERFECT	FUTURE
je mets	je mettais	je mettrai
tu mets	tu mettais	tu mettras
il met	il mettait	il mettra
nous mettons	nous mettions	nous mettrons
vous mettez	vous mettiez	vous mettrez
ils mettent	ils mettaient	ils mettront

PAST HISTORIC	PERFECT	PLUPERFECT
je mis	j'ai mis	j'avais mis
tu mis	tu as mis	tu avais mis
il mit	il a mis	il avait mis
nous mîmes	nous avons mis	nous avions mis
vous mîtes	vous avez mis	vous aviez mis
ils mirent	ils ont mis	ils avaient mis

PAST ANTERIOR	FUTURE PERFECT
j'eus mis etc	j'aurai mis etc

IMPERATIVE	*CONDITIONAL* PRESENT	PAST
mets	je mettrais	j'aurais mis
mettons	tu mettrais	tu aurais mis
mettez	il mettrait	il aurait mis
	nous mettrions	nous aurions mis
	vous mettriez	vous auriez mis
	ils mettraient	ils auraient mis

SUBJUNCTIVE PRESENT	IMPERFECT	PERFECT
je mette	je misse	j'aie mis
tu mettes	tu misses	tu aies mis
il mette	il mît	il ait mis
nous mettions	nous missions	nous ayons mis
vous mettiez	vous missiez	vous ayez mis
ils mettent	ils missent	ils aient mis

INFINITIVE	*PARTICIPLE*
PRESENT	PRESENT
mettre	mettant
PAST	PAST
avoir mis	mis

MONTER
to go up
122

PRESENT	IMPERFECT	FUTURE
je monte	je montais	je monterai
tu montes	tu montais	tu monteras
il monte	il montait	il montera
nous montons	nous montions	nous monterons
vous montez	vous montiez	vous monterez
ils montent	ils montaient	ils monteront
PASSÉ SIMPLE	**PASSÉ COMPOSÉ**	**PLUS-QUE-PARFAIT**
je montai	je suis monté	j'étais monté
tu montas	tu es monté	tu étais monté
il monta	il est monté	il était monté
nous montâmes	nous sommes montés	nous étions montés
vous montâtes	vous êtes monté(s)	vous étiez monté(s)
ils montèrent	ils sont montés	ils étaient montés
PAST ANTERIOR	**FUTURE PERFECT**	
je fus monté etc	je serai monté etc	

IMPERATIVE	*CONDITIONAL* PRESENT	PAST
monte	je monterais	je serais monté
montons	tu monterais	tu serais monté
montez	il monterait	il serait monté
	nous monterions	nous serions montés
	vous monteriez	vous seriez monté(s)
	ils monteraient	ils seraient montés

SUBJUNCTIVE PRESENT	IMPERFECT	PERFECT
je monte	je montasse	je sois monté
tu montes	tu montasses	tu sois monté
il monte	il montât	il soit monté
nous montions	nous montassions	nous soyons montés
vous montiez	vous montassiez	vous soyez monté(s)
ils montent	ils montassent	ils soient montés

INFINITIVE PRESENT	PARTICIPLE PRESENT	NOTE
monter	montant	*auxiliary* avoir *when transitive*
PAST	**PAST**	
être monté	monté	

123 MORDRE
to bite

PRESENT	IMPERFECT	FUTURE
je mords	je mordais	je mordrai
tu mords	tu mordais	tu mordras
il mord	il mordait	il mordra
nous mordons	nous mordions	nous mordrons
vous mordez	vous mordiez	vous mordrez
ils mordent	ils mordaient	ils mordront
PASSÉ SIMPLE	**PASSÉ COMPOSÉ**	**PLUS-QUE-PARFAIT**
je mordis	j'ai mordu	j'avais mordu
tu mordis	tu as mordu	tu avais mordu
il mordit	il a mordu	il avait mordu
nous mordîmes	nous avons mordu	nous avions mordu
vous mordîtes	vous avez mordu	vous aviez mordu
ils mordirent	ils ont mordu	ils avaient mordu
PAST ANTERIOR	**FUTURE PERFECT**	
j'eus mordu etc	j'aurai mordu etc	

IMPERATIVE	*CONDITIONAL* PRESENT	PAST
mords	je mordrais	j'aurais mordu
mordons	tu mordrais	tu aurais mordu
mordez	il mordrait	il aurait mordu
	nous mordrions	nous aurions mordu
	vous mordriez	vous auriez mordu
	ils mordraient	ils auraient mordu

SUBJUNCTIVE

PRESENT	IMPERFECT	PERFECT
je morde	je mordisse	j'aie mordu
tu mordes	tu mordisses	tu aies mordu
il morde	il mordît	il ait mordu
nous mordions	nous mordissions	nous ayons mordu
vous mordiez	vous mordissiez	vous ayez mordu
ils mordent	ils mordissent	ils aient mordu

INFINITIVE PRESENT	*PARTICIPLE* PRESENT
mordre	mordant
PAST	**PAST**
avoir mordu	mordu

MOUDRE
to grind

124

PRESENT	IMPERFECT	FUTURE
je mouds	je moulais	je moudrai
tu mouds	tu moulais	tu moudras
il moud	il moulait	il moudra
nous moulons	nous moulions	nous moudrons
vous moulez	vous mouliez	vous moudrez
ils moulent	ils moulaient	ils moudront
PASSÉ SIMPLE	**PASSÉ COMPOSÉ**	**PLUS-QUE-PARFAIT**
je moulus	j'ai moulu	j'avais moulu
tu moulus	tu as moulu	tu avais moulu
il moulut	il a moulu	il avait moulu
nous moulûmes	nous avons moulu	nous avions moulu
vous moulûtes	vous avez moulu	vous aviez moulu
ils moulurent	ils ont moulu	ils avaient moulu
PAST ANTERIOR	**FUTURE PERFECT**	
j'eus moulu etc	j'aurai moulu etc	

IMPERATIVE	*CONDITIONAL*	
	PRESENT	**PAST**
mouds	je moudrais	j'aurais moulu
moulons	tu moudrais	tu aurais moulu
moulez	il moudrait	il aurait moulu
	nous moudrions	nous aurions moulu
	vous moudriez	vous auriez moulu
	ils moudraient	ils auraient moulu

SUBJUNCTIVE		
PRESENT	**IMPERFECT**	**PERFECT**
je moule	je moulusse	j'aie moulu
tu moules	tu moulusses	tu aies moulu
il moule	il moulût	il ait moulu
nous moulions	nous moulussions	nous ayons moulu
vous mouliez	vous moulussiez	vous ayez moulu
ils moulent	ils moulussent	ils aient moulu

INFINITIVE	*PARTICIPLE*
PRESENT	**PRESENT**
moudre	moulant
PAST	**PAST**
avoir moulu	moulu

125 MOURIR
to die

PRESENT	IMPERFECT	FUTURE
je meurs	je mourais	je mourrai
tu meurs	tu mourais	tu mourras
il meurt	il mourait	il mourra
nous mourons	nous mourions	nous mourrons
vous mourez	vous mouriez	vous mourrez
ils meurent	ils mouraient	ils mourront
PASSÉ SIMPLE	**PASSÉ COMPOSÉ**	**PLUS-QUE-PARFAIT**
je mourus	je suis mort	j' étais mort
tu mourus	tu es mort	tu étais mort
il mourut	il est mort	il était mort
nous mourûmes	nous sommes morts	nous étions morts
vous mourûtes	vous êtes mort(s)	vous étiez mort(s)
ils moururent	ils sont morts	ils étaient morts
PAST ANTERIOR	**FUTURE PERFECT**	
je fus mort etc	je serai mort etc	

IMPERATIVE	*CONDITIONAL* PRESENT	PAST
meurs	je mourrais	je serais mort
mourons	tu mourrais	tu serais mort
mourez	il mourrait	il serait mort
	nous mourrions	nous serions morts
	vous mourriez	vous seriez mort(s)
	ils mourraient	ils seraient morts

SUBJUNCTIVE PRESENT	IMPERFECT	PERFECT
je meure	je mourusse	je sois mort
tu meures	tu mourusses	tu sois mort
il meure	il mourût	il soit mort
nous mourions	nous mourussions	nous soyons morts
vous mouriez	vous mourussiez	vous soyez mort(s)
ils meurent	ils mourussent	ils soient morts

INFINITIVE PRESENT	*PARTICIPLE* PRESENT
mourir	mourant
PAST	**PAST**
être mort	mort

MOUVOIR
to move

126

PRESENT	IMPERFECT	FUTURE
je meus	je mouvais	je mouvrai
tu meus	tu mouvais	tu mouvras
il meut	il mouvait	il mouvra
nous mouvons	nous mouvions	nous mouvrons
vous mouvez	vous mouviez	vous mouvrez
ils meuvent	ils mouvaient	ils mouvront
PASSÉ SIMPLE	**PASSÉ COMPOSÉ**	**PLUS-QUE-PARFAIT**
je mus	j'ai mû	j' avais mû
tu mus	tu as mû	tu avais mû
il mut	il a mû	il avait mû
nous mûmes	nous avons mû	nous avions mû
vous mûtes	vous avez mû	vous aviez mû
ils murent	ils ont mû	ils avaient mû
PAST ANTERIOR	**FUTURE PERFECT**	
j'eus mû etc	j'aurai mû etc	

IMPERATIVE	*CONDITIONAL* PRESENT	PAST
meus	je mouvrais	j'aurais mû
mouvons	tu mouvrais	tu aurais mû
mouvez	il mouvrait	il aurait mû
	nous mouvrions	nous aurions mû
	vous mouvriez	vous auriez mû
	ils mouvraient	ils auraient mû

SUBJUNCTIVE

PRESENT	IMPERFECT	PERFECT
je meuve	je musse	j'aie mû
tu meuves	tu musses	tu aies mû
il meuve	il mût	il ait mû
nous mouvions	nous mussions	nous ayons mû
vous mouviez	vous mussiez	vous ayez mû
ils meuvent	ils mussent	ils aient mû

INFINITIVE PRESENT	*PARTICIPLE* PRESENT
mouvoir	mouvant
PAST	**PAST**
avoir mû	mû (mue, mus)

127 NAITRE

to be born

PRESENT	IMPERFECT	FUTURE
je nais	je naissais	je naîtrai
tu nais	tu naissais	tu naîtras
il naît	il naissait	il naîtra
nous naissons	nous naissions	nous naîtrons
vous naissez	vous naissiez	vous naîtrez
ils naissent	ils naissaient	ils naîtront
PASSÉ SIMPLE	**PASSÉ COMPOSÉ**	**PLUS-QUE-PARFAIT**
je naquis	je suis né	j'étais né
tu naquis	tu es né	tu étais né
il naquit	il est né	il était né
nous naquîmes	nous sommes nés	nous étions nés
vous naquîtes	vous êtes né(s)	vous étiez né(s)
ils naquirent	ils sont nés	ils étaient nés
PAST ANTERIOR	**FUTURE PERFECT**	
je fus né etc	je serai né etc	

IMPERATIVE	*CONDITIONAL* PRESENT	PAST
nais	je naîtrais	je serais né
naissons	tu naîtrais	tu serais né
naissez	il naîtrait	il serait né
	nous naîtrions	nous serions nés
	vous naîtriez	vous seriez né(s)
	ils naîtraient	ils seraient nés

SUBJUNCTIVE

PRESENT	IMPERFECT	PERFECT
je naisse	je naquisse	je sois né
tu naisses	tu naquisses	tu sois né
il naisse	il naquît	il soit né
nous naissions	nous naquissions	nous soyons nés
vous naissiez	vous naquissiez	vous soyez né(s)
ils naissent	ils naquissent	ils soient nés

INFINITIVE PRESENT	*PARTICIPLE* PRESENT
naître	naissant
PAST	**PAST**
être né	né

NARGUER 128
to taunt

PRESENT	IMPERFECT	FUTURE
je nargue	je narguais	je narguerai
tu nargues	tu narguais	tu nargueras
il nargue	il narguait	il narguera
nous narguons	nous narguions	nous narguerons
vous narguez	vous narguiez	vous narguerez
ils narguent	ils narguaient	ils nargueront
PASSÉ SIMPLE	**PASSÉ COMPOSÉ**	**PLUS-QUE-PARFAIT**
je narguai	j'ai nargué	j'avais nargué
tu narguas	tu as nargué	tu avais nargué
il nargua	il a nargué	il avait nargué
nous narguâmes	nous avons nargué	nous avions nargué
vous narguâtes	vous avez nargué	vous aviez nargué
ils narguèrent	ils ont nargué	ils avaient nargué
PAST ANTERIOR	**FUTURE PERFECT**	
j'eus nargué etc	j'aurai nargué etc	

IMPERATIVE	*CONDITIONAL* PRESENT	PAST
nargue	je narguerais	j'aurais nargué
narguons	tu narguerais	tu aurais nargué
narguez	il narguerait	il aurait nargué
	nous narguerions	nous aurions nargué
	vous nargueriez	vous auriez nargué
	ils nargueraient	ils auraient nargué

SUBJUNCTIVE PRESENT	IMPERFECT	PERFECT
je nargue	je narguasse	j'aie nargué
tu nargues	tu narguasses	tu aies nargué
il nargue	il narguât	il ait nargué
nous narguions	nous narguassions	nous ayons nargué
vous narguiez	vous narguassiez	vous ayez nargué
ils narguent	ils narguassent	ils aient nargué

INFINITIVE	*PARTICIPLE*
PRESENT	**PRESENT**
narguer	narguant
PAST	**PAST**
avoir nargué	nargué

129 NETTOYER
to clean

PRESENT	IMPERFECT	FUTURE
je nettoie	je nettoyais	je nettoierai
tu nettoies	tu nettoyais	tu nettoieras
il nettoie	il nettoyait	il nettoiera
nous nettoyons	nous nettoyions	nous nettoierons
vous nettoyez	vous nettoyiez	vous nettoierez
ils nettoient	ils nettoyaient	ils nettoieront
PASSÉ SIMPLE	**PASSÉ COMPOSÉ**	**PLUS-QUE-PARFAIT**
je nettoyai	j'ai nettoyé	j'avais nettoyé
tu nettoyas	tu as nettoyé	tu avais nettoyé
il nettoya	il a nettoyé	il avait nettoyé
nous nettoyâmes	nous avons nettoyé	nous avions nettoyé
vous nettoyâtes	vous avez nettoyé	vous aviez nettoyé
ils nettoyèrent	ils ont nettoyé	ils avaient nettoyé
PAST ANTERIOR	**FUTURE PERFECT**	
j'eus nettoyé etc	j'aurai nettoyé etc	

IMPERATIVE	*CONDITIONAL* PRESENT	PAST
nettoie	je nettoierais	j'aurais nettoyé
nettoyons	tu nettoierais	tu aurais nettoyé
nettoyez	il nettoierait	il aurait nettoyé
	nous nettoierions	nous aurions nettoyé
	vous nettoieriez	vous auriez nettoyé
	ils nettoieraient	ils auraient nettoyé

SUBJUNCTIVE PRESENT	IMPERFECT	PERFECT
je nettoie	je nettoyasse	j'aie nettoyé
tu nettoies	tu nettoyasses	tu aies nettoyé
il nettoie	il nettoyât	il ait nettoyé
nous nettoyions	nous nettoyassions	nous ayons nettoyé
vous nettoyiez	vous nettoyassiez	vous ayez nettoyé
ils nettoient	ils nettoyassent	ils aient nettoyé

INFINITIVE	*PARTICIPLE*
PRESENT	**PRESENT**
nettoyer	nettoyant
PAST	**PAST**
avoir nettoyé	nettoyé

NUIRE
to harm

130

PRESENT	IMPERFECT	FUTURE
je nuis	je nuisais	je nuirai
tu nuis	tu nuisais	tu nuiras
il nuit	il nuisait	il nuira
nous nuisons	nous nuisions	nous nuirons
vous nuisez	vous nuisiez	vous nuirez
ils nuisent	ils nuisaient	ils nuiront

PASSÉ SIMPLE	PASSÉ COMPOSÉ	PLUS-QUE-PARFAIT
je nuisis	j'ai nui	j'avais nui
tu nuisis	tu as nui	tu avais nui
il nuisit	il a nui	il avait nui
nous nuisîmes	nous avons nui	nous avions nui
vous nuisîtes	vous avez nui	vous aviez nui
ils nuisirent	ils ont nui	ils avaient nui

PAST ANTERIOR	FUTURE PERFECT
j'eus nui etc	j'aurai nui etc

IMPERATIVE	*CONDITIONAL* PRESENT	PAST
nuis	je nuirais	j'aurais nui
nuisons	tu nuirais	tu aurais nui
nuisez	il nuirait	il aurait nui
	nous nuirions	nous aurions nui
	vous nuiriez	vous auriez nui
	ils nuiraient	ils auraient nui

SUBJUNCTIVE

PRESENT	IMPERFECT	PERFECT
je nuise	je nuisisse	j'aie nui
tu nuises	tu nuisisses	tu aies nui
il nuise	il nuisît	il ait nui
nous nuisions	nous nuisissions	nous ayons nui
vous nuisiez	vous nuisissiez	vous ayez nui
ils nuisent	ils nuisissent	ils aient nui

INFINITIVE	*PARTICIPLE*
PRESENT	PRESENT
nuire	nuisant
PAST	PAST
avoir nui	nui

131 OBEIR
to obey

PRESENT	IMPERFECT	FUTURE
j'obéis	j'obéissais	j'obéirai
tu obéis	tu obéissais	tu obéiras
il obéit	il obéissait	il obéira
nous obéissons	nous obéissions	nous obéirons
vous obéissez	vous obéissiez	vous obéirez
ils obéissent	ils obéissaient	ils obéiront
PASSÉ SIMPLE	**PASSÉ COMPOSÉ**	**PLUS-QUE-PARFAIT**
j'obéis	j'ai obéi	j'avais obéi
tu obéis	tu as obéi	tu avais obéi
il obéit	il a obéi	il avait obéi
nous obéîmes	nous avons obéi	nous avions obéi
vous obéîtes	vous avez obéi	vous aviez obéi
ils obéirent	ils ont obéi	ils avaient obéi
PAST ANTERIOR	**FUTURE PERFECT**	
j'eus obéi etc	j'aurai obéi etc	

IMPERATIVE	*CONDITIONAL* PRESENT	PAST
obéis	j'obéirais	j'aurais obéi
obéissons	tu obéirais	tu aurais obéi
obéissez	il obéirait	il aurait obéi
	nous obéirions	nous aurions obéi
	vous obéiriez	vous auriez obéi
	ils obéiraient	ils auraient obéi

SUBJUNCTIVE

PRESENT	IMPERFECT	PERFECT
j'obéisse	j'obéisse	j'aie obéi
tu obéisses	tu obéisses	tu aies obéi
il obéisse	il obéît	il ait obéi
nous obéissions	nous obéissions	nous ayons obéi
vous obéissiez	vous obéissiez	vous ayez obéi
ils obéissent	ils obéissent	ils aient obéi

INFINITIVE	*PARTICIPLE*
PRESENT	**PRESENT**
obéir	obéissant
PAST	**PAST**
avoir obéi	obéi

OBTENIR
to get

132

PRESENT	IMPERFECT	FUTURE
j'obtiens	j'obtenais	j'obtiendrai
tu obtiens	tu obtenais	tu obtiendras
il obtient	il obtenait	il obtiendra
nous obtenons	nous obtenions	nous obtiendrons
vous obtenez	vous obteniez	vous obtiendrez
ils obtiennent	ils obtenaient	ils obtiendront
PASSÉ SIMPLE	**PASSÉ COMPOSÉ**	**PLUS-QUE-PARFAIT**
j'obtins	j'ai obtenu	j'avais obtenu
tu obtins	tu as obtenu	tu avais obtenu
il obtint	il a obtenu	il avait obtenu
nous obtînmes	nous avons obtenu	nous avions obtenu
vous obtîntes	vous avez obtenu	vous aviez obtenu
ils obtinrent	ils ont obtenu	ils avaient obtenu
PAST ANTERIOR	**FUTURE PERFECT**	
j'eus obtenu etc	j'aurai obtenu etc	

IMPERATIVE	*CONDITIONAL* PRESENT	PAST
obtiens	j'obtiendrais	j'aurais obtenu
obtenons	tu obtiendrais	tu aurais obtenu
obtenez	il obtiendrait	il aurait obtenu
	nous obtiendrions	nous aurions obtenu
	vous obtiendriez	vous auriez obtenu
	ils obtiendraient	ils auraient obtenu

SUBJUNCTIVE

PRESENT	IMPERFECT	PERFECT
j'obtienne	j'obtinsse	j'aie obtenu
tu obtiennes	tu obtinsses	tu aies obtenu
il obtienne	il obtînt	il ait obtenu
nous obtenions	nous obtinssions	nous ayons obtenu
vous obteniez	vous obtinssiez	vous ayez obtenu
ils obtiennent	ils obtinssent	ils aient obtenu

INFINITIVE PRESENT	*PARTICIPLE* PRESENT
obtenir	obtenant
PAST	**PAST**
avoir obtenu	obtenu

133 OFFRIR
to offer

PRESENT	IMPERFECT	FUTURE
j'offre	j'offrais	j'offrirai
tu offres	tu offrais	tu offriras
il offre	il offrait	il offrira
nous offrons	nous offrions	nous offrirons
vous offrez	vous offriez	vous offrirez
ils offrent	ils offraient	ils offriront
PASSÉ SIMPLE	**PASSÉ COMPOSÉ**	**PLUS-QUE-PARFAIT**
j'offris	j'ai offert	j'avais offert
tu offris	tu as offert	tu avais offert
il offrit	il a offert	il avait offert
nous offrîmes	nous avons offert	nous avions offert
vous offrîtes	vous avez offert	vous aviez offert
ils offrirent	ils ont offert	ils avaient offert
PAST ANTERIOR	**FUTURE PERFECT**	
j'eus offert etc	j'aurai offert etc	

IMPERATIVE	*CONDITIONAL* PRESENT	PAST
	j'offrirais	j'aurais offert
offre	tu offrirais	tu aurais offert
offrons	il offrirait	il aurait offert
offrez	nous offririons	nous aurions offert
	vous offririez	vous auriez offert
	ils offriraient	ils auraient offert

SUBJUNCTIVE

PRESENT	IMPERFECT	PERFECT
j' offre	j' offrisse	j'aie offert
tu offres	tu offrisses	tu aies offert
il offre	il offrît	il ait offert
nous offrions	nous offrissions	nous ayons offert
vous offriez	vous offrissiez	vous ayez offert
ils offrent	ils offrissent	ils aient offert

INFINITIVE PRESENT	*PARTICIPLE* PRESENT
offrir	offrant
PAST	**PAST**
avoir offert	offert

OUVRIR
to open

134

PRESENT	IMPERFECT	FUTURE
j'ouvre	j'ouvrais	j'ouvrirai
tu ouvres	tu ouvrais	tu ouvriras
il ouvre	il ouvrait	il ouvrira
nous ouvrons	nous ouvrions	nous ouvrirons
vous ouvrez	vous ouvriez	vous ouvrirez
ils ouvrent	ils ouvraient	ils ouvriront
PASSÉ SIMPLE	**PASSÉ COMPOSÉ**	**PLUS-QUE-PARFAIT**
j'ouvris	j'ai ouvert	j'avais ouvert
tu ouvris	tu as ouvert	tu avais ouvert
il ouvrit	il a ouvert	il avait ouvert
nous ouvrîmes	nous avons ouvert	nous avions ouvert
vous ouvrîtes	vous avez ouvert	vous aviez ouvert
ils ouvrirent	ils ont ouvert	ils avaient ouvert
PAST ANTERIOR	**FUTURE PERFECT**	
j'eus ouvert etc	j'aurai ouvert etc	

IMPERATIVE	*CONDITIONAL* PRESENT	PAST
ouvre	j'ouvrirais	j'aurais ouvert
ouvrons	tu ouvrirais	tu aurais ouvert
ouvrez	il ouvrirait	il aurait ouvert
	nous ouvririons	nous aurions ouvert
	vous ouvririez	vous auriez ouvert
	ils ouvriraient	ils auraient ouvert

SUBJUNCTIVE PRESENT	IMPERFECT	PERFECT
j'ouvre	j'ouvrisse	j'aie ouvert
tu ouvres	tu ouvrisses	tu aies ouvert
il ouvre	il ouvrît	il ait ouvert
nous ouvrions	nous ouvrissions	nous ayons ouvert
vous ouvriez	vous ouvrissiez	vous ayez ouvert
ils ouvrent	ils ouvrissent	ils aient ouvert

INFINITIVE	*PARTICIPLE*
PRESENT	**PRESENT**
ouvrir	ouvrant
PAST	**PAST**
avoir ouvert	ouvert

135 PAITRE
to graze

PRESENT	IMPERFECT	FUTURE
je pais	je paissais	je paîtrai
tu pais	tu paissais	tu paîtras
il paît	il paissait	il paîtra
nous paissons	nous paissions	nous paîtrons
vous paissez	vous paissiez	vous paîtrez
ils paissent	ils paissaient	ils paîtront
PASSÉ SIMPLE	**PASSÉ COMPOSÉ**	**PLUS-QUE-PARFAIT**
PAST ANTERIOR	**FUTURE PERFECT**	

IMPERATIVE	*CONDITIONAL* PRESENT	PAST
pais	je paîtrais	
paissons	tu paîtrais	
paissez	il paîtrait	
	nous paîtrions	
	vous paîtriez	
	ils paîtraient	

SUBJUNCTIVE PRESENT	IMPERFECT	PERFECT
je paisse		
tu paisses		
il paisse		
nous paissions		
vous paissiez		
ils paissent		

INFINITIVE PRESENT	*PARTICIPLE* PRESENT
paître	paissant
PAST	**PAST**
	pu

PARAITRE
to appear

136

PRESENT	IMPERFECT	FUTURE
je parais	je paraissais	je paraîtrai
tu parais	tu paraissais	tu paraîtras
il paraît	il paraissait	il paraîtra
nous paraissons	nous paraissions	nous paraîtrons
vous paraissez	vous paraissiez	vous paraîtrez
ils paraissent	ils paraissaient	ils paraîtront
PASSÉ SIMPLE	**PASSÉ COMPOSÉ**	**PLUS-QUE-PARFAIT**
je parus	j'ai paru	j'avais paru
tu parus	tu as paru	tu avais paru
il parut	il a paru	il avait paru
nous parûmes	nous avons paru	nous avions paru
vous parûtes	vous avez paru	vous aviez paru
ils parurent	ils ont paru	ils avaient paru
PAST ANTERIOR	**FUTURE PERFECT**	
j'eus paru etc	j'aurai paru etc	

IMPERATIVE	*CONDITIONAL*	
	PRFESENT	**PAST**
parais	je paraîtrais	j'aurais paru
paraissons	tu paraîtrais	tu aurais paru
paraissez	il paraîtrait	il aurait paru
	nous paraîtrions	nous aurions paru
	vous paraîtriez	vous auriez paru
	ils paraîtraient	ils auraient paru

SUBJUNCTIVE

PRESENT	IMPERFECT	PERFECT
je paraisse	je parusse	j'aie paru
tu paraisses	tu parusses	tu aies paru
il paraisse	il parût	il ait paru
nous paraissions	nous parussions	nous ayons paru
vous paraissiez	vous parussiez	vous ayez paru
ils paraissent	ils parussent	ils aient paru

INFINITIVE	*PARTICIPLE*	*NOTE*
PRESENT	**PRESENT**	
paraître	paraissant	*takes auxillary* être *when it means 'to be published'* appraître: *can also take auxiliary être*
PAST	**PAST**	
avoir paru	paru	

137 PARTIR
to go away

PRESENT	IMPERFECT	FUTURE
je pars	je partais	je partirai
tu pars	tu partais	tu partiras
il part	il partait	il partira
nous partons	nous partions	nous partirons
vous partez	vous partiez	vous partirez
ils partent	ils partaient	ils partiront
PASSÉ SIMPLE	**PASSÉ COMPOSÉ**	**PLUS-QUE-PARFAIT**
je partis	je suis parti	j'étais parti
tu partis	tu es parti	tu étais parti
il partit	il est parti	il était parti
nous partîmes	nous sommes partis	nous étions partis
vous partîtes	vous êtes parti(s)	vousétiez parti(s)
ils partirent	ils sont partis	ils étaient partis
PAST ANTERIOR	**FUTURE PERFECT**	
je fus parti etc	je serai parti etc	

IMPERATIVE	*CONDITIONAL* PRESENT	PAST
pars	je partirais	je serais parti
partons	tu partirais	tu serais parti
partez	il partirait	il serait parti
	nous partirions	nous serions partis
	vous partiriez	vous seriez parti(s)
	ils partiraient	ils seraient partis

SUBJUNCTIVE

PRESENT	IMPERFECT	PERFECT
je parte	je partisse	je sois parti
tu partes	tu partisses	tu sois parti
il parte	il partît	il soit parti
nous partions	nous partissions	nous soyons partis
vous partiez	vous partissiez	vous soyez parti(s)
ils partent	ils partissent	ils soient partis

INFINITIVE	*PARTICIPLE*	*NOTE*
PRESENT	**PRESENT**	
partir	partant	repartir: *takes auxiliary* avoir *when it means 'to reply'*
PAST	**PAST**	
être parti	parti	

PARVENIR 138
to reach

PRESENT	IMPERFECT	FUTURE
je parviens	je parvenais	je parviendrai
tu parviens78	tu parvenais	tu parviendras
il parvient	il parvenait	il parviendra
nous parvenons	nous parvenions	nous parviendrons
vous parvenez	vous parveniez	vous parviendrez
ils parviennent	ils parvenaient	ils parviendront

PASSÉ SIMPLE	PASSÉ COMPOSÉ	PLUS-QUE-PARFAIT
je parvins	je suis parvenu	j'étais parvenu
tu parvins	tu es parvenu	tu étais parvenu
il parvint	il est parvenu	il était parvenu
nous parvînmes	nous sommes parvenus	nous étions parvenus
vous parvîntes	vous êtes parvenu(s)	vous étiez parvenu(s)
ils parvinrent	ils sont parvenus	ils étaient parvenus

PAST ANTERIOR	FUTURE PERFECT
je fus parvenu etc	je serai parvenu etc

IMPERATIVE	*CONDITIONAL* PRESENT	PAST
parviens	je parviendrais	je serais parvenu
parvenons	tu parviendrais	tu serais parvenu
parvenez	il parviendrait	il serait parvenu
	nous parviendrions	nous serions parvenus
	vous parviendriez	vous seriez parvenu(s)
	ils parviendraient	ils seraient parvenus

SUBJUNCTIVE

PRESENT	IMPERFECT	PERFECT
je parvienne	je parvinsse	je sois parvenu
tu parviennes	tu parvinsses	tu sois parvenu
il parvienne	il parvînt	il soit parvenu
nous parvenions	nous parvinssions	nous soyons parvenus
vous parveniez	vous parvinssiez	vous soyez parvenu(s)
ils parviennent	ils parvinssent	ils soient parvenus

INFINITIVE PRESENT	*PARTICIPLE* PRESENT
parvenir	parvenant
PAST	**PAST**
être parvenu	parvenu

139 PASSER
to pass

PRESENT	IMPERFECT	FUTURE
je passe	je passais	je passerai
tu passes	tu passais	tu passeras
il passe	il passait	il passera
nous passons	nous passions	nous passerons
vous passez	vous passiez	vous passerez
ils passent	ils passaient	ils passeront
PASSÉ SIMPLE	**PASSÉ COMPOSÉ**	**PLUS-QUE-PARFAIT**
je passai	j'ai passé	j'avais passé
tu passas	tu as passé	tu avais passé
il passa	il a passé	il avait passé
nous passâmes	nous avons passé	nous avions passé
vous passâtes	vous avez passé	vous aviez passé
ils passèrent	ils ont passé	ils avaient passé
PAST ANTERIOR	**FUTURE PERFECT**	
j'eus passé etc	j'aurai passé etc	

IMPERATIVE	*CONDITIONAL*	
	PRESENT	**PAST**
passe	je passerais	j'aurais passé
passons	tu passerais	tu aurais passé
passez	il passerait	il aurait passé
	nous passerions	nous aurions passé
	vous passeriez	vous auriez passé
	ils passeraient	ils auraient passé

SUBJUNCTIVE		
PRESENT	**IMPERFECT**	**PERFECT**
je passe	je passasse	j'aie passé
tu passes	tu passasses	tu aies passé
il passe	il passât	il ait passé
nous passions	nous passassions	nous ayons passé
vous passiez	vous passassiez	vous ayez passé
ils passent	ils passassent	ils aient passé

INFINITIVE	*PARTICIPLE*	*NOTE*
PRESENT	**PRESENT**	
passer	passant	*can take auxiliary* être *when it means 'to go/come past'* repasser: *can take auxiliary* être *when it means 'to go/come past again'*
PAST	**PAST**	
avoir passé	passé	

PAYER
to pay

140

PRESENT	IMPERFECT	FUTURE
je paye	je payais	je payerai
tu payes	tu payais	tu payeras
il paye	il payait	il payera
nous payons	nous payions	nous payerons
vous payez	vous payiez	vous payerez
ils payent	ils payaient	ils payeront
PASSÉ SIMPLE	**PASSÉ COMPOSÉ**	**PLUS-QUE-PARFAIT**
je payai	j'ai payé	j'avais payé
tu payas	tu as payé	tu avais payé
il paya	il a payé	il avait payé
nous payâmes	nous avons payé	nous avions payé
vous payâtes	vous avez payé	vous aviez payé
ils payèrent	ils ont payé	ils avaient payé
PAST ANTERIOR	**FUTURE PERFECT**	
j'eus payé etc	j'aurai payé etc	

IMPERATIVE	*CONDITIONAL* PRESENT	PAST
	je payerais	j'aurais payé
paye	tu payerais	tu aurais payé
payons	il payerait	il aurait payé
payez	nous payerions	nous aurions payé
	vous payeriez	vous auriez payé
	ils payeraient	ils auraient payé

SUBJUNCTIVE PRESENT	IMPERFECT	PERFECT
je paye	je payasse	j'aie payé
tu payes	tu payasses	tu aies payé
il paye	il payât	il ait payé
nous payions	nous payassions	nous ayons payé
vous payiez	vous payassiez	vous ayez payé
ils payent	ils payassent	ils aient payé

INFINITIVE PRESENT	*PARTICIPLE* PRESENT
payer	payant
PAST	**PAST**
avoir payé	payé

141 PEINDRE
to paint

PRESENT	IMPERFECT	FUTURE
je peins	je peignais	je peindrai
tu peins	tu peignais	tu peindras
il peint	il peignait	il peindra
nous peignons	nous peignions	nous peindrons
vous peignez	vous peigniez	vous peindrez
ils peignent	ils peignaient	ils peindront

PASSÉ SIMPLE	PASSÉ COMPOSÉ	PLUS-QUE-PARFAIT
je peignis	j'ai peint	j'avais peint
tu peignis	tu as peint	tu avais peint
il peignit	il a peint	il avait peint
nous peignîmes	nous avons peint	nous avions peint
vous peignîtes	vous avez peint	vous aviez peint
ils peignirent	ils ont peint	ils avaient peint

PAST ANTERIOR	FUTURE PERFECT
j'eus peint etc	j'aurai peint etc

IMPERATIVE	*CONDITIONAL* PRESENT	PAST
peins	je peindrais	j'aurais peint
peignons	tu peindrais	tu aurais peint
peignez	il peindrait	il aurait peint
	nous peindrions	nous aurions peint
	vous peindriez	vous auriez peint
	ils peindraient	ils auraient peint

SUBJUNCTIVE

PRESENT	IMPERFECT	PERFECT
je peigne	je peignisse	j'aie peint
tu peignes	tu peignisses	tu aies peint
il peigne	il peignît	il ait peint
nous peignions	nous peignissions	nous ayons peint
vous peigniez	vous peignissiez	vous ayez peint
ils peignent	ils peignissent	ils aient peint

INFINITIVE	*PARTICIPLE*
PRESENT	PRESENT
peindre	peignant
PAST	PAST
avoir peint	peint

PELER
to peel

142

PRESENT	IMPERFECT	FUTURE
je pèle	je pelais	je pèlerai
tu pèles	tu pelais	tu pèleras
il pèle	il pelait	il pèlera
nous pelons	nous pelions	nous pèlerons
vous pelez	vous peliez	vous pèlerez
ils pèlent	ils pelaient	ils pèleront

PASSÉ SIMPLE	PASSÉ COMPOSÉ	PLUS-QUE-PARFAIT
je pelai	j'ai pelé	j'avais pelé
tu pelas	tu as pelé	tu avais pelé
il pela	il a pelé	il avait pelé
nous pelâmes	nous avons pelé	nous avions pelé
vous pelâtes	vous avez pelé	vous aviez pelé
ils pelérent	ils ont pelé	ils avaient pelé

PAST ANTERIOR	FUTURE PERFECT
j'eus pelé etc	j'aurai pelé etc

IMPERATIVE	*CONDITIONAL* PRESENT	PAST
pèle	je pèlerais	j'aurais pelé
pelons	tu pèlerais	tu aurais pelé
pelez	il pèlerait	il aurait pelé
	nous pèlerions	nous aurions pelé
	vous pèleriez	vous auriez pelé
	ils pèleraient	ils auraient pelé

SUBJUNCTIVE

PRESENT	IMPERFECT	PERFECT
je pèle	je pelasse	j'aie pelé
tu pèles	tu pelasses	tu aies pelé
il pèle	il pelât	il ait pelé
nous pelions	nous pelassions	nous ayons pelé
vous peliez	vous pelassiez	vous ayez pelé
ils pèlent	ils pelassent	ils aient pelé

INFINITIVE PRESENT	*PARTICIPLE* PRESENT
peler	pelant
PAST	**PAST**
avoir pelé	pelé

143 PENETRER
to enter

PRESENT	IMPERFECT	FUTURE
je pénètre	je pénétrais	je pénétrerai
tu pénètres	tu pénétrais	tu pénétreras
il pénètre	il pénétrait	il pénétrera
nous pénétrons	nous pénétrions	nous pénétrerons
vous pénétrez	vous pénétriez	vous pénétrerez
ils pénètrent	ils pénétraient	ils pénétreront
PASSÉ SIMPLE	**PASSÉ COMPOSÉ**	**PLUS-QUE-PARFAIT**
je pénétrai	j'ai pénétré	j'avais pénétré
tu pénétras	tu as pénétré	tu avais pénétré
il pénétra	il a pénétré	il avait pénétré
nous pénétrâmes	nous avons pénétré	nous avions pénétré
vous pénétrâtes	vous avez pénétré	vous aviez pénétré
ils pénétrèrent	ils ont pénétré	ils avaient pénétré
PAST ANTERIOR	**FUTURE PERFECT**	
j'eus pénétré etc	j'aurai pénétré etc	

IMPERATIVE	*CONDITIONAL* PRESENT	PAST
pénètre	je pénétrerais	j'aurais pénétré
pénétrons	tu pénétrerais	tu aurais pénétré
pénétrez	il pénétrerait	il aurait pénétré
	nous pénétrerions	nous aurions pénétré
	vous pénétreriez	vous auriez pénétré
	ils pénétreraient	ils auraient pénétré

SUBJUNCTIVE PRESENT	IMPERFECT	PERFECT
je pénètre	je pénétrasse	j'aie pénétré
tu pénètres	tu pénétrasses	tu aies pénétré
il pénètre	il pénétrât	il ait pénétré
nous pénétrions	nous pénétrassions	nous ayons pénétré
vous pénétriez	vous pénétrassiez	vous ayez pénétré
ils pénètrent	ils pénétrassent	ils aient pénétré

INFINITIVE PRESENT	*PARTICIPLE* PRESENT
pénétrer	pénétrant
PAST	**PAST**
avoir pénétré	pénétré

PERDRE
to lose

144

PRESENT	IMPERFECT	FUTURE
je perds	je perdais	je perdrai
tu perds	tu perdais	tu perdras
il perd	il perdait	il perdra
nous perdons	nous perdions	nous perdrons
vous perdez	vous perdiez	vous perdrez
ils perdent	ils perdaient	ils perdront
PASSÉ SIMPLE	**PASSÉ COMPOSÉ**	**PLUS-QUE-PARFAIT**
je perdis	j'ai perdu	j'avais perdu
tu perdis	tu as perdu	tu avais perdu
il perdit	il a perdu	il avait perdu
nous perdîmes	nous avons perdu	nous avions perdu
vous perdîtes	vous avez perdu	vous aviez perdu
ils perdirent	ils ont perdu	ils avaient perdu
PAST ANTERIOR	**FUTURE PERFECT**	
j'eus perdu etc	j'aurai perdu etc	

IMPERATIVE	*CONDITIONAL*	
	PRESENT	**PAST**
perds	je perdrais	j'aurais perdu
perdons	tu perdrais	tu aurais perdu
perdez	il perdrait	il aurait perdu
	nous perdrions	nous aurions perdu
	vous perdriez	vous auriez perdu
	ils perdraient	ils auralent perdu

SUBJUNCTIVE		
PRESENT	**IMPERFECT**	**PERFECT**
je perde	je perdisse	j'aie perdu
tu perdes	tu perdisses	tu aies perdu
il perde	il perdît	il ait perdu
nous perdions	nous perdissions	nous ayons perdu
vous perdiez	vous perdissiez	vous ayez perdu
ils perdent	ils perdissent	ils aient perdu

INFINITIVE	*PARTICIPLE*
PRESENT	**PRESENT**
perdre	perdant
PAST	**PAST**
avoir perdu	perdu

145 PERMETTRE
to allow

PRESENT	IMPERFECT	FUTURE
je permets	je permettais	je permettrai
tu permets	tu permettais	tu permettras
il permet	il permettait	il permettra
nous permettons	nous permettions	nous permettrons
vous permettez	vous permettiez	vous permettrez
ils permettent	ils permettaient	ils permettront

PASSÉ SIMPLE	PASSÉ COMPOSÉ	PLUS-QUE-PARFAIT
je permis	j'ai permis	j'avais permis
tu permis	tu as permis	tu avais permis
il permit	il a permis	il avait permis
nous permîmes	nous avons permis	nous avions permis
vous permîtes	vous avez permis	vous aviez permis
ils permirent	ils ont permis	ils avaient permis

PAST ANTERIOR	FUTURE PERFECT
j'eus permis etc	j'aurai permis etc

IMPERATIVE	*CONDITIONAL* PRESENT	PAST
permets	je permettrais	j'aurais permis
permettons	tu permettrais	tu aurais permis
permettez	il permettrait	il aurait permis
	nous permettrions	nous aurions permis
	vous permettriez	vous auriez permis
	ils permettraient	ils auraient permis

SUBJUNCTIVE

PRESENT	IMPERFECT	PERFECT
je permette	je permisse	j'aie permis
tu permettes	tu permisses	tu aies permis
il permette	il permît	il ait permis
nous permettions	nous permissions	nous ayons permis
vous permettiez	vous permissiez	vous ayez permis
ils permettent	ils permissent	ils aient permis

INFINITIVE	*PARTICIPLE*
PRESENT	PRESENT
permettre	permettant
PAST	PAST
avoir permis	permis

PESER
to weigh

146

PRESENT	IMPERFECT	FUTURE
je pèse	je pesais	je pèserai
tu pèses	tu pesais	tu pèseras
il pèse	il pesait	il pèsera
nous pesons	nous pesions	nous pèserons
vous pesez	vous pesiez	vous pèserez
ils pèsent	ils pesaient	ils pèseront

PASSÉ SIMPLE	PASSÉ COMPOSÉ	PLUS-QUE-PARFAIT
je pesai	j'ai pesé	j'avais pesé
tu pesas	tu as pesé	tu avais pesé
il pesa	il a pesé	il avait pesé
nous pesâmes	nous avons pesé	nous avions pesé
vous pesâtes	vous avez pesé	vous aviez pesé
ils pesèrent	ils ont pesé	ils avaient pesé

PAST ANTERIOR	FUTURE PERFECT
j'eus pesé etc	j'aurai pesé etc

IMPERATIVE	*CONDITIONAL* PRESENT	PAST
pèse	je pèserais	j'aurais pesé
pesons	tu pèserais	tu aurais pesé
pesez	il pèserait	il aurait pesé
	nous pèserions	nous aurions pesé
	vous pèseriez	vous auriez pesé
	ils pèseraient	ils auraient pesé

SUBJUNCTIVE

PRESENT	IMPERFECT	PERFECT
je pèse	je pesasse	j'aie pesé
tu pèses	tu pesasses	tu aies pesé
il pèse	il pesât	il ait pesé
nous pesions	nous pesassions	nous ayons pesé
vous pesiez	vous pesassiez	vous ayez pesé
ils pèsent	ils pesassent	ils aient pesé

INFINITIVE PRESENT	*PARTICIPLE* PRESENT
peser	pesant
PAST	**PAST**
avoir pesé	pesé

147 PLACER

to place

PRESENT	IMPERFECT	FUTURE
je place	je plaçais	je placerai
tu places	tu plaçais	tu placeras
il place	il plaçait	il placera
nous plaçons	nous placions	nous placerons
vous placez	vous placiez	vous placerez
ils placent	ils plaçaient	ils placeront
PASSÉ SIMPLE	**PASSÉ COMPOSÉ**	**PLUS-QUE-PARFAIT**
je plaçai	j'ai placé	j'avais placé
tu plaças	tu as placé	tu avais placé
il plaça	il a placé	il avait placé
nous plaçâmes	nous avons placé	nous avions placé
vous plaçâtes	vous avez placé	vous aviez placé
ils placèrent	ils ont placé	ils avaient placé
PAST ANTERIOR	**FUTURE PERFECT**	
j'eus placé etc	j'aurai placé etc	

IMPERATIVE	*CONDITIONAL*	
	PRESENT	**PAST**
place	je placerais	j'aurais placé
plaçons	tu placerais	tu aurais placé
placez	il placerait	il aurait placé
	nous placerions	nous aurions placé
	vous placeriez	vous auriez placé
	ils placeraient	ils auraient placé

SUBJUNCTIVE

PRESENT	IMPERFECT	PERFECT
je place	je plaçasse	j'aie placé
tu places	tu plaçasses	tu aies placé
il place	il plaçât	il ait placé
nous placions	nous plaçassions	nous ayons placé
vous placiez	vous plaçassiez	vous ayez placé
ils placent	ils plaçassent	ils aient placé

INFINITIVE	*PARTICIPLE*
PRESENT	**PRESENT**
placer	plaçant
PAST	**PAST**
avoir placé	placé

PLAIRE
to please

148

PRESENT	IMPERFECT	FUTURE
je plais	je plaisais	je plairai
tu plais	tu plaisais	tu plairas
il plaît	il plaisait	il plaira
nous plaisons	nous plaisions	nous plairons
vous plaisez	vous plaisiez	vous plairez
ils plaisent	ils plaisaient	ils plairont
PASSÉ SIMPLE	**PASSÉ COMPOSÉ**	**PLUS-QUE-PARFAIT**
je plus	j'ai plu	j'avais plu
tu plus	tu as plu	tu avais plu
il plut	il a plu	il avait plu
nous plûmes	nous avons plu	nous avions plu
vous plûtes	vous avez plu	vous aviez plu
ils plurent	ils ont plu	ils avaient plu
PAST ANTERIOR	**FUTURE PERFECT**	
j'eus plu etc	j'aurai plu etc	

IMPERATIVE	*CONDITIONAL* PRESENT	PAST
plais	je plairais	j'aurais plu
plaisons	tu plairais	tu aurais plu
plaisez	il plairait	il aurait plu
	nous plairions	nous aurions plu
	vous plairiez	vous auriez plu
	ils plairaient	ils auraient plu

SUBJUNCTIVE

PRESENT	IMPERFECT	PERFECT
je plaise	je plusse	j'aie plu
tu plaises	tu plusses	tu aies plu
il plaise	il plût	il ait plu
nous plaisions	nous plussions	nous ayons plu
vous plaisiez	vous plussiez	vous ayez plu
ils plaisent	ils plussent	ils aient plu

INFINITIVE PRESENT	*PARTICIPLE* PRESENT	*NOTE*
plaire	plaisant	cette idée me plait *= I like this idea*
PAST	**PAST**	
avoir plu	plu	

149 PLEUVOIR
to rain

PRESENT	IMPERFECT	FUTURE
il pleut	il pleuvait	il pleuvra
PASSÉ SIMPLE	**PASSÉ COMPOSÉ**	**PLUS-QUE-PARFAIT**
il plut	il a plu	il avait plu
PAST ANTERIOR	**FUTURE PERFECT**	
il eut plu	il aura plu	

IMPERATIVE	*CONDITIONAL*	
	PRESENT	**PAST**
	il pleuvrait	il aurait plu

SUBJUNCTIVE

PRESENT	IMPERFECT	PERFECT
il pleuve	il plût	il ait plu

INFINITIVE	*PARTICIPLE*
PRESENT	**PRESENT**
pleuvoir	pleuvant
PAST	**PAST**
avoir plu	plu

PLONGER
to dive

150

PRESENT	IMPERFECT	FUTURE
je plonge	je plongeais	je plongerai
tu plonges	tu plongeais	tu plongeras
il plonge	il plongeait	il plongera
nous plongeons	nous plongions	nous plongerons
vous plongez	vous plongiez	vous plongerez
ils plongent	ils plongeaient	ils plongeront
PASSÉ SIMPLE	**PASSÉ COMPOSÉ**	**PLUS-QUE-PARFAIT**
je plongeai	j'ai plongé	j'avais plongé
tu plongeas	tu as plongé	tu avais plongé
il plongea	il a plongé	il avait plongé
nous plongeâmes	nous avons plongé	nous avions plongé
vous plongeâtes	vous avez plongé	vous aviez plongé
ils plongèrent	ils ont plongé	ils avaient plongé
PAST ANTERIOR	**FUTURE PERFECT**	
j'eus plongé etc	j'aurai plongé etc	

IMPERATIVE	*CONDITIONAL*	
	PRESENT	**PAST**
plonge	je plongerais	j'aurais plongé
plongeons	tu plongerais	tu aurais plongé
plongez	il plongerait	il aurait plongé
	nous plongerions	nous aurions plongé
	vous plongeriez	vous auriez plongé
	ils plongeraient	ils auraient plongé

SUBJUNCTIVE		
PRESENT	**IMPERFECT**	**PERFECT**
je plonge	je plongeasse	j'aie plongé
tu plonges	tu plongeasses	tu aies plongé
il plonge	il plongeât	il ait plongé
nous plongions	nous plongeassions	nous ayons plongé
vous plongiez	vous plongeassiez	vous ayez plongé
ils plongent	ils plongeassent	ils aient plongé

INFINITIVE	*PARTICIPLE*
PRESENT	**PRESENT**
plonger	plongeant
PAST	**PAST**
avoir plongé	plongé

151 POINDRE

to dawn

PRESENT	IMPERFECT	FUTURE
il point		il poindra
PASSÉ SIMPLE	**PASSÉ COMPOSÉ**	**PLUS-QUE-PARFAIT**
PAST ANTERIOR	**FUTURE PERFECT**	

IMPERATIVE	*CONDITIONAL*	
	PRESENT	**PAST**

SUBJUNCTIVE		
PRESENT	**IMPERFECT**	**PERFECT**

INFINITIVE	*PARTICIPLE*
PRESENT	**PRESENT**
poindre	
PAST	**PAST**

POSSEDER 152

to own

PRESENT	IMPERFECT	FUTURE
je possède	je possédais	je posséderai
tu possèdes	tu possédais	tu posséderas
il possède	il possédait	il possédera
nous possédons	nous possédions	nous posséderons
vous possédez	vous possédiez	vous posséderez
ils possèdent	ils possédaient	ils posséderont
PASSÉ SIMPLE	**PASSÉ COMPOSÉ**	**PLUS-QUE-PARFAIT**
je possédai	j'ai possédé	j'avais possédé
tu possédas	tu as possédé	tu avais possédé
il posséda	il a possédé	il avait possédé
nous possédâmes	nous avons possédé	nous avions possédé
vous possédâtes	vous avez possédé	vous aviez possédé
ils possédèrent	ils ont possédé	ils avaient possédé
PAST ANTERIOR	**FUTURE PERFECT**	
j'eus possédé etc	j'aurai possédé etc	

IMPERATIVE	*CONDITIONAL* PRESENT	PAST
possède	je posséderais	j'aurais possédé
possédons	tu posséderais	tu aurais possédé
possédez	il posséderait	il aurait possédé
	nous posséderions	nous aurions possédé
	vous posséderiez	vous auriez possédé
	ils posséderaient	ils auraient possédé

SUBJUNCTIVE PRESENT	IMPERFECT	PERFECT
je possède	je possédasse	j'aie possédé
tu possèdes	tu possédasses	tu aies possédé
il possède	il possédât	il ait possédé
nous possédions	nous possédassions	nous ayons possédé
vous possédiez	vous possédassiez	vous ayez possédé
ils possèdent	ils possédassent	ils aient possédé

INFINITIVE PRESENT	*PARTICIPLE* PRESENT
posséder	possédant
PAST	**PAST**
avoir possédé	possédé

153 POURVOIR
to provide

PRESENT	IMPERFECT	FUTURE
je pourvois	je pourvoyais	je pourvoirai
tu pourvois	tu pourvoyais	tu pourvoiras
il pourvoit	il pourvoyait	il pourvoira
nous pourvoyons II	nous pourvoyions	nous pourvoirons
vous pourvoyez	vous pourvoyiez	vous pourvoirez
ils pourvoient	ils pourvoyaient	ils pourvoiront
PASSÉ SIMPLE	**PASSÉ COMPOSÉ**	**PLUS-QUE-PARFAIT**
je pourvus	j'ai pourvu	j 'avais pourvu
tu pourvus	tu as pourvu	tu avais pourvu
il pourvut	il a pourvu	il avait pourvu
nous pourvûmes	nous avons pourvu	nous avions pourvu
vous pourvûtes	vous avez pourvu	vous aviez pourvu
ils pourvurent	ils ont pourvu	ils avaient pourvu
PAST ANTERIOR	**FUTURE PERFECT**	
j 'eus pourvu etc	j'aurai pourvu etc	

IMPERATIVE	*CONDITIONAL* PRESENT	PAST
pourvois	je pourvoirais	j'aurais pourvu
pourvoyons	tu pourvoirais	tu aurais pourvu
pourvoyez	il pourvoirait	il aurait pourvu
	nous pourvoirions	nous aurions pourvu
	vous pourvoiriez	vous auriez pourvu
	ils pourvoiraient	ils auraient pourvu

SUBJUNCTIVE PRESENT	IMPERFECT	PERFECT
je pourvoie	je pourvusse	j'aie pourvu
tu pourvoies	tu pourvusses	tu aies pourvu
il pourvoie	il pourvût	il ait pourvu
nous pourvoyions	nous pourvussions	nous ayons pourvu
vous pourvoyiez	vous pourvussiez	vous ayez pourvu
ils pourvoient	ils pourvussent	ils aient pourvu

INFINITIVE PRESENT	*PARTICIPLE* PRESENT
pourvoir	pourvoyant
PAST	**PAST**
avoir pourvu	pourvu

POUSSER 154

to push

PRESENT	IMPERFECT	FUTURE
je pousse	je poussais	je pousserai
tu pousses	tu poussais	tu pousseras
il pousse	il poussait	il poussera
nous poussons	nous poussions	nous pousserons
vous poussez	vous poussiez	vous pousserez
ils poussent	ils poussaient	ils pousseront
PASSÉ SIMPLE	**PASSÉ COMPOSÉ**	**PLUS-QUE-PARFAIT**
je poussai	j'ai poussé	j'avais poussé
tu poussas	tu as poussé	tu avais poussé
il poussa	il a poussé	il avait poussé
nous poussâmes	nous avons poussé	nous avions poussé
vous poussâtes	vous avez poussé	vous aviez poussé
ils poussèrent	ils ont poussé	ils avaient poussé
PAST ANTERIOR	**FUTURE PERFECT**	
j'eus poussé etc	j'aurai poussé etc	

IMPERATIVE	*CONDITIONAL* PRESENT	PAST
pousse	je pousserais	j'aurais poussé
poussons	tu pousserais	tu aurais poussé
poussez	il pousserait	il aurait poussé
	nous pousserions	nous aurions poussé
	vous pousseriez	vous auriez poussé
	ils pousseraient	ils auraient poussé

SUBJUNCTIVE

PRESENT	IMPERFECT	PERFECT
je pousse	je poussasse	j'aie poussé
tu pousses	tu poussasses	tu aies poussé
il pousse	il poussât	il ait poussé
nous poussions	nous poussassions	nous ayons poussé
vous poussiez	vous poussassiez	vous ayez poussé
ils poussent	ils poussassent	ils aient poussé

INFINITIVE PRESENT	*PARTICIPLE* PRESENT
pousser	poussant
PAST	**PAST**
avoir poussé	poussé

155 POUVOIR
to be able to

PRESENT	IMPERFECT	FUTURE
je peux	je pouvais	je pourrai
tu peux	tu pouvais	tu pourras
il peut	il pouvait	il pourra
nous pouvons	nous pouvions	nous pourrons
vous pouvez	vous pouviez	vous pourrez
ils peuvent	ils pouvaient	ils pourront
PASSÉ SIMPLE	**PASSÉ COMPOSÉ**	**PLUS-QUE-PARFAIT**
je pus	j'ai pu	j'avais pu
tu pus	tu as pu	tu avais pu
il put	il a pu	il avait pu
nous pûmes	nous avons pu	nous avions pu
vous pûtes	vous avez pu	vous aviez pu
ils purent	ils ont pu	ils avaient pu
PAST ANTERIOR	**FUTURE PERFECT**	
j'eus pu etc	j'aurai pu etc	

IMPERATIVE	*CONDITIONAL*	
	PRESENT	**PAST**
	je pourrais	j'aurais pu
	tu pourrais	tu aurais pu
	il pourrait	il aurait pu
	nous pourrions	nous aurions pu
	vous pourriez	vous auriez pu
	ils pourraient	ils auraient pu

SUBJUNCTIVE PRESENT	IMPERFECT	PERFECT
je puisse	je pusse	j'aie pu
tu puisses	tu pusses	tu aies pu
il puisse	il pût	il ait pu
nous puissions	nous pussions	nous ayons pu
vous puissiez	vous pussiez	vous ayez pu
ils puissent	ils pussent	ils aient pu

INFINITIVE	*PARTICIPLE*
PRESENT	**PRESENT**
pouvoir	pouvant
PAST	**PAST**
avoir pu	pu

PREFERER 156

to prefer

PRESENT	IMPERFECT	FUTURE
je préfère	je préférais	je préférerai
tu préfères	tu préférais	tu préféreras
il préfère	il préférait	il préférera
nous préférons	nous préférions	nous préférerons
vous préférez	vous préfériez	vous préférerez
ils préfèrent	ils préféraient	ils préféreront
PASSÉ SIMPLE	**PASSÉ COMPOSÉ**	**PLUS-QUE-PARFAIT**
je préférai	j'ai préféré	j'avais préféré
tu préféras	tu as préféré	tu avais préféré
il préféra	il a préféré	il avait préféré
nous préférâmes	nous avons préféré	nous avions préféré
vous préférâtes	vous avez préféré	vous aviez préféré
ils préférèrent	ils ont préféré	ils avaient préféré
PAST ANTERIOR	**FUTURE PERFECT**	
j'eus préféré etc	j'aurai préféré etc	

IMPERATIVE	*CONDITIONAL* PRESENT	PAST
préfère	je préférerais	j'aurais préféré
préférons	tu préférerais	tu aurais préféré
préférez	il préférerait	il aurait préféré
	nous préférerions	nous aurions préféré
	vous préféreriez	vous auriez préféré
	ils préféreraient	ils auraient préféré

SUBJUNCTIVE

PRESENT	IMPERFECT	PERFECT
je préfère	je préférasse	j'aie préféré
tu préfères	tu préférasses	tu aies préféré
il préfère	il préférât	il ait préféré
nous préférions	nous préférassions	nous ayons préféré
vous préfériez	vous préférassiez	vous ayez préféré
ils préfèrent	ils préférassent	ils aient préféré

INFINITIVE PRESENT	*PARTICIPLE* PRESENT
préférer	préférant
PAST	**PAST**
avoir préféré	préféré

157 PRENDRE
to take

PRESENT	IMPERFECT	FUTURE
je prends	je prenais	je prendrai
tu prends	tu prenais	tu prendras
il prend	il prenait	il prendra
nous prenons	nous prenions	nous prendrons
vous prenez	vous preniez	vous prendrez
ils prennent	ils prenaient	ils prendront
PASSÉ SIMPLE	**PASSÉ COMPOSÉ**	**PLUS-QUE-PARFAIT**
je pris	j'ai pris	j'avais pris
tu pris	tu as pris	tu avais pris
il prit	il a pris	il avait pris
nous prîmes	nous avons pris	nous avions pris
vous prîtes	vous avez pris	vous aviez pris
ils prirent	ils ont pris	ils avaient pris
PAST ANTERIOR	**FUTURE PERFECT**	
j'eus pris etc	j'aurai pris etc	

IMPERATIVE	*CONDITIONAL*	
	PRESENT	**PAST**
prends	je prendrais	j'aurais pris
prenons	tu prendrais	tu aurais pris
prenez	il prendrait	il aurait pris
	nous prendrions	nous aurions pris
	vous prendriez	vous auriez pris
	ils prendraient	ils auraient pris

SUBJUNCTIVE		
PRESENT	**IMPERFECT**	**PERFECT**
je prenne	je prisse	j'aie pris
tu prennes	tu prisses	tu aies pris
il prenne	il prît	il ait pris
nous prenions	nous prissions	nous ayons pris
vous preniez	vous prissiez	vous ayez pris
ils prennent	ils prissent	ils aient pris

INFINITIVE	*PARTICIPLE*
PRESENT	**PRESENT**
prendre	prenant
PAST	**PAST**
avoir pris	pris

PREVALOIR
to prevail

158

PRESENT	IMPERFECT	FUTURE
je prévaux	je prévalais	je prévaudrai
tu prévaux	tu prévalais	tu prévaudras
il prévaut	il prévalait	il prévaudra
nous prévalons	nous prévalions	nous prévaudrons
vous prévalez	vous prévaliez	vous prévaudrez
ils prévalent	ils prévalaient	ils prévaudront
PASSÉ SIMPLE	**PASSÉ COMPOSÉ**	**PLUS-QUE-PARFAIT**
je prévalus	j'ai prévalu	j'avais prévalu
tu prévalus	tu as prévalu	tu avais prévalu
il prévalut	il a prévalu	il avait prévalu
nous prévalûmes	nous avons prévalu	nous avions prévalu
vous prévalûtes	vous avez prévalu	vous aviez prévalu
ils prévalurent	ils ont prévalu	ils avaient prévalu
PAST ANTERIOR	**FUTURE PERFECT**	
j'eus prévalu etc	j'aurai prévalu etc	

IMPERATIVE	*CONDITIONAL* PRESENT	PAST
prévaux	je prévaudrais	j'aurais prévalu
prévalons	tu prévaudrais	tu aurais prévalu
prévalez	il prévaudrait	il aurait prévalu
	nous prévaudrions	nous aurions prévalu
	vous prévaudriez	vous auriez prévalu
	ils prévaudraient	ils auraient prévalu

SUBJUNCTIVE PRESENT	IMPERFECT	PERFECT
je prévale	je prévalusse	j'aie prévalu
tu prévales	tu prévalusses	tu aies prévalu
il prévale	il prévalût	il ait prévalu
nous prévalions	nous prévalussions	nous ayons prévalu
vous prévaliez	vous prévalussiez	vous ayez prévalu
ils prévalent	ils prévalussent	ils aient prévalu

INFINITIVE	*PARTICIPLE*
PRESENT	**PRESENT**
prévaloir	prévalant
PAST	**PAST**
avoir prévalu	prévalu

159 PREVENIR
to warn

PRESENT	IMPERFECT	FUTURE
je préviens	je prévenais	je préviendrai
tu préviens	tu prévenais	tu préviendras
il prévient	il prévenait	il préviendra
nous prévenons	nous prévenions	nous préviendrons
vous prévenez	vous préveniez	vous préviendrez
ils préviennent	ils prévenaient	ils préviendront
PASSÉ SIMPLE	**PASSÉ COMPOSÉ**	**PLUS-QUE-PARFAIT**
je prévins	j'ai prévenu	j'avais prévenu
tu prévins	tu as prévenu	tu avais prévenu
il prévint	il a prévenu	il avait prévenu
nous prévînmes	nous avons prévenu	nous avions prévenu
vous prévîntes	vous avez prévenu	vous aviez prévenu
ils prévinrent	ils ont prévenu	ils avaient prévenu
PAST ANTERIOR	**FUTURE PERFECT**	
j'eus prévenu etc	j'aurai prévenu etc	

IMPERATIVE	*CONDITIONAL* PRESENT	PAST
préviens	je préviendrais	j'aurais prévenu
prévenons	tu préviendrais	tu aurais prévenu
prévenez	il préviendrait	il aurait prévenu
	nous préviendrions	nous aurions prévenu
	vous préviendriez	vous auriez prévenu
	ils préviendraient	ils auraient prévenu

SUBJUNCTIVE PRESENT	IMPERFECT	PERFECT
je prévienne	je prévinsse	j'aie prévenu
tu préviennes	tu prévinsses	tu aies prévenu
il prévienne	il prévînt	il ait prévenu
nous prévenions	nous prévinssions	nous ayons prévenu
vous préveniez	vous prévinssiez	vous ayez prévenu
ils préviennent	ils prévinssent	ils aient prévenu

INFINITIVE PRESENT	*PARTICIPLE* PRESENT	*NOTE*
prévenir	prévenant	convenir: *takes auxiliary* être *when it means 'to agree'*
PAST	**PAST**	
avoir prévenu	prévenu	

PREVOIR 160

to foresee

PRESENT	IMPERFECT	FUTURE
je prévois	je prévoyais	je prévoirai
tu prévois	tu prévoyais	tu prévoiras
il prévoit	il prévoyait	il prévoira
nous prévoyons	nous prévoyions	nous prévoirons
vous prévoyez	vous prévoyiez	vous prévoirez
ils prévoient	ils prévoyaient	ils prévoiront

PASSÉ SIMPLE	PASSÉ COMPOSÉ	PLUS-QUE-PARFAIT
je prévis	j'ai prévu	j'avais prévu
tu prévis	tu as prévu	tu avais prévu
il prévit	il a prévu	il avait prévu
nous prévîmes	nous avons prévu	nous avions prévu
vous prévîtes	vous avez prévu	vous aviez prévu
ils prévirent	ils ont prévu	ils avaient prévu

PAST ANTERIOR	FUTURE FERFECT
j'eus prévu etc	j'aurai prévu etc

IMPERATIVE	*CONDITIONAL*	
	PAST	PAST
prévois	je prévoirais	j'aurais prévu
prévoyons	tu prévoirais	tu aurais prévu
prévoyez	il prévoirait	il aurait prévu
	nous prévoirions	nous aurions prévu
	vous prévoiriez	vous auriez prévu
	ils prévoiraient	ils auraient prévu

SUBJUNCTIVE		
PRESENT	IMPERFECT	PERFECT
je prévoie	je prévisse	j'aie prévu
tu prévoies	tu prévisses	tu aies prévu
il prévoie	il prévît	il ait prévu
nous prévoyions	nous prévissions	nous ayons prévu
vous prévoyiez	vous prévissiez	vous ayez prévu
ils prévoient	ils prévissent	ils aient prévu

INFINITIVE	*PARTICIPLE*
PRESENT	PRESENT
prévoir	prévoyant
PAST	PAST
avoir prévu	prévu

161 PROMETTRE
to promise

PRESENT	IMPERFECT	FUTURE
je promets	je promettais	je promettrai
tu promets	tu promettais	tu promettras
il promet	il promettait	il promettra
nous promettons	nous promettions	nous promettrons
vous promettez	vous promettiez	vous promettrez
ils promettent	ils promettaient	ils promettront
PASSÉ SIMPLE	**PASSÉ COMPOSÉ**	**PLUS-QUE-PARFAIT**
je promis	j'ai promis	j'avais promis
tu promis	tu as promis	tu avais promis
il promit	il a promis	il avait promis
nous promîmes	nous avons promis	nous avions promis
vous promîtes	vous avez promis	vous aviez promis
ils promirent	ils ont promis	ils avaient promis
PAST ANTERIOR	**FUTURE PERFECT**	
j'eus promis etc	j'aurai promis etc	

IMPERATIVE	*CONDITIONAL* PRESENT	PAST
promets	je promettrais	j'aurais promis
promettons	tu promettrais	tu aurais promis
promettez	il promettrait	il aurait promis
	nous promettrions	nous aurions promis
	vous promettriez	vous auriez promis
	ils promettraient	ils auraient promis

SUBJUNCTIVE PRESENT	IMPERFECT	PERFECT
je promette	je promisse	j'aie promis
tu promettes	tu promisses	tu aies promis
il promette	il promît	il ait promis
nous promettions	nous promissions	nous ayons promis
vous promettiez	vous promissiez	vous ayez promis
ils promettent	ils promissent	ils aient promis

INFINITIVE PRESENT	*PARTICIPLE* PRESENT
promettre	promettant
PAST	**PAST**
avoir promis	promis

PROMOUVOIR 162
to promote

PRESENT	IMPERFECT	FUTURE

PASSÉ SIMPLE	PASSÉ COMPOSÉ	PLUS-QUE-PARFAIT
	j'ai promu	j'avais promu
	tu as promu	tu avais promu
	il a promu	il avait promu
	nous avons promu	nous avions promu
	vous avez promu	vous aviez promu
	ils ont promu	ils avaient promu

PAST ANTERIOR	FUTURE PERFECT
j'eus promu etc	j'aurai promu etc

IMPERATIVE	*CONDITIONAL* PRESENT	PAST
		j'aurais promu
		tu aurais promu
		il aurait promu
		nous aurions promu
		vous auriez promu
		ils auraient promu

SUBJUNCTIVE PRESENT	IMPERFECT	PERFECT
		j'aie promu
		tu aies promu
		il ait promu
		nous ayons promu
		vous ayez promu
		ils aient promu

INFINITIVE	*PARTICIPLE*
PRESENT	**PRESENT**
promouvoir	promouvant
PAST	**PAST**
avoir promu	promu

163 PROTEGER
to protect

PRESENT	IMPERFECT	FUTURE
je protège	je protégeais	je protégerai
tu protèges	tu protégeais	tu protégeras
il protège	il protégeait	il protégera
nous protégeons	nous protégions	nous protégerons
vous protégez	vous protégiez	vous protégerez
ils protègent	ils protégeaient	ils protégeront

PAST HISTORIC	PERFECT	PLUPERFECT
je protégeai	j'ai protégé	j'avais protégé
tu protégeas	tu as protégé	tu avais protégé
il protégea	il a protégé	il avait protégé
nous protégenâmes	nous avons protégé	nous avions protégé
vous protégeâtes	vous avez protégé	vous aviez protégé
ils protégèrent	ils ont protégé	ils avaient protégé

PAST ANTERIOR	FUTURE PERFECT
j'eus protégé etc	j'aurai protégé etc

IMPERATIVE	*CONDITIONAL* PRESENT	PAST
protège	je protégerais	j'aurais protégé
protégeons	tu protégerais	tu aurais protégé
protégez	il protégerait	il aurait protégé
	nous protégerions	nous aurions protégé
	vous protégeriez	vous auriez protégé
	ils protégeraient	ils auraient protégé

SUBJUNCTIVE

PRESENT	IMPERFECT	PERFECT
je protège	je protégeasse	j'aie protégé
tu protèges	tu protégeasses	tu aies proegé
il protège	il protégeât	il ait protégé
nous protégions	nous protégeassions	nous ayons protégé
vous protégiez	vous protégeassiez	vous ayez protégé
ils protègent	ils protégeassent	ils aient protégé

INFINITIVE PRESENT	*PARTICIPLE* PRESENT
protéger	protégeant
PAST	**PAST**
avoir protégé	protégé

PUER
to stink

164

PRESENT	IMPERFECT	FUTURE
je pue	je puais	je puerai
tu pues	tu puais	tu pueras
il pue	il puait	il puera
nous puons	nous puions	nous puerons
vous puez	vous puiez	vous puerez
ils puent	ils puaient	ils pueront
PASSÉ SIMPLE	**PASSÉ COMPOSÉ**	**PLUS-QUE-PARFAIT**
	j'ai pué	j'avais pué
	tu as pué	tu avais pué
	il a pué	il avait pué
	nous avons pué	nous avions pué
	vous avez pué	vous aviez pué
	ils ont pué	ils avaient pué
PAST ANTERIOR	**FUTURE PERFECT**	
j'eus pué etc	j'aurai pué etc	

IMPERATIVE	*CONDITIONAL* PRESENT	PAST
	je puerais	j'aurais pué
	tu puerais	tu aurais pué
	il puerait	il aurait pué
	nous puerions	nous aurions pué
	vous pueriez	vous auriez pué
	ils pueraient	ils auraient pué

SUBJUNCTIVE

PRESENT	IMPERFECT	PERFECT
je pue		j'aie pué
tu pues		tu aies pué
il pue		il ait pué
nous puions		nous ayons pué
vous puiez		vous ayez pué
ils puent		ils aient pué

INFINITIVE PRESENT	*PARTICIPLE* PRESENT
puer	puant
PAST	**PAST**
avoir pué	pué

165 RAPIECER
to mend

PRESENT	IMPERFECT	FUTURE
je rapièce	je rapiéçais	je rapiécerai
tu rapièces	tu rapiéçais	tu rapiéceras
il rapièce	il rapiéçait	il rapiécera
nous rapiéçons	nous rapiécions	nous rapiécerons
vous rapiécez	vous rapiéciez	vous rapiécerez
ils rapiècent	ils rapiéçaient	ils rapiéceront
PASSÉ SIMPLE	**PASSÉ COMPOSÉ**	**PLUS-QUE-PARFAIT**
je rapiéçai	j'ai rapiécé	j'avais rapiécé
tu rapiéças	tu as rapiécé	tu avais rapiécé
il rapiéça	il a rapiécé	il avait rapiécé
nous rapiéçâmes	nous avons rapiécé	nous avions rapiécé
vous rapiéçâtes	vous avez rapiécé	vous aviez rapiécé
ils rapiécèrent	ils ont rapiécé	ils avaient rapiécé
PAST ANTERIOR	**FUTURE PERFECT**	
j'eus rapiécé etc	j'aurai rapiécé etc	

IMPERATIVE	*CONDITIONAL* PRESENT	PAST
rapièce	je rapiécerais	j'aurais rapiécé
rapiéçons	tu rapiécerais	tu aurais rapiécé
rapiécez	il rapiécerait	il aurait rapiécé
	nous rapiécerions	nous aurions rapiécé
	vous rapiéceriez	vous auriez rapiécé
	ils rapiéceraient	ils auraient rapiécé

SUBJUNCTIVE

PRESENT	IMPERFECT	PERFECT
je rapièce	je rapiéçasse	j'aie rapiécé
tu rapièces	tu rapiéçasses	tu aies rapiécé
il rapièce	il rapiéçât	il ait rapiécé
nous rapiécions	nous rapiéçassions	nous ayons rapiécé
vous rapiéciez	vous rapiéçassiez	vous ayez rapiécé
ils rapiècent	ils rapiéçassent	ils aient rapiécé

INFINITIVE PRESENT	*PARTICIPLE* PRESENT
rapiécer	rapiéçant
PAST	**PAST**
avoir rapiécé	rapiécé

RECEVOIR 166
to receive

PRESENT	IMPERFECT	FUTURE
je reçois	je recevais	je recevrai
tu reçois	tu recevais	tu recevras
il reçoit	il recevait	il recevra
nous recevons	nous recevions	nous recevrons
vous recevez	vous receviez	vous recevrez
ils reçoivent	ils recevaient	ils recevront
PASSÉ SIMPLE	**PASSÉ COMPOSÉ**	**PLUS-QUE-PARFAIT**
je reçus	j'ai reçu	j'avais reçu
tu reçus	tu as reçu	tu avais reçu
il reçut	il a reçu	il avait reçu
nous reçûmes	nous avons reçu	nous avions reçu
vous reçûtes	vous avez reçu	vous aviez reçu
ils reçurent	ils ont reçu	ils avaient reçu
PAST ANTERIOR	**FUTURE PERFECT**	
j'eus reçu etc	j'aurai reçu etc	

IMPERATIVE	*CONDITIONAL* PRESENT	PAST
reçois	je recevrais	j'aurais reçu
recevons	tu recevrais	tu aurais reçu
recevez	il recevrait	il aurait reçu
	nous recevrions	nous aurions reçu
	vous recevriez	vous auriez reçu
	ils recevraient	ils auraient reçu

SUBJUNCTIVE PRESENT	IMPERFECT	PERFECT
je reçoive	je reçusse	j'aie reçu
tu reçoives	tu reçusses	tu aies reçu
il reçoive	il reçût	il ait reçu
nous recevions	nous reçussions	nous ayons reçu
vous receviez	vous reçussiez	vous ayez reçu
ils reçoivent	ils reçussent	ils aient reçu

INFINITIVE PRESENT	*PARTICIPLE* PRESENT
recevoir	recevant
PAST	**PAST**
avoir reçu	reçu

167 REFRENER
to repress

PRESENT	IMPERFECT	FUTURE
je réfrène	je réfrénais	je réfrénerai
tu réfrènes	tu réfrénais	tu réfréneras
il réfrène	il réfrénait	il réfrénera
nous réfrénons	nous réfrénions	nous réfrénerons
vous réfrénez	vous réfréniez	vous réfrénerez
ils réfrènent	ils réfrénaient	ils réfréneront
PASSÉ SIMPLE	**PASSÉ COMPOSÉ**	**PLUS-QUE-PARFAIT**
je réfrénai	j'ai réfréné	j'avais réfréné
tu réfrénas	tu as réfréné	tu avais réfréné
il réfréna	il a réfréné	il avait réfréné
nous réfrénâmes	nous avons réfréné	nous avions réfréné
vous réfrénâtes	vous avez réfréné	vous aviez réfréné
ils réfrénèrent	ils ont réfréné	ils avaient réfréné
PAST ANTERIOR	**FUTURE PERFECT**	
j'eus réfréné etc	j'aurai réfréné etc	

IMPERATIVE	*CONDITIONAL*	
	PRESENT	**PAST**
réfrène	je réfrénerais	j'aurais réfréné
réfrénons	tu réfrénerais	tu aurais réfréné
réfrénez	il réfrénerait	il aurait réfréné
	nous réfrénerions	nous aurions réfréné
	vous réfréneriez	vous auriez réfréné
	ils réfréneraient	ils auraient réfréné

SUBJUNCTIVE		
PRESENT	**IMPERFECT**	**PERFECT**
je réfrène	je réfrénasse	j'aie réfréné
tu réfrènes	tu réfrénasses	tu aies réfréné
il réfrène	il réfrénât	il ait réfréné
nous réfrénions	nous réfrénassions	nous ayons réfréné
vous réfréniez	vous réfrénassiez	vous ayez réfréné
ils réfrènent	ils réfrénassent	ils aient réfréné

INFINITIVE	*PARTICIPLE*
PRESENT	**PRESENT**
réfréner	réfrénant
PAST	**PAST**
avoir réfréné	réfréné

REGLER
to adjust, to settle

168

PRESENT	IMPERFECT	FUTURE
je règle	je réglais	je réglerai
tu règles	tu réglais	tu régleras
il règle	il réglait	il réglera
nous réglons	nous réglions	nous réglerons
vous réglez	vous régliez	vous réglerez
ils règlent	ils réglaient	ils régleront
PASSÉ SIMPLE	**PASSÉ COMPOSÉ**	**PLUS-QUE-PARFAIT**
je réglai	j'ai réglé	j'avais réglé
tu réglas	tu as réglé	tu avais réglé
il régla	il a réglé	il avait réglé
nous réglâmes	nous avons réglé	nous avions réglé
vous réglâtes	vous avez réglé	vous aviez réglé
ils réglèrent	ils ont réglé	ils avaient réglé
PAST ANTERIOR	**FUTURE PERFECT**	
j'eus réglé etc	j'aurai réglé etc	

IMPERATIVE	*CONDITIONAL*	
	PRESENT	**PAST**
régle	je réglerais	j'aurais réglé
réglons	tu réglerais	tu aurais réglé
réglez	il réglerait	il aurait réglé
	nous réglerions	nous aurions réglé
	vous régleriez	vous auriez réglé
	ils régleraient	ils auraient réglé

SUBJUNCTIVE		
PRESENT	**IMPERFECT**	**PERFECT**
je règle	je réglasse	j'aie réglé
tu règles	tu réglasses	tu aies réglé
il règle	il réglât	il ait réglé
nous réglions	nous réglassions	nous ayons réglé
vous régliez	vous réglassiez	vous ayez réglé
ils règlent	ils réglassent	ils aient réglé

INFINITIVE	*PARTICIPLE*
PRESENT	**PRESENT**
régler	réglant
PAST	**PAST**
avoir réglé	réglé

169 REGNER
to reign

PRESENT	IMPERFECT	FUTURE
je règne	je régnais	je régnerai
tu règnes	tu régnais	tu régneras
il règne	il régnait	il régnera
nous régnons	nous régnions	nous régnerons
vous régnez	vous régniez	vous régnerez
ils règnent	ils régnaient	ils régneront
PASSÉ SIMPLE	**PASSÉ COMPOSÉ**	**PLUS-QUE-PARFAIT**
je régnai	j'ai régné	j'avais régné
tu régnas	tu as régné	tu avais régné
il régna	il a régné	il avait régné
nous régnâmes	nous avons régné	nous avions régné
vous régnâtes	vous avez régné	vous aviez régné
ils régnèrent	ils ont régné	ils avaient régné
PAST ANTERIOR	**FUTURE PERFECT**	
j'eus régné etc	j'aurai régné etc	

IMPERATIVE	*CONDITIONAL* PRESENT	PAST
règne	je régnerais	j'aurais régné
régnons	tu régnerais	tu aurais régné
régnez	il régnerait	il aurait régné
	nous régnerions	nous aurions régné
	vous régneriez	vous auriez régné
	ils régneraient	ils auraient régné

SUBJUNCTIVE PRESENT	IMPERFECT	PERFECT
je règne	je régnasse	j'aie régné
tu règnes	tu régnasses	tu aies régné
il règne	il régnât	il ait régné
nous régnions	nous régnassions	nous ayons régné
vous régniez	vous régnassiez	vous ayez régné
ils règnent	ils régnassent	ils aient régné

INFINITIVE PRESENT	*PARTICIPLE* PRESENT
régner	régnant
PAST	**PAST**
avoir régné	régné

RENAITRE 170

to be revived

PRESENT	IMPERFECT	FUTURE
je renais	je renaissais	je renaîtrai
tu renais	tu renaissais	tu renaîtras
il renaît	il renaissait	il renaîtra
nous renaissons	nous renaissions	nous renaîtrons
vous renaissez	vous renaissiez	vous renaîtrez
ils renaissent	ils renaissaient	ils renaîtront

PASSÉ SIMPLE	PASSÉ COMPOSÉ	PLUS-QUE-PARFAIT
je renaquis		
tu renaquis		
il renaquit		
nous renaquîmes		
vous renaquîtes		
ils renaquirent		

PAST ANTERIOR	FUTURE PERFECT

IMPERATIVE	*CONDITIONAL* PRESENT	PAST
renais	je renaîtrais	
renaissons	tu renaîtrais	
renaissez	il renaîtrait	
	nous renaîtrions	
	vous renaîtriez	
	ils renaîtraient	

SUBJUNCTIVE

PRESENT	IMPERFECT	PERFECT
je renaisse	je renaquisse	
tu renaisses	tu renaquisses	
il renaisse	il renaquît	
nous renaissions	nous renaquissions	
vous renaissiez	vous renaquissiez	
ils renaissent	ils renaquissent	

INFINITIVE PRESENT	*PARTICIPLE* PRESENT
renaître	renaissant
PAST	**PAST**

171 RENDRE
to give back

PRESENT	IMPERFECT	FUTURE
je rends	je rendais	je rendrai
tu rends	tu rendais	tu rendras
il rend	il rendait	il rendra
nous rendons	nous rendions	nous rendrons
vous rendez	vous rendiez	vous rendrez
ils rendent	ils rendaient	ils rendront
PASSÉ SIMPLE	**PASSÉ COMPOSÉ**	**PLUS-QUE-PARFAIT**
je rendis	j'ai rendu	j'avais rendu
tu rendis	tu as rendu	tu avais rendu
il rendit	il a rendu	il avait rendu
nous rendîmes	nous avons rendu	nous avions rendu
vous rendîtes	vous avez rendu	vous aviez rendu
ils rendirent	ils ont rendu	ils avaient rendu
PAST ANTERIOR	**FUTURE PERFECT**	
j'eus rendu etc	j'aurai rendu etc	

IMPERATIVE	*CONDITIONAL*	
	PRESENT	**PAST**
rends	je rendrais	j'aurais rendu
rendons	tu rendrais	tu aurais rendu
rendez	il rendrait	il aurait rendu
	nous rendrions	nous aurions rendu
	vous rendriez	vous auriez rendu
	ils rendraient	ils auraient rendu

SUBJUNCTIVE

PRESENT	IMPERFECT	PERFECT
je rende	je rendisse	j'aie rendu
tu rendes	tu rendisses	tu aies rendu
il rende	il rendît	il ait rendu
nous rendions	nous rendissions	nous ayons rendu
vous rendiez	vous rendissiez	vous ayez rendu
ils rendent	ils rendissent	ils aient rendu

INFINITIVE	*PARTICIPLE*
PRESENT	**PRESENT**
rendre	rendant
PAST	**PAST**
avoir rendu	rendu

RENTRER
to go home, to go in

172

PRESENT	IMPERFECT	FUTURE
je rentre	je rentrais	je rentrerai
tu rentres	tu rentrais	tu rentreras
il rentre	il rentrait	il rentrera
nous rentrons	nous rentrions	nous rentrerons
vous rentrez	vous rentriez	vous rentrerez
ils rentrent	ils rentraient	ils rentreront
PASSÉ SIMPLE	**PASSÉ COMPOSÉ**	**PLUS-QUE-PARFAIT**
je rentrai	je suis rentré	j'étais rentré
tu rentras	tu es rentré	tu étais rentré
il rentra	il est rentré	il était rentré
nous rentrâmes	nous sommes rentrés	nous étions rentrés
vous rentrâtes	vous êtes rentré(s)	vous étiez rentré(s)
ils rentrèrent	ils sont rentrés	ils étaient rentrés
PAST ANTERIOR	**FUTURE PERFECT**	
je fus rentré etc	je serai rentré etc	

IMPERATIVE	*CONDITIONAL* PRESENT	PAST
rentre	je rentrerais	je serais rentré
rentrons	tu rentrerais	tu serais rentré
rentrez	il rentrerait	il serait rentré
	nous rentrerions	nous serions rentrés
	vous rentreriez	vous seriez rentré(s)
	ils rentreraient	ils seraient rentrés

SUBJUNCTIVE PRESENT	IMPERFECT	PERFECT
je rentre	je rentrasse	je sois rentré
tu rentres	tu rentrasses	tu sois rentré
il rentre	il rentrât	il soit rentré
nous rentrions	nous rentrassions	nous soyons rentrés
vous rentriez	vous rentrassiez	vous soyez rentré(s)
ils rentrent	ils rentrassent	ils soient rentrés

INFINITIVE PRESENT	*PARTICIPLE* PRESENT	*NOTE*
rentrer	rentrant	*auxiliary* avoir *when transitive*
PAST	**PAST**	
être rentré	rentré	

173 REPANDRE
to spread

PRESENT	IMPERFECT	FUTURE
je répands	je répandais	je répandrai
tu répands	tu répandais	tu répandras
il répand	il répandait	il répandra
nous répandons	nous répandions	nous répandrons
vous répandez	vous répandiez	vous répandrez
ils répandent	ils répandaient	ils répandront
PASSÉ SIMPLE	**PASSÉ COMPOSÉ**	**PLUS-QUE-PARFAIT**
je répandis	j'ai répandu	j'avais répandu
tu répandis	tu as répandu	tu avais répandu
il répandit	il a répandu	il avait répandu
nous répandîmes	nous avons répandu	nous avions répandu
vous répandîtes	vous avez répandu	vous aviez répandu
ils répandirent	ils ont répandu	ils avaient répandu
PAST ANTERIOR	**FUTURE PERFECT**	
j'eus répandu etc	j'aurai répandu etc	

IMPERATIVE	*CONDITIONAL* PRESENT	PAST
répands	je répandrais	j'aurais répandu
répandons	tu répandrais	tu aurais répandu
répandez	il répandrait	il aurait répandu
	nous répandrions	nous aurions répandu
	vous répandriez	vous auriez répandu
	ils répandraient	ils auraient répandu

SUBJUNCTIVE

PRESENT	IMPERFECT	PERFECT
je répande	je répandisse	j'aie répandu
tu répandes	tu répandisses	tu aies répandu
il répande	il répandît	il ait répandu
nous répandions	nous répandissions	nous ayons répandu
vous répandiez	vous répandissiez	vous ayez répandu
ils répandent	ils répandissent	ils aient répandu

INFINITIVE PRESENT	*PARTICIPLE* PRESENT
répandre	répandant
PAST	**PAST**
avoir répandu	répandu

REPONDRE
to answer
174

PRESENT	IMPERFECT	FUTURE
je réponds	je répondais	je répondrai
tu réponds	tu répondais	tu répondras
il répond	il répondait	il répondra
nous répondons	nous répondions	nous répondrons
vous répondez	vous répondiez	vous répondrez
ils répondent	ils répondaient	ils répondront
PASSÉ SIMPLE	**PASSÉ COMPOSÉ**	**PLUS-QUE-PARFAIT**
je répondis	j'ai répondu	j'avais répondu
tu répondis	tu as répondu	tu avais répondu
il répondit	il a répondu	il avait répondu
nous répondîmes	nous avons répondu	nous avions répondu
vous répondîtes	vous avez répondu	vous aviez répondu
ils répondirent	ils ont répondu	ils avaient répondu
PAST ANTERIOR	**FUTURE PERFECT**	
j'eus répondu etc	j'aurai répondu etc	

IMPERATIVE	*CONDITIONAL* PRESENT	PAST
réponds	je répondrais	j'aurais répondu
répondons	tu répondrais	tu aurais répondu
répondez	il répondrait	il aurait répondu
	nous répondrions	nous aurions répondu
	vous répondriez	vous auriez répondu
	ils répondraient	ils auraient répondu

SUBJUNCTIVE PRESENT	IMPERFECT	PERFECT
je réponde	je répondisse	j'aie répondu
tu répondes	tu répondisses	tu aies répondu
il réponde	il répondit	il ait répondu
nous répondions	nous répondissions	nous ayons répondu
vous répondiez	vous répondissiez	vous ayez répondu
ils répondent	ils répondissent	ils aient répondu

INFINITIVE PRESENT	*PARTICIPLE* PRESENT
répondre	répondant
PAST	**PAST**
avoir répondu	répondu

175 RESOUDRE
to solve

PRESENT	IMPERFECT	FUTURE
je résous	je résolvais	je résoudrai
tu résous	tu résolvais	tu résoudras
il résout	il résolvait	il résoudra
nous résolvons	nous résolvions	nous résoudrons
vous résolvez	vous résolviez	vous résoudrez
ils résolvent	ils résolvaient	ils résoudront
PASSÉ SIMPLE	**PASSÉ COMPOSÉ**	**PLUS-QUE-PARFAIT**
je résolus	j'ai résolu	j'avais résolu
tu résolus	tu as résolu	tu avais résolu
il résolut	il a résolu	il avait résolu
nous résolûmes	nous avons résolu	nous avions résolu
vous résolûtes	vous avez résolu	vous aviez résolu
ils résolurent	ils ont résolu	ils avaient résolu
PAST ANTERIOR	**FUTURE PERFECT**	
j'eus résolu etc	j'aurai résolu etc	

IMPERATIVE	*CONDITIONAL* PRESENT	PAST
résous	je résoudrais	j'aurais résolu
résolvons	tu résoudrais	tu aurais résolu
résolvez	il résoudrait	il aurait résolu
	nous résoudrions	nous aurions résolu
	vous résoudriez	vous auriez résolu
	ils résoudraient	ils auraient résolu

SUBJUNCTIVE

PRESENT	IMPERFECT	PERFECT
je résolve	je résolusse	j'aie résolu
tu résolves	tu résolusses	tu aies résolu
il résolve	il résolût	il ait résolu
nous résolvions	nous résolussions	nous ayons résolu
vous résolviez	vous résolussiez	vous ayez résolu
ils résolvent	ils résolussent	ils aient résolu

INFINITIVE PRESENT	*PARTICIPLE* PRESENT
résoudre	résolvant
PAST	**PAST**
avoir résolu	résolu

RESTER
to stay

176

PRESENT	IMPERFECT	FUTURE
je reste	je restais	je resterai
tu restes	tu restais	tu resteras
il reste	il restait	il restera
nous restons	nous restions	nous resterons
vous restez	vous restiez	vous resterez
ils restent	ils restaient	ils resteront
PASSÉ SIMPLE	**PASSÉ COMPOSÉ**	**PLUS-QUE-PARFAIT**
je restai	je suis resté	j'étais resté
tu restas	tu es resté	tu étais resté
il resta	il est resté	il était resté
nous restâmes	nous sommes restés	nous étions restés
vous restâtes	vous étes resté(s)	vous étiez resté(s)
ils restèrent	ils sont restés	ils étaient restés
PAST ANTERIOR	**FUTURE PERFECT**	
je fus resté etc	je serai resté etc	

IMPERATIVE	*CONDITIONAL"*	
	PRESENT	**PAST**
reste	je resterais	je serais resté
restons	tu resterais	tu serais resté
restez	il resterait	il serait resté
	nous resterions	nous serions restés
	vous resteriez	vous seriez resté(s)
	ils resteraient	ils seraient restés

SUBJUNCTIVE

PRESENT	IMPERFECT	PERFECT
je reste	je restasse	je sois resté
tu restes	tu restasses	tu sois resté
il reste	il restât	il soit resté
nous restions	nous restassions	nous soyons restés
vous restiez	vous restassiez	vous soyez resté(s)
ils restent	ils restassent	ils soient restés

INFINITIVE	*PARTICIPLE*
PRESENT	**PRESENT**
rester	restant
PAST	**PAST**
être resté	resté

177 RETOURNER
to return

PRESENT	IMPERFECT	FUTURE
je retourne	je retournais	je retournerai
tu retournes	tu retournais	tu retourneras
il retourne	il retournait	il retournera
nous retournons	nous retournions	nous retournerons
vous retournez	vous retourniez	vous retournerez
ils retournent	ils retournaient	ils retourneront
PASSÉ SIMPLE	**PASSÉ COMPOSÉ**	**PLUS-QUE-PARFAIT**
je retournai	je suis retourné	j'étais retourné
tu retournas	tu es retourné	tu étais retourné
il retourna	il est retourné	il était retourné
nous retournâmes	nous sommes retournés	nous étions retournés
vous retournâtes	vous êtes retourné(s)	vous étiez retourné(s)
ils retournèrent	ils sont retournés	ils étaient retournés
PAST ANTERIOR	**FUTURE PERFECT**	
je fus retourné etc	je serai retourné etc	

IMPERATIVE	*CONDITIONAL* PRESENT	PAST
retourne	je retournerais	je serais retourné
retournons	tu retournerais	tu serais retourné
retournez	il retournerait	il serait retourné
	nous retournerions	nous serions retournés
	vous retourneriez	vous seriez retourné(s)
	ils retourneraient	ils seraient retournés

SUBJUNCTIVE PRESENT	IMPERFECT	PERFECT
je retourne	je retournasse	je sois retourné
tu retournes	tu retournasses	tu sois retourné
il retourne	il retournât	il soit retourné
nous retournions	nous retournassions	nous soyons retournés
vous retourniez	vous retournassiez	vous soyez retourné(s)
ils retournent	ils retournassent	ils soient retournés

INFINITIVE PRESENT	*PARTICIPLE* PRESENT	*NOTE*
retourner	retournant	*auxiliary avoir when transitive*
PAST	**PAST**	
étre retourné	retourné	

REVELER
to reveal

178

PRESENT	IMPERFECT	FUTURE
je révèle	je révélais	je révélerai
tu révèles	tu révélais	tu révéleras
il révèle	il révélait	il révélera
nous révélons	nous révélions	nous révélerons
vous révélez	vous révéliez	vous révélerez
ils révèlent	ils révélaient	ils révéleront

PASSÉ SIMPLE	PASSÉ COMPOSÉ	PLUS-QUE-PARFAIT
je révélai	j'ai révélé	j'avais révélé
tu révélas	tu as révélé	tu avais révélé
il révéla	il a révélé	il avait révélé
nous révélâmes	nous avons révélé	nous avions révélé
vous révélâtes	vous avez révélé	vous aviez révélé
ils révélèrent	ils ont révélé	ils avaient révélé

PAST ANTERIOR	FUTURE PERFECT
j'eus révélé etc	j'aurai révélé etc

IMPERATIVE	*CONDITIONAL* PRESENT	PAST
révèle	je révélerais	j'aurais révélé
révélons	tu révélerais	tu aurais révélé
révélez	il révélerait	il aurait révélé
	nous révélerions	nous aurions révélé
	vous révéleriez	vous auriez révélé
	ils révéleraient	ils auraient révélé

SUBJUNCTIVE

PRESENT	IMPERFECT	PERFECT
je révèle	je révélasse	j'aie révélé
tu révèles	tu révélasses	tu aies révélé
il révèle	il révélât	il ait révélé
nous révélions	nous révélassions	nous ayons révélé
vous révéliez	vous révélassiez	vous ayez révélé
ils révèlent	ils révélassent	ils aient révélé

INFINITIVE PRESENT	*PARTICIPLE* PRESENT
révéler	révélant
PAST	**PAST**
avoir révélé	révélé

179 REVENIR
to come back

PRESENT	IMPERFECT	FUTURE
je reviens	je revenais	je reviendrai
tu reviens	tu revenais	tu reviendras
il revient	il revenait	il reviendra
nous revenons	nous revenions	nous reviendrons
vous revenez	vous reveniez	vous reviendrez
ils reviennent	ils revenaient	ils reviendront
PASSÉ SIMPLE	**PASSÉ COMPOSÉ**	**PLUS-QUE-PARFAIT**
je revins	je suis revenu	j'étais revenu
tu revins	tu es revenu	tu étais revenu
il revint	il est revenu	il était revenu
nous revînmes	nous sommes revenus	nous étions revenus
vous revîntes	vous êtes revenu(s)	vous étiez revenu(s)
ils revinrent	ils sont revenus	ils étaient revenus
PAST ANTERIOR	**FUTURE PERFECT**	
je fus revenu etc	je serai revenu etc	

IMPERATIVE	*CONDITIONAL* PRESENT	PAST
reviens	je reviendrais	je serais revenu
revenons	tu reviendrais	tu serais revenu
revenez	il reviendrait	il serait revenu
	nous reviendrions	nous serions revenus
	vous reviendriez	vous seriez revenu(s)
	ils reviendraient	ils seraient revenus

SUBJUNCTIVE

PRESENT	IMPERFECT	PERFECT
je revienne	je revinsse	je sois revenu
tu reviennes	tu revinsses	tu sois revenu
il revienne	il revînt	il soit revenu
nous revenions	nous revinssions	nous soyons revenus
vous reveniez	vous revinssiez	vous soyez revenu(s)
ils reviennent	ils revinssent	ils soient revenus

INFINITIVE PRESENT	*PARTICIPLE* PRESENT
revenir	revenant
PAST	**PAST**
être revenu	revenu

RIRE
to laugh

180

PRESENT	IMPERFECT	FUTURE
je ris	je riais	je rirai
tu ris	tu riais	tu riras
il rit	il riait	il rira
nous rions	nous riions	nous rirons
vous riez	vous riiez	vous rirez
ils rient	ils riaient	ils riront
PASSÉ SIMPLE	**PASSÉ COMPOSÉ**	**PLUS-QUE-PARFAIT**
je ris	j'ai ri	j'avais ri
tu ris	tu as ri	tu avais ri
il rit	il a ri	il avait ri
nous rîmes	nous avons ri	nous avions ri
vous rîtes	vous avez ri	vous aviez ri
ils rirent	ils ont ri	ils avaient ri
PAST ANTERIOR	**FUTURE PERFECT**	
j'eus ri etc	j'aurai ri etc	

IMPERATIVE	*CONDITIONAL* PRESENT	PAST
ris	je rirais	j'aurais ri
rions	tu rirais	tu aurais ri
riez	il rirait	il aurait ri
	nous ririons	nous aurions ri
	vous ririez	vous auriez ri
	ils riraient	ils auraient ri

SUBJUNCTIVE

PRESENT	IMPERFECT	PERFECT
je rie	je risse	j'aie ri
tu ries	tu risses	tu aies ri
il rie	il rît	il ait ri
nous riions	nous rissions	nous ayons ri
vous riiez	vous rissiez	vous ayez ri
ils rient	ils rissent	ils aient ri

INFINITIVE PRESENT	*PARTICIPLE* PRESENT
rire	riant
PAST	**PAST**
avoir ri	ri

181 ROMPRE
to break

PRESENT	IMPERFECT	FUTURE
je romps	je rompais	je romprai
tu romps	tu rompais	tu rompras
il rompt	il rompait	il rompra
nous rompons	nous rompions	nous romprons
vous rompez	vous rompiez	vous romprez
ils rompent	ils rompaient	ils rompront
PASSÉ SIMPLE	**PASSÉ COMPOSÉ**	**PLUS-QUE-PARFAIT**
je rompis	j'ai rompu	j'avais rompu
tu rompis	tu as rompu	tu avais rompu
il rompit	il a rompu	il avait rompu
nous rompîmes	nous avons rompu	nous avions rompu
vous rompîtes	vous avez rompu	vous aviez rompu
ils rompirent	ils ont rompu	ils avaient rompu
PAST ANTERIOR	**FUTURE PERFECT**	
j'eus rompu etc	j'aurai rompu etc	

IMPERATIVE	*CONDITIONAL*	
	PRESENT	**PAST**
romps	je romprais	j'aurais rompu
rompons	tu romprais	tu aurais rompu
rompez	il romprait	il aurait rompu
	nous romprions	nous aurions rompu
	vous rompriez	vous auriez rompu
	ils rompraient	ils auraient rompu

SUBJUNCTIVE		
PRESENT	**IMPERFECT**	**PERFECT**
je rompe	je rompisse	j'aie rompu
tu rompes	tu rompisses	tu aies rompu
il rompe	il rompît	il ait rompu
nous rompions	nous rompissions	nous ayons rompu
vous rompiez	vous rompissiez	vous ayez rompu
ils rompent	ils rompissent	ils aient rompu

INFINITIVE	*PARTICIPLE*
PRESENT	**PRESENT**
rompre	rompant
PAST	**PAST**
avoir rompu	rompu

SAILLIR 182

to stick out

PRESENT	IMPERFECT	FUTURE
il saille	il saillait	il saillera
ils saillent	ils saillaient	ils sailleront

PASSÉ SIMPLE	PASSÉ COMPOSÉ	PLUS-QUE-PARFAIT
il saillit	il a sailli	il avait sailli
ils saillirent	ils ont sailli	ils avaient sailli

PAST ANTERIOR	FUTURE PERFECT
il eut sailli etc	il aura sailli etc

IMPERATIVE	*CONDITIONAL*	
	PRESENT	**PAST**
	il saillerait	il aurait sailli
	ils sailleraient	ils auraient sailli

SUBJUNCTIVE		
PRESENT	**IMPERFECT**	**PERFECT**
il saille	il saillît	il ait sailli
ils saillent	ils saillissent	ils aient sailli

INFINITIVE	*PARTICIPLE*
PRESENT	**PRESENT**
saillir	saiilant
PAST	**PAST**
avoir sailli	sailli

183 SAVOIR
to know

PRESENT	IMPERFECT	FUTURE
je sais	je savais	je saurai
tu sais	tu savais	tu sauras
il sait	il savait	il saura
nous savons	nous savions	nous saurons
vous savez	vous saviez	vous saurez
ils savent	ils savaient	ils sauront
PASSÉ SIMPLE	**PASSÉ COMPOSÉ**	**PLUS-QUE-PARFAIT**
je sus	j'ai su	j'avais su
tu sus	tu as su	tu avais su
il sut	il a su	il avait su
nous sûmes	nous avons su	nous avions su
vous sûtes	vous avez su	vous aviez su
ils surent	ils ont su	ils avaient su
PAST ANTERIOR	**FUTURE PERFECT**	
j'eus su etc	j'aurai su etc	

IMPERATIVE	*CONDITIONAL*	
	PRESENT	**PAST**
sache	je saurais	j'aurais su
sachons	tu saurais	tu aurais su
sachez	il saurait	il aurait su
	nous saurions	nous aurions su
	vous sauriez	vous auriez su
	ils sauraient	ils auraient su

SUBJUNCTIVE		
PRESENT	**IMPERFECT**	**PERFECT**
je sache	je susse	j'aie su
tu saches	tu susses	tu aies su
il sache	il sût	il ait su
nous sachions	nous sussions	nous ayons su
vous sachiez	vous sussiez	vous ayez su
ils sachent	ils sussent	ils aient su

INFINITIVE	*PARTICIPLE*
PRESENT	**PRESENT**
savoir	sachant
PAST	**PAST**
avoir su	su

SECHER 184
to dry

PRESENT	IMPERFECT	FUTURE
je sèche	je séchais	je sécherai
tu sèches	tu séchais	tu sécheras
il sèche	il séchait	il séchera
nous séchons	nous séchions	nous sécherons
vous séchez	vous séchiez	vous sécherez
ils sèchent	ils séchaient	ils sécheront

PASSÉ SIMPLE	PASSÉ COMPOSÉ	PLUS-QUE-PARFAIT
je séchai	j'ai séché	j'avais séché
tu séchas	tu as séché	tu avais séché
il sécha	il a séché	il avait séché
nous séchâmes	nous avons séchénous	nous avions séché
vous séchâtes	vous avez séché	vous aviez séché
ils séchèrent	ils ont séché	ils avaient séché

PAST ANTERIOR	FUTURE PERFECT
j'eus séché etc	j'aurai séché etc

IMPERATIVE	*CONDITIONAL* PRESENT	PAST
sèche	je sécherais	j'aurais séché
séchons	tu sécherais	tu aurais séché
séchez	il sécherait	il aurait séché
	nous sécherions	nous aurions séché
	vous sécheriez	vous auriez séché
	ils sécheraient	ils auraient séché

SUBJUNCTIVE

PRESENT	IMPERFECT	PERFECT
je sèche	je séchasse	j'aie séché
tu sèches	tu séchasses	tu aies séché
il sèche	il séchât	il ait séché
nous séchions	nous séchassions	nous ayons séché
vous séchiez	vous séchassiez	vous ayez séché
ils sèchent	ils séchassent	ils aient séché

INFINITIVE	*PARTICIPLE*
PRESENT	PRESENT
sécher	séchant
PAST	PAST
avoir séché	séché

185 SEMER
to sow

PRESENT	IMPERFECT	FUTURE
je sème	je semais	je sèmerai
tu sèmes	tu semais	tu sèmeras
il sème	il semait	il sèmera
nous semons	nous semions	nous sèmerons
vous semez	vous semiez	vous sèmerez
ils sèment	ils semaient	ils sèmeront
PASSÉ SIMPLE	**PASSÉ COMPOSÉ**	**PLUS-QUE-PARFAIT**
je semai	j'ai semé	j'avais semé
tu semas	tu as semé	tu avais semé
il sema	il a semé	il avait semé
nous semâmes	nous avons semé	nous avions semé
vous semâtes	vous avez semé	vous aviez semé
ils semèrent	ils ont semé	ils avaient semé
PAST ANTERIOR	**FUTURE PERFECT**	
j'eus semé etc	j'aurai semé etc	

IMPERATIVE	*CONDITIONAL* PRESENT	PAST
sème	je sèmerais	j'aurais semé
semons	tu sèmerais	tu aurais semé
semez	il sèmerait	il aurait semé
	nous sèmerions	nous aurions semé
	vous sèmeriez	vous auriez semé
	ils sèmeraient	ils auraient semé

SUBJUNCTIVE

PRESENT	IMPERFECT	PERFECT
je sème	je semasse	j'aie semé
tu sèmes	tu semasses	tu aies semé
il sème	il semât	il ait semé
nous semions	nous semassions	nous ayons semé
vous semiez	vous semassiez	vous ayez semé
ils sèment	ils semassent	ils aient semé

INFINITIVE	*PARTICIPLE*
PRESENT	**PRESENT**
semer	semant
PAST	**PAST**
avoir semé	semé

SENTIR
to feel, to smell

186

PRESENT	IMPERFECT	FUTURE
je sens	je sentais	je sentirai
tu sens	tu sentais	tu sentiras
il sent	il sentait	il sentira
nous sentons	nous sentions	nous sentirons
vous sentez	vous sentiez	vous sentirez
ils sentent	ils sentaient	ils sentiront
PASSÉ SIMPLE	**PASSÉ COMPOSÉ**	**PLUS-QUE-PARFAIT**
je sentis	j'ai senti	j'avais senti
tu sentis	tu as senti	tu avais senti
il sentit	il a senti	il avait senti
nous sentîmes	nous avons senti	nous avions senti
vous sentîtes	vous avez senti	vous aviez senti
ils sentirent	ils ont senti	ils avaient senti
PAST ANTERIOR	**FUTURE PERFECT**	
j'eus senti etc	j'aurai senti etc	

IMPERATIVE	*CONDITIONAL*	
	PRESENT	**PAST**
sens	je sentirais	j'aurais senti
sentons	tu sentirais	tu aurais senti
sentez	il sentirait	il aurait senti
	nous sentirions	nous aurions senti
	vous sentiriez	vous auriez senti
	ils sentiraient	ils auraient senti

SUBJUNCTIVE		
PRESENT	**IMPERFECT**	**PERFECT**
je sente	je sentisse	j'aie senti
tu sentes	tu sentisses	tu aies senti
il sente	il sentît	il ait senti
nous sentions	nous sentissions	nous ayons senti
vous sentiez	vous sentissiez	vous ayez senti
ils sentent	ils sentissent	ils aient senti

INFINITIVE	*PARTICIPLE*
PRESENT	**PRESENT**
sentir	sentant
PAST	**PAST**
avoir senti	senti

187 SEOIR

to be becoming

PRESENT	IMPERFECT	FUTURE
il sied	il seyait	il siéra
ils siéent	ils seyaient	ils siéront

PASSÉ SIMPLE	PASSÉ COMPOSÉ	PLUS-QUE-PARFAIT

PAST ANTERIOR	FUTURE PERFECT

IMPERATIVE

CONDITIONAL

PRESENT	PAST
il siérait	
ils siéraient	

SUBJUNCTIVE

PRESENT	IMPERFECT	PERFECT
il siée		
ils sié ent		

INFINITIVE

PRESENT

seoir

PAST

PARTICIPLE

PRESENT

seyant

PAST

SERRER
to tighten

188

PRESENT	IMPERFECT	FUTURE
je serre	je serrais	je serrerai
tu serres	tu serrais	tu serreras
il serre	il serrait	il serrera
nous serrons	nous serrions	nous serrerons
vous serrez	vous serriez	vous serrerez
ils serrent	ils serraient	ils serreront
PASSÉ SIMPLE	**PASSÉ COMPOSÉ**	**PLUS-QUE-PARFAIT**
je serrai	j'ai serré	j'avais serré
tu serras	tu as serré	tu avais serré
il serra	il a serré	il avait serré
nous serrâmes	nous avons serré	nous avions serré
vous serrâtes	vous avez serré	vous aviez serré
ils serrèrent	ils ont serré	ils avaient serré
PAST ANTERIOR	**FUTURE PERFECT**	
j'eus serré etc	j'aurai serré etc	

IMPERATIVE	*CONDITIONAL* PRESENT	PAST
serre	je serrerais	j'aurais serré
serrons	tu serrerais	tu aurais serré
serrez	il serrerait	il aurait serré
	nous serrerions	nous aurions serré
	vous serreriez	vous auriez serré
	ils serreraient	ils auraient serré

SUBJUNCTIVE

PRESENT	IMPERFECT	PERFECT
je serre	je serrasse	j'aie serré
tu serres	tu serasses	tu aies serré
il serre	il serrât	il ait serré
nous serrions	nous serrassions	nous ayons serré
vous serriez	vous serrassiez	vous ayez serré
ils serrent	ils serrassent	ils aient serré

INFINITIVE PRESENT	*PARTICIPLE* PRESENT
serrer	serrant
PAST	**PAST**
avoir serré	serré

189 SERVIR
to serve

PRESENT	IMPERFECT	FUTURE
je sers	je servais	je servirai
tu sers	tu servais	tu serviras
il sert	il servait	il servira
nous servons	nous servions	nous servirons
vous servez	vous serviez	vous servirez
ils servent	ils servaient	ils serviront

PASSÉ SIMPLE	PASSÉ COMPOSÉ	PLUS-QUE-PARFAIT
je servis	j'ai servi	j'avais servi
tu servis	tu as servi	tu avais servi
il servit	il a servi	il avait servi
nous servîmes	nous avons servi	nous avions servi
vous servîtes	vous avez servi	vous aviez servi
ils servirent	ils ont servi	ils avaient servi

PAST ANTERIOR	FUTURE PERFECT
j'eus servi etc	j'aurai servi etc

IMPERATIVE	*CONDITIONAL* PRESENT	PAST
sers	je servirais	j'aurais servi
servons	tu servirais	tu aurais servi
servez	il servirait	il aurait servi
	nous servirions	nous aurions servi
	vous serviriez	vous auriez servi
	ils serviraient	ils auraient servi

SUBJUNCTIVE

PRESENT	IMPERFECT	PERFECT
je serve	je servisse	j'aie servi
tu serves	tu servisses	tu aies servi
il serve	il servît	il ait servi
nous servions	nous servissions	nous ayons servi
vous serviez	vous servissiez	vous ayez servi
ils servent	ils servissent	ils aient servi

INFINITIVE	*PARTICIPLE*
PRESENT	PRESENT
servir	servant
PAST	PAST
avoir servi	servi

SEVRER 190
to wean

PRESENT	IMPERFECT	FUTURE
je sèvre	je sevrais	je sèvrerai
tu sèvres	tu sevrais	tu sèvreras
il sèvre	il sevrait	il sèvrera
nous sevrons	nous sevrions	nous sèvrerons
vous sevrez	vous sevriez	vous sèvrerez
ils sèvrent	ils sevraient	ils sèvreront

PASSÉ SIMPLE	PASSÉ COMPOSÉ	PLUS-QUE-PARFAIT
je sevrai	j'ai sevré	j'avais sevré
tu sevras	tu as sevré	tu avais sevré
il sevra	il a sevré	il avait sevré
nous sevrâmes	nous avons sevré	nous avions sevré
vous sevrâtes	vous avez sevré	vous aviez sevré
ils sevrèrent	ils ont sevré	ils avaient sevré

PAST ANTERIOR	FUTURE PERFECT
j'eus sevré etc	j'aurai sevré etc

IMPERATIVE	*CONDITIONAL* PRESENT	PAST
sèvre	je sèvrerais	j'aurais sevré
sevrons	tu sèvrerais	tu aurais sevré
sevrez	il sèvrerait	il aurait sevré
	nous sèvrerions	nous aurions sevré
	vous sèvreriez	vous auriez sevré
	ils sèvreraient	ils auraient sevré

SUBJUNCTIVE

PRESENT	IMPERFECT	PERFECT
je sèvre	je sevrasse	j'aie sevré
tu sèvres	tu sevrasses	tu aies sevré
il sèvre	il sevrât	il ait sevré
nous sevrions	nous sevrassions	nous ayons sevré
vous sevriez	vous sevrassiez	vous ayez sevré
ils sèvrent	ils sevrassent	ils aient sevré

INFINITIVE	*PARTICIPLE*
PRESENT	PRESENT
sevrer	sevrant
PAST	PAST
avoir sevré	sevré

191 SORTIR
to go out

PRESENT	IMPERFECT	FUTURE
je sors	je sortais	je sortirai
tu sors	tu sortais	tu sortiras
il sort	il sortait	il sortira
nous sortons	nous sortions	nous sortirons
vous sortez	vous sortiez	vous sortirez
ils sortent	ils sortaient	ils sortiront

PASSÉ SIMPLE	PASSÉ COMPOSÉ	PLUS-QUE-PARFAIT
je sortis	je suis sorti	j'étais sorti
tu sortis	tu es sorti	tu étais sorti
il sortit	il est sorti	il était sorti
nous sortîmes	nous sommes sortis	nous étions sortis
vous sortîtes	vous êtes sorti(s)	vous étiez sorti(s)
ils sortirent	ils sont sortis	ils étalent sortis

PAST ANTERIOR	FUTURE PERFECT
je fus sorti etc	je serai sorti etc

IMPERATIVE	*CONDITIONAL* PRESENT	PAST
sors	je sortirais	je serais sorti
sortons	tu sortirais	tu serais sorti
sortez	il sortirait	il serait sorti
	nous sortirions	nous serions sortis
	vous sortiriez	vous seriez sorti(s)
	ils sortiraient	ils seraient sortis

SUBJUNCTIVE

PRESENT	IMPERFECT	PERFECT
je sorte	je sortisse	je sois sorti
tu sortes	tu sortisses	tu sois sorti
il sorte	il sortît	il soit sorti
nous sortions	nous sortissions	nous soyons sortis
vous sortiez	vous sortissiez	vous soyez sorti(s)
ils sortent	ils sortissent	ils soient sortis

INFINITIVE	*PARTICIPLE*
PRESENT	PRESENT
sortir	sortant
PAST	PAST
être sorti	sorti

SE SOUVENIR 192

to remember

PRESENT	IMPERFECT	FUTURE
je me souviens	je me souvenais	je me souviendrai
tu te souviens	tu te souvenais	tu te souviendras
il se souvient	il se souvenait	il se souviendra
nous nous souvenons	nous nous souvenions	nous nous souviendrons
vous vous souvenez	vous vous souveniez	vous vous souviendrez
ils se souviennent	ils se souvenaient	ils se souviendront
PASSÉ SIMPLE	**PASSÉ COMPOSÉ**	**PLUS-QUE-PARFAIT**
je me souvins	je me suis souvenu	je m'étais souvenu
tu te souvins	tu t'es souvenu	tu t'étais souvenu
il se souvint	il s'est souvenu	il s'était souvenu
nous nous souvînmes	nous ns. sommes souvenus	nous ns. étions souvenus
vous vous souvîntes	vous vs. êtes souvenu(s)	vous vs. étiez souvenu(s)
ils se souvinrent	ils se sont souvenus	ils s'étaient souvenus
PAST ANTERIOR	**FUTURE PERFECT**	
je me fus souvenu etc	je me serai souvenu etc	

IMPERATIVE	*CONDITIONAL* PRESENT	PAST
souviens-toi	je me souviendrais	je me serais souvenu
souvenons-nous	tu te souviendrais	tu te serais souvenu
souvenez-vous	il se souviendrait	il se serait souvenu
	nous ns. souviendrions	nous ns. serions souvenus
	vous vous souviendriez	vous vs. seriez souvenu(s)
	ils se souviendraient	ils se seraient souvenus

SUBJUNCTIVE PRESENT	IMPERFECT	PERFECT
je me souvienne	je me souvinsse	je me sois souvenu
tu te souviennes	tu te souvinsses	tu te sois souvenu
il se souvienne	il se souvînt	il se soit souvenu
nous nous souvenions	nous nous souvinssions	nous ns. soyons souvenus
vous vous souveniez	vous vous souvinssiez	vous vs. soyez souvenu(s)
ils se souviennent	ils se souvinssent	ils se soient souvenus

INFINITIVE PRESENT	*PARTICIPLE* PRESENT
se souvenir	se souvenant
PAST	**PAST**
s'être souvenu	souvenu

193 STUPEFAIRE
to astound

PRESENT

il stupéfait

IMPERFECT

FUTURE

PASSÉ SIMPLE

PASSÉ COMPOSÉ

j'ai stupéfait
tu as stupéfait
il a stupéfait
nous avons stupéfait
vous avez stupéfait
ils ont stupéfait

PLUS-QUE-PARFAIT

j'avais stupéfait
tu avais stupéfait
il avait stupéfait
nous avions stupéfait
vous aviez stupéfait
ils avaient stupéfait

PAST ANTERIOR

j'eus stupéfait etc

FUTURE PERFECT

j'aurai stupéfait etc

IMPERATIVE

CONDITIONAL
PRESENT

PAST

j'aurais stupéfait
tu aurais stupéfait
il aurait stupéfait
nous aurions stupéfait
vous auriez stupéfait
ils auraient stupéfait

SUBJUNCTIVE
PRESENT

IMPERFECT

PERFECT

j'aie stupéfait
tu aies stupéfait
il ait stupéfait
nous ayons stupéfait
vous ayez stupéfait
ils aient stupéfait

INFINITIVE
PRESENT

stupéfaire

PAST

avoir stupéfait

PARTICIPLE
PRESENT

PAST

stupéfait

SUFFIRE
to be sufficient

194

PRESENT	IMPERFECT	FUTURE
je suffis	je suffisais	je suffirai
tu suffis	tu suffisais	tu suffiras
il suffit	il suffisait	il suffira
nous suffisons	nous suffisions	nous suffirons
vous suffisez	vous suffisiez	vous suffirez
ils suffisent	ils suffisaient	ils suffiront
PASSÉ SIMPLE	**PASSÉ COMPOSÉ**	**PLUS-QUE-PARFAIT**
je suffis	j'ai suffi	j'avais suffi
tu suffis	tu as suffi	tu avais suffi
il suffit	il a suffi	il avait suffi
nous suffîmes	nous avons suffi	nous avions suffi
vous suffîtes	vous avez suffi	vous aviez suffi
ils suffirent	ils ont suffi	ils avaient suffi
PAST ANTERIOR	**FUTURE PERFECT**	
j'eus suffi etc	j'aurai suffi etc	

IMPERATIVE	*CONDITIONAL* PRESENT	PAST
suffis	je suffirais	j'aurais suffi
suffisons	tu suffirais	tu aurais suffi
suffisez	il suffirait	il aurait suffi
	nous suffirions	nous aurions suffi
	vous suffiriez	vous auriez suffi
	ils suffiraient	ils auraient suffi

SUBJUNCTIVE PRESENT	IMPERFECT	PERFECT
je suffise	je suffisse	j'aie suffi
tu suffises	tu suffisses	tu aies suffi
il suffise	il suffît	il ait suffi
nous suffisions	nous suffissions	nous ayons suffi
vous suffisiez	vous suffissiez	vous ayez suffi
ils suffisent	ils suffissent	ils aient suffi

INFINITIVE PRESENT	*PARTICIPLE* PRESENT	*NOTE*
suffire	suffisant	circoncire: *past participle* circoncis
PAST	**PAST**	
avoir suffi	suffi	

195 SUIVRE
to follow

PRESENT	IMPERFECT	FUTURE
je suis	je suivais	je suivrai
tu suis	tu suivais	tu suivras
il suit	il suivait	il suivra
nous suivons	nous suivions	nous suivrons
vous suivez	vous suiviez	vous suivrez
ils suivent	ils suivaient	ils suivront
PASSÉ SIMPLE	**PASSÉ COMPOSÉ**	**PLUS-QUE-PARFAIT**
je suivis	j'ai suivi	j'avais suivi
tu suivis	tu as suivi	tu avais suivi
il suivit	il a suivi	il avait suivi
nous suivîmes	nous avons suivi	nous avions suivi
vous suivîtes	vous avez suivi	vous aviez suivi
ils suivirent	ils ont suivi	ils avaient suivi
PAST ANTERIOR	**FUTURE PERFECT**	
j'eus suivi etc	j'aurai suivi etc	

IMPERATIVE	*CONDITIONAL* PRESENT	PAST
suis	je suivrais	j'aurais suivi
suivons	tu suivrais	tu aurais suivi
suivez	il suivrait	il aurait suivi
	nous suivrions	nous aurions suivi
	vous suivriez	vous auriez suivi
	ils suivraient	ils auraient suivi

SUBJUNCTIVE PRESENT	IMPERFECT	PERFECT
je suive	je suivisse	j'aie suivi
tu suives	tu suivisses	tu aies suivi
il suive	il suivît	il ait suivi
nous suivions	nous suivissions	nous ayons suivi
vous suiviez	vous suivissiez	vous ayez suivi
ils suivent	ils suivissent	ils aient suivi

INFINITIVE PRESENT	*PARTICIPLE* PRESENT
suivre	suivant
PAST	**PAST**
avoir suivi	suivi

SURSEOIR 196
to defer

PRESENT	IMPERFECT	FUTURE
je sursois	je sursoyais	je surseoirai
tu sursois	tu sursoyais	tu surseoiras
il sursoit	il sursoyait	il surseoira
nous sursoyons	nous sursoyions	nous surseoirons
vous sursoyez	vous sursoyiez	vous surseoirez
ils sursoient	ils sursoyaient	ils surseoiront
PASSÉ SIMPLE	**PASSÉ COMPOSÉ**	**PLUS-QUE-PARFAIT**
je sursis	j'ai sursis	j'avais sursis
tu sursis	tu as sursis	tu avais sursis
il sursit	il a sursis	il avait sursis
nous sursîmes	nous avons sursis	nous avions sursis
vous sursîtes	vous avez sursis	vous aviez sursis
ils sursirent	ils ont sursis	ils avaient sursis
PAST ANTERIOR	**FUTURE PERFECT**	
j'eus sursis etc	j'aurai sursis etc	

IMPERATIVE	*CONDITIONAL* PRESENT	PAST
sursois	je surseoirais	j'aurais sursis
sursoyons	tu surseoirais	tu aurais sursis
sursoyez	il surseoirait	il aurait sursis
	nous surseoirions	nous aurions sursis
	vous surseoiriez	vous auriez sursis
	ils surseoiraient	ils auraient sursis

SUBJUNCTIVE PRESENT	IMPERFECT	PERFECT
je sursoie	je sursisse	j'aie sursis
tu sursoies	tu sursisses	tu aies sursis
il sursoie	il sursît	il ait sursis
nous sursoyions	nous sursissions	nous ayons sursis
vous sursoyiez	vous sursissiez	vous ayez sursis
ils sursoient	ils sursissent	ils aient sursis

INFINITIVE PRESENT	*PARTICIPLE* PRESENT
surseoir	sursoyant
PAST	**PAST**
avoir sursis	sursis

197 SE TAIRE
to keep quiet

PRESENT	IMPERFECT	FUTURE
je me tais	je me taisais	je me tairai
tu te tais	tu te taisais	tu te tairas
il se tait	il se taisait	il se taira
nous taisons	nous nous taisions	nous nous tairons
vous vous taisez	vous vous taisiez	vous vous tairez
ils se taisent	ils se taisaient	ils se tairont
PASSÉ SIMPLE	**PASSÉ COMPOSÉ**	**PLUS-QUE-PARFAIT**
je me tus	je me suis tu	je m'étais tu
tu te tus	tu t'es tu	tu t'étais tu
il se tut	il s'est tu	il s'était tu
nous nous tûmes	nous nous sommes tus	nous nous étions tus
vous vous tûtes	vous vous êtestu(s)	vous vous tiez tu(s)
ils se turent	ils se sont tus	ils s'étaient tus
PAST ANTERIOR	**FUTURE PERFECT**	
je me fus tu etc	je me serai tu etc	

IMPERATIVE	*CONDITIONAL* PRESENT	PAST
tais-toi	je me tairais	je me serais tu
taisons-nous	tu te tairais	tu te serais tu
taisez-vous	il se tairait	il se serait tu
	nous nous tairions	nous nous serions tus
	vous vous tairiez	vous vous seriez tu(s)
	ils se tairaient	ils se seraient tus

SUBJUNCTIVE PRESENT	IMPERFECT	PERFECT
je me taise	je me tusse	je me sois tu
tu te taises	tu te tusses	tu te sois tu
il se taise	il se tût	il se soit tu
nous nous taisions	nous nous tussions	nous nous soyons tus
vous vous taisiez	vous vous tussiez	vous vous soyez tu(s)
ils se taisent	ils se tussent	ils se soient tus

INFINITIVE PRESENT	*PARTICIPLE* PRESENT
se taire	se taisant
PAST	**PAST**
s'être tu	tu

TENIR
to hold

198

PRESENT	IMPERFECT	FUTURE
je tiens	je tenais	je tiendrai
tu tiens	tu tenais	tu tiendras
il tient	il tenait	il tiendra
nous tenons	nous tenions	nous tiendrons
vous tenez	vous teniez	vous tiendrez
ils tiennent	ils tenaient	ils tiendront
PASSÉ SIMPLE	**PASSÉ COMPOSÉ**	**PLUS-QUE-PARFAIT**
je tins	j'ai tenu	j'avais tenu
tu tins	tu as tenu	tu avais tenu
il tint	il a tenu	il avait tenu
nous tînmes	nous avons tenu	nous avions tenu
vous tîntes	vous avez tenu	vous aviez tenu
ils tinrent	ils ont tenu	ils avaient tenu
PAST ANTERIOR	**FUTURE PERFECT**	
j'eus tenu etc	j'aurai tenu etc	

IMPERATIVE	*CONDITIONAL* PRESENT	PAST
tiens	je tiendrais	j'aurais tenu
tenons	tu tiendrais	tu aurais tenu
tenez	il tiendrait	il aurait tenu
	nous tiendrions	nous aurions tenu
	vous tiendriez	vous auriez tenu
	ils tiendraient	ils auraient tenu

SUBJUNCTIVE

PRESENT	IMPERFECT	PERFECT
je tienne	je tinsse	j'aie tenu
tu tiennes	tu tinsses	tu aies tenu
il tienne	il tînt	il ait tenu
nous tenions	nous tinssions	nous ayons tenu
vous teniez	vous tinssiez	vous ayez tenu
ils tiennent	ils tinssent	ils aient tenu

INFINITIVE	*PARTICIPLE*
PRESENT	**PRESENT**
tenir	tenant
PAST	**PAST**
avoir tenu	tenu

199 TOMBER
to fall

PRESENT	IMPERFECT	FUTURE
je tombe	je tombais	je tomberai
tu tombes	tu tombais	tu tomberas
il tombe	il tombait	il tombera
nous tombons	nous tombions	nous tomberons
vous tombez	vous tombiez	vous tomberez
ils tombent	ils tombaient	ils tomberont
PASSÉ SIMPLE	**PASSÉ COMPOSÉ**	**PLUS-QUE-PARFAIT**
je tombai	je suis tombé	j'étais tombé
tu tombas	tu es tombé	tu étais tombé
il tomba	il est tombé	il était tombé
nous tombâmes	nous sommes tombés	nous étions tombés
vous tombâtes	vous êtes tombé(s)	vous étiez tombé(s)
ils tombèrent	ils sont tombés	ils étaient tombés
PAST ANTERIOR	**FUTURE PERFECT**	
je fus tombé etc	je serai tombé etc	

IMPERATIVE	*CONDITIONAL* PRESENT	PAST
tombe	je tomberais	je serais tombé
tombons	tu tomberais	tu serais tombé
tombez	il tomberait	il serait tombé
	nous tomberions	nous serions tombés
	vous tomberiez	vous seriez tombé(s)
	ils tomberaient	ils seraient tombés

SUBJUNCTIVE PRESENT	IMPERFECT	PERFECT
je tombe	je tombasse	je sois tombé
tu tombes	tu tombasses	tu sois tombé
il tombe	il tombât	il soit tombé
nous tombions	nous tombassions	nous soyons tombés
vous tombiez	vous tombassiez	vous soyez tombé(s)
ils tombent	ils tombassent	ils soient tombés

INFINITIVE PRESENT	*PARTICIPLE* PRESENT
tomber	tombant
PAST	**PAST**
être tombé	tombé

TRADUIRE
to translate

200

PRESENT	IMPERFECT	FUTURE
je traduis	je traduisais	je traduirai
tu traduis	tu traduisais	tu traduiras
il traduit	il traduisait	il traduira
nous traduisons	nous traduisions	nous traduirons
vous traduisez	vous traduisiez	vous traduirez
ils traduisent	ils traduisaient	ils traduiront
PASSÉ SIMPLE	**PASSÉ COMPOSÉ**	**PLUS-QUE-PARFAIT**
je traduisis	j'ai traduit	j'avais traduit
tu traduisis	tu as traduit	tu avais traduit
il traduisit	il a traduit	il avait traduit
nous traduisîmes	nous avons traduit	nous avions traduit
vous traduisîtes	vous avez traduit	vous aviez traduit
ils traduisirent	ils ont traduit	ils avaient traduit
PAST ANTERIOR	**FUTURE PERFECT**	
j'eus traduit etc	j'aurai traduit etc	

IMPERATIVE	*CONDITIONAL* PRESENT	PAST
traduis	je traduirais	j'aurais traduit
traduisons	tu traduirais	tu aurais traduit
traduisez	il traduirait	il aurait traduit
	nous traduirions	nous aurions traduit
	vous traduiriez	vous auriez traduit
	ils traduiraient	ils auraient traduit

SUBJUNCTIVE

PRESENT	IMPERFECT	PERFECT
je traduise	je traduisisse	j'aie traduit
tu traduises	tu traduisisses	tu aies traduit
il traduise	il traduisît	il soit traduit
nous traduisions	nous traduisissions	nous ayons traduit
vous traduisiez	vous traduisissiez	vous ayez traduit
ils traduisent	ils traduisissent	ils aient traduit

INFINITIVE PRESENT	*PARTICIPLE* PRESENT
traduire	traduisant
PAST	**PAST**
avoir traduit	traduit

201 TRAVAILLER
to work

PRESENT	IMPERFECT	FUTURE
je travaille	je travaillais	je travaillerai
tu travailles	tu travaillais	tu travailleras
il travaille	il travaillait	il travaillera
nous travaillons	nous travaillions	nous travaillerons
vous travaillez	vous travailliez	vous travaillerez
ils travaillent	ils travaillaient	ils travailleront
PASSÉ SIMPLE	**PASSÉ COMPOSÉ**	**PLUS-QUE-PARFAIT**
je travaillai	j'ai travaillé	j'avais travaillé
tu travaillas	tu as travaillé	tu avais travaillé
il travailla	il a travaillé	il avait travaillé
nous travaillâmes	nous avons travaillé	nous avions travaillé
vous travaillâtes	vous avez travaillé	vous aviez travaillé
ils travaillèrent	ils ont travaillé	ils avaient travaillé
PAST ANTERIOR	**FUTURE PERFECT**	
j'eus travaillé etc	j'aurai travaillé etc	

IMPERATIVE	*CONDITIONAL* PRESENT	PAST
travaille	je travaillerais	j'aurais travaillé
travaillons	tu travaillerais	tu aurais travaillé
travaillez	il travaillerait	il aurait travaillé
	nous travaillerions	nous aurions travaillé
	vous travailleriez	vous auriez travaillé
	ils travailleraient	ils auraient travaillé

SUBJUNCTIVE PRESENT	IMPERFECT	PERFECT
je travaille	je travaillasse	j'aie travaillé
tu travailles	tu travaillasses	tu aies travaillé
il travaille	il travaillât	il ait travaillé
nous travaillions	nous travaillassions	nous ayons travaillé
vous travailliez	vous travaillassiez	vous ayez travaillé
ils travaillent	ils travaillassent	ils aient travaillé

INFINITIVE PRESENT	*PARTICIPLE* PRESENT
travailler	travaillant
PAST	**PAST**
avoir travaillé	travaillé

TUER
to kill

202

PRESENT	IMPERFECT	FUTURE
je tue	je tuais	je tuerai
tu tues	tu tuais	tu tueras
il tue	il tuait	il tuera
nous tuons	nous tuions	nous tuerons
vous tuez	vous tuiez	vous tuerez
ils tuent	ils tuaient	ils tueront
PASSÉ SIMPLE	**PASSÉ COMPOSÉ**	**PLUS-QUE-PARFAIT**
je tuai	j'ai tué	j'avais tué
tu tuas	tu as tué	tu avais tué
il tua	il a tué	il avait tué
nous tuâmes	nous avons tué	nous avions tué
vous tuâtes	vous avez tué	vous aviez tué
ils tuèrent	ils ont tué	ils avaient tué
PAST ANTERIOR	**FUTURE PERFECT**	
j'eus tué etc	j'aurai tué etc	

IMPERATIVE	*CONDITIONAL*	
	PRESENT	**PAST**
tue	je tuerais	j'aurais tué
tuons	tu tuerais	tu aurais tué
tuez	il tuerait	il aurait tué
	nous tuerions	nous aurions tué
	vous tueriez	vous auriez tué
	ils tueraient	ils auraient tué

SUBJUNCTIVE		
PRESENT	**IMPERFECT**	**PERFECT**
je tue	je tuasse	j'aie tué
tu tues	tu tuasses	tu aies tué
il tue	il tuât	il ait tué
nous tuions	nous tuassions	nous ayons tué
vous tuiez	vous tuassiez	vous ayez tué
ils tuent	ils tuassent	ils aient tué

INFINITIVE	*PARTICIPLE*
PRESENT	**PRESENT**
tuer	tuant
PAST	**PAST**
avoir tué	tué

203 VAINCRE
to defeat

PRESENT	IMPERFECT	FUTURE
je vaincs	je vainquais	je vaincrai
tu vaincs	tu vainquais	tu vaincras
il vainc	il vainquait	il vaincra
nous vainquons	nous vainquions	nous vaincrons
vous vainquez	vous vainquiez	vous vaincrez
ils vainquent	ils vainquaient	ils vaincront
PASSÉ SIMPLE	**PASSÉ COMPOSÉ**	**PLUS-QUE-PARFAIT**
je vainquis	j'ai vaincu	j'avais vaincu
tu vainquis	tu as vaincu	tu avais vaincu
il vainquit	il a vaincu	il avait vaincu
nous vainquîmes	nous avons vaincu	nous avions vaincu
vous vainquîtes	vous avez vaincu	vous aviez vaincu
ils vainquirent	ils ont vaincu	ils avaient vaincu
PAST ANTERIOR	**FUTURE PERFECT**	
j'eus vaincu etc	j'aurai vaincu etc	

IMPERATIVE	*CONDITIONAL* PRESENT	PAST
vaincs	je vaincrais	j'aurais vaincu
vainquons	tu vaincrais	tu aurais vaincu
vainquez	il vaincrait	il aurait vaincu
	nous vaincrions	nous aurions vaincu
	vous vaincriez	vous auriez vaincu
	ils vaincraient	ils auraient vaincu

SUBJUNCTIVE PRESENT	IMPERFECT	PERFECT
je vainque	je vainquisse	j'aie vaincu
tu vainques	tu vainquisses	tu aies vaincu
il vainque	il vainquît	il ait vaincu
nous vainquions	nous vainquissions	nous ayons vaincu
vous vainquiez	vous vainquissiez	vous ayez vaincu
ils vainquent	ils vainquissent	ils aient vaincu

INFINITIVE PRESENT	*PARTICIPLE* PRESENT
vaincre	vainquant
PAST	**PAST**
avoir vaincu	vaincu

VALOIR 204
to be worth

PRESENT	IMPERFECT	FUTURE
je vaux	je valais	je vaudrai
tu vaux	tu valais	tu vaudras
il vaut	il valait	il vaudra
nous valons	nous valions	nous vaudrons
vous valez	vous valiez	vous vaudrez
ils valent	ils valaient	ils vaudront
PASSÉ SIMPLE	**PASSÉ COMPOSÉ**	**PLUS-QUE-PARFAIT**
je valus	j'ai valu	j'avais valu
tu valus	tu as valu	tu avais valu
il valut	il a valu	il avait valu
nous valûmes	nous avons valu	nous avions valu
vous valûtes	vous avez valu	vous aviez valu
ils valurent	ils ont valu	ils avaient valu
PAST ANTERIOR	**FUTURE PERFECT**	
j'eus valu etc	j'aurai valu etc	

IMPERATIVE	*CONDITIONAL* PRESENT	PAST
vaux	je vaudrais	j'aurais valu
valons	tu vaudrais	tu aurais valu
valez	il vaudrait	il aurait valu
	nous vaudrions	nous aurions valu
	vous vaudriez	vous auriez valu
	ils vaudraient	ils auraient valu

SUBJUNCTIVE

PRESENT	IMPERFECT	PERFECT
je vaille	je valusse	j'aie valu
tu vailles	tu valusses	tu aies valu
il vaille	il valût	il ait valu
nous valions	nous valussions	nous ayons valu
vous valiez	vous valussiez	vous ayez valu
ils vaillent	ils valussent	ils aient valu

INFINITIVE PRESENT	*PARTICIPLE* PRESENT
valoir	valant
PAST	**PAST**
avoir valu	valu

205 VENDRE
to sell

PRESENT	IMPERFECT	FUTURE
je vends	je vendais	je vendrai
tu vends	tu vendais	tu vendras
il vend	il vendait	il vendra
nous vendons	nous vendions	nous vendrons
vous vendez	vous vendiez	vous vendrez
ils vendent	ils vendaient	ils vendront
PASSÉ SIMPLE	**PASSÉ COMPOSÉ**	**PLUS-QUE-PARFAIT**
je vendis	j'ai vendu	j'avais vendu
tu vendis	tu as vendu	tu avais vendu
il vendit	il a vendu	il avait vendu
nous vendîmes	nous avons vendu	nous avions vendu
vous vendîtes	vous avez vendu	vous aviez vendu
ils vendirent	ils ont vendu	ils avaient vendu
PAST ANTERIOR	**FUTURE PERFECT**	
j'eus vendu etc	j'aurai vendu etc	

IMPERATIVE	*CONDITIONAL* PRESENT	PAST
vends	je vendrais	j'aurais vendu
vendons	tu vendrais	tu aurais vendu
vendez	il vendrait	il aurait vendu
	nous vendrions	nous aurions vendu
	vous vendriez	vous auriez vendu
	ils vendraient	ils auraient vendu

SUBJUNCTIVE

PRESENT	IMPERFECT	PERFECT
je vende	je vendisse	j'aie vendu
tu vendes	tu vendisses	tu aies vendu
il vende	il vendît	il ait vendu
nous vendions	nous vendissions	nous ayons vendu
vous vendiez	vous vendissiez	vous ayez vendu
ils vendent	ils vendissent	ils aient vendu

INFINITIVE PRESENT	*PARTICIPLE* PRESENT
vendre	vendant
PAST	**PAST**
avoir vendu	vendu

VENIR
to come

206

PRESENT	IMPERFECT	FUTURE
je viens	je venais	je viendrai
tu viens	tu venais	tu viendras
il vient	il venait	il viendra
nous venons	nous venions	nous viendrons
vous venez	vous veniez	vous viendrez
ils viennent	ils venaient	ils viendront
PASSÉ SIMPLE	**PASSÉ COMPOSÉ**	**PLUS-QUE-PARFAIT**
je vins	je suis venu	j'étais venu
tu vins	tu es venu	tu étais venu
il vint	il est venu	il était venu
nous vînmes	nous sommes venus	nous étions venus
vous vîntes	vous êtes venu(s)	vous étiez venu(s)
ils vinrent	ils sont venus	ils étaient venus
PAST ANTERIOR	**FUTURE PERFECT**	
je fus venu etc	je serai venu etc	

IMPERATIVE	*CONDITIONAL*	
	PRESENT	**PAST**
viens	je viendrais	je serais venu
venons	tu viendrais	tu serais venu
venez	il viendrait	il serait venu
	nous viendrions	nous serions venus
	vous viendriez	vous seriez venu(s)
	ils viendraient	ils seraient venus

SUBJUNCTIVE

PRESENT	IMPERFECT	PERFECT
je vienne	je vinsse	je sois venu
tu viennes	tu vinsses	tu sois venu
il vienne	il vînt	il soit venu
nous venions	nous vinssions	nous soyons venus
vous veniez	vous vinssiez	vous soyez venu(s)
ils viennent	ils vinssent	ils soient venus

INFINITIVE	*PARTICIPLE*
PRESENT	**PRESENT**
venir	venant
PAST	**PAST**
être venu	venu

207 VETIR
to dress

PRESENT	IMPERFECT	FUTURE
je vêts	je vêtais	je vêtirai
tu vêts	tu vêtais	tu vêtiras
il vêt	il vêtait	il vêtira
nous vêtons	nous vêtions	nous vêtirons
vous vêtez	vous vêtiez	vous vêtirez
ils vêtent	ils vêtaient	ils vêtiront
PASSÉ SIMPLE	**PASSÉ COMPOSÉ**	**PLUS-QUE-PARFAIT**
je vêtis	j'ai vêtu	j'avais vêtu
tu vêtis	tu as vêtu	tu avais vêtu
il vêtit	il a vêtu	il avait vêtu
nous vêtîmes	nous avons vêtu	nous avions vêtu
vous vêtîtes	vous avez vêtu	vous aviez vêtu
ils vêtirent	ils ont vêtu	ils avaient vêtu
PAST ANTERIOR	**FUTURE PERFECT**	
j'eus vêtu etc	j'aurai vêtu etc	

IMPERATIVE	*CONDITIONAL* PRESENT	PAST
vêts	je vêtirais	j'aurais vêtu
vêtons	tu vêtirais	tu aurais vêtu
vêtez	il vêtirait	il aurait vêtu
	nous vêtirions	nous aurions vêtu
	vous vêtiriez	vous auriez vêtu
	ils vêtiraient	ils auraient vêtu

SUBJUNCTIVE PRESENT	IMPERFECT	PERFECT
je vête	je vêtisse	j'aie vêtu
tu vêtes	tu vêtisses	tu aies vêtu
il vête	il vêtît	il ait vêtu
nous vêtions	nous vêtissions	nous ayons vêtu
vous vêtiez	vous vêtissiez	vous ayez vêtu
ils vêtent	ils vêtissent	ils aient vêtu

INFINITIVE PRESENT	*PARTICIPLE* PRESENT
vêtir	vêtant
PAST	**PAST**
avoir vêtu	vêtu

VIVRE
to live

PRESENT	IMPERFECT	FUTURE
je vis	je vivais	je vivrai
tu vis	tu vivais	tu vivras
il vit	il vivait	il vivra
nous vivons	nous vivions	nous vivrons
vous vivez	vous viviez	vous vivrez
ils vivent	ils vivaient	ils vivront
PASSÉ SIMPLE	**PASSÉ COMPOSÉ**	**PLUS-QUE-PARFAIT**
je vécus	j'ai vécu	j'avais vécu
tu vécus	tu as vécu	tu avais vécu
il vécut	il a vécu	il avait vécu
nous vécûmes	nous avons vécu	nous avions vécu
vous vécûtes	vous avez vécu	vous aviez vécu
ils vécurent	ils ont vécu	ils avaient vécu
PAST ANTERIOR	**FUTURE PERFECT**	
j'eus vécu etc	j'aurai vécu etc	

IMPERATIVE	*CONDITIONAL* PRESENT	PAST
vis	je vivrais	j'aurais vécu
vivons	tu vivrais	tu aurais vécu
vivez	il vivrait	il aurait vécu
	nous vivrions	nous aurions vécu
	vous vivriez	vous auriez vécu
	ils vivraient	ils auraient vécu

SUBJUNCTIVE

PRESENT	IMPERFECT	PERFECT
je vive	je vécusse	j'aie vécu
tu vives	tu vécusses	tu aies vécu
il vive	il vécût	il ait vécu
nous vivions	nous vécussions	nous ayons vécu
vous viviez	vous vécussiez	vous ayez vécu
ils vivent	ils vécussent	ils aient vécu

INFINITIVE PRESENT	*PARTICIPLE* PRESENT
vivre	vivant
PAST	**PAST**
avoir vécu	vécu

209 VOIR
to see

PRESENT	IMPERFECT	FUTURE
je vois	je voyais	je verrai
tu vois	tu voyais	tu verras
il voit	il voyait	il verra
nous voyons	nous voyions	nous verrons
vous voyez	vous voyiez	vous verrez
ils voient	ils voyaient	ils verront

PASSÉ SIMPLE	PASSÉ COMPOSÉ	PLUS-QUE-PARFAIT
je vis	j'ai vu	j'avais vu
tu vis	tu as vu	tu avais vu
il vit	il a vu	il avait vu
nous vîmes	nous avons vu	nous avions vu
vous vîtes	vous avez vu	vous aviez vu
ils virent	ils ont vu	ils avaient vu

PAST ANTERIOR	FUTURE PERFECT
j'eus vu etc	j'aurai vu etc

IMPERATIVE	*CONDITIONAL* PRESENT	PAST
vois	je verrais	j'aurais vu
voyons	tu verrais	tu aurais vu
voyez	il verrait	il aurait vu
	nous verrions	nous aurions vu
	vous verriez	vous auriez vu
	ils verraient	ils auraient vu

SUBJUNCTIVE

PRESENT	IMPERFECT	PERFECT
je voie	je visse	j'aie vu
tu voies	tu visses	tu aies vu
il voie	il vît	il ait vu
nous voyions	nous vissions	nous ayons vu
vous voyiez	vous vissiez	vous ayez vu
ils voient	ils vissent	ils aient vu

INFINITIVE	*PARTICIPLE*
PRESENT	PRESENT
voir	voyant
PAST	PAST
avoir vu	vu

VOULOIR 210
to want

PRESENT	IMPERFECT	FUTURE
je veux	je voulais	je voudrai
tu veux	tu voulais	tu voudras
il veut	il voulait	il voudra
nous voulons	nous voulions	nous voudrons
vous voulez	vous vouliez	vous voudrez
ils veulent	ils voulaient	ils voudront

PASSÉ SIMPLE	PASSÉ COMPOSÉ	PLUS-QUE-PARFAIT
je voulus	j'ai voulu	j'avais voulu
tu voulus	tu as voulu	tu avais voulu
il voulut	il a voulu	il avait voulu
nous voulûmes	nous avons voulu	nous avions voulu
vous voulûtes	vous avez voulu	vous aviez voulu
ils voulurent	ils ont voulu	ils avaient voulu

PAST ANTERIOR	FUTURE PERFECT
j'eus voulu etc	j'aurai voulu etc

IMPERATIVE	*CONDITIONAL* PRESENT	PAST
veuille	je voudrais	j'aurais voulu
veuillons	tu voudrais	tu aurais voulu
veuillez	il voudrait	il aurait voulu
	nous voudrions	nous aurions voulu
	vous voudriez	vous auriez voulu
	ils voudraient	ils auraient voulu

SUBJUNCTIVE

PRESENT	IMPERFECT	PERFECT
je veuille	je voulusse	j'aie voulu
tu veuilles	tu voulusses	tu aies voulu
il veuille	il voulût	il ait voulu
nous voulions	nous voulussions	nous ayons voulu
vous vouliez	vous voulussiez	vous ayez voulu
ils veuillent	ils voulussent	ils aient voulu

INFINITIVE PRESENT	*PARTICIPLE* PRESENT
vouloir	voulant
PAST	**PAST**
avoir voulu	voulu

ACCROIRE
to believe

INFINITIVE
PRESENT

accroire

APPAROIR
to appear

PRESENT

il appert

INFINITIVE
PRESENT

apparoir

OUIR
to hear

INFINITIVE **PRESENT**	***PARTICIPLE*** **PAST**
ouïr	ouï

Index

The verbs given in full in the tables on the preceding pages are used as models for all other French verbs given in this index. The number in the index is that of the corresponding *verb table*.

Bold type denotes a verb that is given as a model itself.

A second number in parentheses refers to a reflexive verb model or to the model for a verb starting with an 'h' (indicating whether it is aspirated or not).

An N in parentheses refers to a footnote in the model verb table.

Reflexive verbs are listed alphabetically under the simple verb form and the reflexive pronoun (se or s') is given in parentheses.

We have indicated in the footnotes the few cases where a verb does not have the same auxiliary as its model.